LEBENSTRAUM
Western States 100

Wolfgang Kölli

LEBENSTRAUM
Western States 100

Erlebnisberichte eines (Ultra-)Läufers

IMPRESSUM

Herausgeber: Wolfgang Kölli
Autor: Wolfgang Kölli
Umschlaggestaltung: Wolfgang Kölli
Fotos: Wolfgang Kölli

Druck und Vertrieb im Auftrag von Wolfgang Kölli:
Buchschmiede von Dataform Media GmbH, Wien
www.buchschmiede.at - Folge deinem Buchgefühl!

Besuche uns online

ISBN:
978-3-99152-004-7 (Paperback)
978-3-99152-003-0 (E-Book)

PRINTED IN
AUSTRIA

Den Traum zulassen!

Auch wenn die Erfüllung eines Traumes im Moment des Entstehens fern von jeder Vorstellungskraft liegt, kann man sich ihm über viele kleine Meilensteine annähern.

Die Grenzen der körperlichen und geistigen Möglichkeiten verschieben sich schrittweise und stetig. Was einst unmöglich schien, ist irgendwann machbar. Voraussetzung ist, man verliert seinen Traum nicht aus den Augen und folgt seinem Ziel mit Ausdauer, Mut und Zuversicht.

Rückschläge sind Teil des Prozesses und müssen akzeptiert werden. Durch sie führen wir den Weg gestärkt fort. Bleibt einem trotz aller Anstrengungen die Erfüllung seines Traumes verwehrt, war die Zeit keinesfalls verloren. Jeder Augenblick des beschrittenen Weges prägt unseren Charakter, stärkt uns und macht uns bereit für kommende Herausforderungen.

Einen Traum zu haben, bereichert das Leben!

Inhalt

1: Mud and Chocolate

Meine Geschichte nimmt gewissermaßen im Sommer 2013 ihren Anfang. Unser Sohn feiert in wenigen Wochen seinen zweiten Geburtstag und ich kämpfe noch immer gegen die überschüssigen Pfunde an, die ich mir während der Schwangerschaft meiner Frau solidarisch auf die Rippen gepackt habe.

Um die Kilos purzeln zu lassen, laufe ich seit ein paar Wochen einigermaßen regelmäßig. Laufen scheint mir für meine Ansprüche ein geeignetes Mittel zu sein, um die Körperfettwaage zufriedener zu stimmen. Beim Laufen werden passabel Kalorien verbrannt, dazu ist man bei der Ausübung des Sports zeitlich flexibel, kann dem Laufen bei jeder Witterung nachgehen und zudem entfällt der Anfahrtsweg zu einer Trainingsstätte.

Zu dieser Zeit habe ich auch noch gedacht, dass es für diesen Sport nicht viel Ausrüstung braucht. Ein paar Laufschuhe, eine adäquate Bekleidung genügen und schon kann es losgehen. Die Wahrheit ist, dass zwar nicht Vieles erforderlich ist, aber doch einiges nicht unbedingt Notwendige recht viel Spaß macht. So wie zum Beispiel die Benützung einer GPS-Uhr. Die Entfernung, die Geschwindigkeit, überwundene Höhenmeter und die gelaufene Strecke grafisch darstellen zu können sind Features, die mir die Motivation hochhalten.

Grob informiere ich mich in diversen Lauf-Foren. So lese ich, dass die Umfänge mit Bedacht zu steigern sind, damit Überlastungsverletzungen keine Chance kriegen. Sehr viele Laufanfänger hängen nach kürzester Zeit die Laufschuhe wieder an den Nagel, weil sich durch zu forsche Steigerung der Umfänge Beschwerden im Knie oder Sprunggelenk einstellen. Auch die häufig auftretende und sehr schmerzhafte Beinhautentzündung – vorwiegend am vorderen Schienbein – ist auf zu große Laufumfänge bzw. zu wenig Regeneration, zu wenig Stretching und/oder auf falsches Schuhwerk zurück zu führen. Es gibt für Laufanfänger doch viele Möglichkeiten, etwas falsch zu machen.

Eine Balance zwischen Belastung und Regeneration ist enorm wichtig. Dem Laufschuh kommt ebenfalls eine sehr große Bedeutung zu.

Dass ich beim Sportmediziner eine Laufanalyse durchführe, ist eine gute Investition. Bei mir läuft es zum Glück von Anfang an recht beschwerdefrei. Zugegeben, auch ich habe zwischendurch mit Schienbeinschmerzen und Bänderproblemen zu kämpfen. Aber ich erhole mich meist innerhalb von wenigen laufreduzierten Tagen davon. Somit sind Distanzen zwischen 10 und 15 Kilometer in einem moderaten Tempo bald gut zu bewältigen.

Um gesundheitlich keine bösen Überraschungen zu erleben, lasse ich mich beim Internisten meines Vertrauens untersuchen. Nach einer Sonografie von Herz und Halsschlagader bzw. nach einem Belastungs-EKG und diversen Bluttests wird mir körperliche Gesundheit attestiert. Und seien wir uns ehrlich. Nicht immer halten wir nach einer Infektion die angeratene Sportkarenz vollständig ein. Man weiß nie, ob nicht irgendwann der Herzmuskel eine Beeinträchtigung erlitten hat. Daher lasse ich diesen Check weiterhin im zweijährigen Rhythmus über mich ergehen.

Eine Gelegenheit zur Formüberprüfung bietet sich mir während unseres Aufenthaltes bei meinen Schwiegereltern in der Nähe von Seattle/USA. Am Labor Day, einem in den USA gesetzlichen Feiertag vergleichbar mit unserem Tag der Arbeit, findet ganz in der Nähe der sogenannte Overlake Labor Day Halfmarathon statt. Die umgerechnet 13,1 Meilen sind eine große Herausforderung, scheinen aber machbar.

Ich erinnere mich mit Schaudern an die schier endlose Gerade entlang des Willows–Golfcourse zurück, die einfach nicht enden will. Diese letzten Kilometer sind richtig hart. Ich verfalle unentwegt in den Gehschritt, schimpfe innerlich und hinterfrage die Sinnhaftigkeit dieser sportlichen Überforderung. An diesem Tag werden mir meine körperlichen Grenzen aufgezeigt. Aber ich halte durch. Mehr schlecht als recht quäle ich mich nach 2 Stunden und 6 Minuten über die Ziellinie. Obwohl der Spaßfaktor auf der zweiten Streckenhälfte sprichwörtlich auf der Strecke geblieben ist, profitiere ich mental vom Zähne zusammenbeißen.

Mit ein wenig Abstand macht es mich doch stolz, den Lauf trotz vieler Mühen und Tiefschläge zu Ende gebracht zu haben. Die Floskel »Der Schmerz vergeht, der Stolz bleibt!«, trifft den Nagel auf den Kopf.

Zurück in Österreich bleibe ich dem Laufen treu. Kontinuität zahlt sich bei ausdauerorientierten Sportarten aus. Die Radien, die ich zu laufen vermag, erweitern sich. Auch das Tempo, das ich zum Laufen im Stande bin, wird allmählich höher.

Irgendwann in dieser Zeit lasse ich den Glimmstängel links liegen. Es fühlt sich dämlich an, einerseits an meiner Fitness zu arbeiten, andererseits an meinem Körper durch Nikotin und anderen Giftstoffen Raubbau zu betreiben. Ich werde nicht rückfällig. Es bedarf jedoch ein paar Jahre eiserne Konsequenz, bis die Lust nach einer Zigarette gänzlich verblasst ist.

Inzwischen nehme ich gelegentlich an regionalen Wettkämpfen teil. Es motiviert mich, mit einer Startnummer und einer offiziellen Zeitnehmung auf die Strecke zu gehen und mich zu messen. Die Distanzen variieren zwischen 5 Kilometer und der Halbmarathonmarke. In meiner Altersklasse platziere ich mich – wenn es gut läuft – am Ende des ersten Drittels der Teilnehmer. Aber der eigentliche Endgegner ist man im Grunde ohnehin immer selbst.

Im Herbst 2014 wage ich mich an die Königsdisziplin des Langstreckenlaufens und ich starte beim Graz-Marathon. Nach einer gewissenhaften und verletzungsfreien Vorbereitung steht einem erfolgreichen Finish nach exakt 4 Stunden nichts im Wege. Es ist eine zeitliche Punktlandung. Wie ein Uhrwerk spule ich Kilometer um Kilometer ab und habe nie einen Zweifel daran, das anvisierte Ziel zu erreichen. Das ist vermutlich auch der Grund, warum sich beim Zieldurchlauf keine unbändige Freude einstellt. Ich habe Bilder im Kopf, in denen Leute vor Glück und Erleichterung in Tränen ausbrechen, sich gegenseitig in die Arme fallen. Ich nehme im Gegensatz dazu eher nüchtern zur Kenntnis, dass ich die Mission Marathon erfolgreich zu Ende gebracht habe. Fragen wie »Das war es also? Habe ich mir vielleicht die Messlatte zu niedrig gelegt?«, beschäftigen mich noch einige Zeit.

Auch wenn die Premiere nicht so emotional überwältigend wie erhofft verlaufen ist, sehe ich mich in den kommenden Jahren dennoch an den Startlinien der bekannten Städtemarathons wie Wien, Berlin oder Barcelona. Was sollte ich mir auch sonst für Ziele setzen?

Aber wie häufig im Leben kommt es dann doch anders als erwartet. Wir sind im Sommer des Jahres 2015 neuerlich bei meinen Schwiegereltern zu Besuch. Ich möchte meine Finisher-Medaillensammlung erweitern und halte nach einem in der Nähe stattfindenden Lauf Ausschau. Tatsächlich findet ein Wettkampf in einem Park unweit unseres Aufenthaltsortes statt. Es ist ein Halbmarathon, genauer gesagt ein Trail-Halbmarathon. Der Mud & Chocolate Run im Soaring Eagle Park wird mein erster Trail-Wettkampf überhaupt sein.

Mein auf beste Sportverträglichkeit mehrfach getestetes Frühstück besteht aus Kaffee sowie je einem Toast mit Honig und einem mit Schokocreme und wird – so halte ich es für praktikabel - rund drei Stunden vor dem Start verspeist. Kaloriengestärkt bringt mich mein Schwiegervater zum Eingangsbereich des Parks, der als Start- und Zielgelände dient. Der Soaring Eagle Park bietet nicht nur Radfahrern, Nordic Walkern sowie Reitern tolle Möglichkeiten. Hinweisschilder geben Auskunft, dass er auch die Heimat von Berglöwen und Bären ist.

Die Startgebühr wurde tags zuvor bei der Online-Anmeldung beglichen, sodass die Abholung der Startnummer eine Angelegenheit von wenigen Minuten ist. Ein Großteil des Nenngeldes fließt übrigens nach Angaben des Veranstalters direkt in die Erhaltung der wunderschönen Parkanlage.

Zwanzig Minuten sind es noch bis zu meinem Start. Zuvor machen sich die Teilnehmer des 4,5 Meilen langen Laufes auf den Weg. Ihnen steht eine Runde bevor. Im Gegensatz dazu setzt sich die Halbmarathonstrecke aus der Start- und Zielgeraden sowie drei Runden im Park zusammen. Das ergibt in Summe recht genau die Distanz von 21,1 Kilometer.

Beim Race-Briefing erläutert man uns die Streckenführung. Zudem wird darauf hingewiesen, dass wir uns nach jeweils einer gelaufenen Schleife am Checkpoint mit der Startnummer zu erkennen geben müssen, damit die gelaufenen Runden dokumentiert werden können. Nach Abschluss der dritten Runde darf man dann auf die Zielgerade laufen. Meine Ambitionen kann ich nicht recht einordnen. Spaß haben und sich dabei ein wenig quälen, trifft das gesetzte Ziel wohl am besten. Ich reihe mich bei den rund 130 Teilnehmern im vorderen Teil ein und wir zählen die letzten 10 Sekunden bis zum Start. Auf einem breiten Schotterweg laufen wir leicht bergan hinein in den Wald.

Bis zu dieser Stelle konnten wir vor einer halben Stunde die 4,5-Meilen-Läufer nachverfolgen.

Ich befinde mich ungefähr an Position 20, als die Wegemarkierung nach links in einen bergab führenden Trampelpfad zeigt. Vorbei ist es mit der breiten Waldautobahn. Es folgen nun Kilometer auf Singletrails im stark kupierten Gelände. Laufen in Reih´ und Glied ist angesagt. Das Überholen ist anstrengend und birgt erhöhte Sturzgefahr. Hohe Kanten und stark ausgeprägtes Wurzelwerk verlangen die Beine zu heben. Konzentriertes Laufen ist angesagt. »Aber wie geil ist das denn?«, jubiliere ich innerlich.

Ich fliege – zum Glück nicht im wahrsten Sinne des Wortes – förmlich über die Wurzeln und Steine, kurve um Bäume, drücke bergan beherzt auf´s Tempo und lasse bergab den Beinen freien Lauf. So ein Trail macht richtig viel Spaß. Ab und zu kleine Ausrutscher und Stolperer mahnen, die Konzentration nicht zu verlieren. Nach Beendigung der ersten Runde, also nach rund 7 Kilometern, habe ich geschätzt 10 Teilnehmer überholt.

Am Checkpoint wird die Startnummer registriert und es geht für mich auf die zweite Runde. Zuvor trinke ich einen Becher voll Wasser. Obst steht ebenfalls bereit. Bei einem Mud & Chocolate Run darf natürlich auch ein Schokolade-Gel nicht fehlen. Aber Neues probiere ich bei Wettkämpfen grundsätzlich nicht aus, sodass ich das Gel am Verpflegestand liegen lasse.

Ich bezweifle, das Tempo auf diesem Terrain über die vollen 21 Kilometer halten zu können. Aber dieser Lauf beflügelt mich. Die Beine scheinen den Auslauf nach dem langen Flug von Europa in den Westen der USA in vollen Zügen zu genießen. Auch auf der zweiten Runde überhole ich eine Handvoll Läufer. Es stehen zudem die ersten Überrundungen an.

Auch Runde 2 ist beendet. Der kurze Stopp am Startnummern-Checkpoint wird wieder zur Stärkung genutzt. Ein Becher Wasser und ein paar Stück Banane sind es diesmal. Auf geht es in die letzte Runde! An manchen Streckenpassagen ist es möglich, die Strecke zwischen den Verwindungen und dem Unterholz ein wenig nach vorne einzusehen. Ich mache ein Läufer-Duo aus, auf das ich langsam aufschließe und wenig später überhole. So weit vorne im Teilnehmerfeld bin ich noch nie gelegen.

Rund zwei Kilometer liegen noch vor mir. »Auf welcher Position würde ich liegen? Vielleicht an der 5. Stelle? Oder sind mir auf der Startrunde doch einige mehr enteilt als angenommen und ich würde im Ziel dann doch enttäuscht sein?«, grüble ich.

Mitten hinein in meine Gedanken um Platzierungen und Ranglisten kommt der sprichwörtliche Mann mit dem Hammer. Die Beine fühlen sich schlagartig schlapp und schwer an. Der Lauf über Stock und Stein zeigt nun doch Wirkungstreffer. Zum Glück laufe ich ein paar unwegsamen Kehren später zum dritten und letzten Mal auf den Checkpoint zu. Meine Startnummer wird notiert und ich werde auf die Zielgerade geschickt. Labung brauche ich keine mehr.

Nach 1:45:17 überlaufe ich die Ziellinie meines ersten Trail-Halbmarathons. Ich erhalte eine bunte und auffallend große Finisher-Medaille um den Hals gehängt und werde zum 3. Gesamtrang beglückwünscht.

Ich freue mich über meinen ersten Podestplatz! Natürlich muss ich mir realistisch betrachtet eingestehen, dass der Lauf nicht allzu stark besetzt war. Der Genuss eines Trail- und Parklaufs stand für die meisten Teilnehmer im Vordergrund. Aber deswegen lasse ich mir meinen Erfolg nicht kleinreden.

Während ich an köstlichen Schokolade-Plätzchen knabbere, lasse ich den Mud & Chocolate Run noch einmal Revue passieren und muss mir eingestehen, dass ich heute die Liebe zum Trail-Lauf entdeckt habe.

2: Die eigene Geschichte schreiben

Ich verlege meine Trainingsläufe zunehmend auf Wiesen- und Waldpfade. Nicht nur mein Geist lernt die einsamen Stunden auf den Trails rund um die Hügel meiner näheren Umgebung zu lieben. Auch dem Körper tun die abwechslungsreichen Läufe über Stock und Stein gut. Denn sie sind für den Bewegungsapparat weniger belastend als das Abspulen monotoner Kilometer auf geteerten Straßen. Mit zunehmender Kondition machen auch Höhenmeter großen Spaß.

Ich lese online einige Artikel über Trainingsplanung und -steuerung. Auch eine Laufzeitschrift mit dem Schwerpunkt Trailrunning abonniere ich mir. Wer über das Trailrunning liest, wird unweigerlich mit dem Begriff Ultra-Trail konfrontiert. Geschichten über Läufe weit jenseits der 50 Kilometer, dazu hunderte, oft sogar tausende zu überwindende Höhenmeter abseits von befestigten Straßen, erwecken mein Interesse.

Und dann fällt mir eines Tages dieses Buch in die Hände, das sich über einige Kapitel hinweg mit dem Western States 100 Endurance Run (in weiterer Folge kurz WSER genannt) beschäftigt. Es ist unter anderem zu lesen, dass der in Kalifornien stattfindende Langstreckenlauf der älteste und wohl auch der geschichtsträchtigste 100-Meilen-Lauf der Welt ist.

Ich verschlinge Seite um Seite. Dieser Lauf zieht mich sofort in seinen Bann.

Ursprünglich war das Rennen über 161 schroffe Kilometer entlang der Bergkämme und durch die Schluchten der Sierra Nevada ein als Tevis-Cup bekanntes Langstrecken-Pferderennen. Im Jahr 1974 hat allerdings ein gewisser Gordy Ainsleight das Rennen zu Fuß in Angriff genommen. Es heißt, sein Pferd habe gelahmt und so entschied sich Gordy eben für einen Start ohne Pferd. Es schien purer Wahnsinn zu sein. Doch Gordy Ainsleight schaffte es tatsächlich, die raue und gefährliche Strecke in 23 Stunden und 42 Minuten hinter sich zu lassen. Der Ultra-Trail war geboren.

Mittlerweile starten jährlich Ende Juni handverlesene 369 Läufer in Squaw Valley und folgen dem gleichnamigen Western States Trail bis zur Ziellinie nach Auburn.

Den Teilnehmern erwarten auf den ersten 20 bis 25 Meilen teils schneebedeckte Berggipfel, während im Verlauf des Rennens in den staubigen, schmalen und zerklüfteten Pfaden der Canyons Temperaturen von meist deutlich über 38 Grad Celsius gemessen werden.

Dem nicht genug, ist nach rund 78 Meilen der Middle Fork des American River zu durchwaten. Aber schafft man das beinahe Unmenschliche und überläuft innerhalb von 24 Stunden die Ziellinie, erhält man eine silberne Gürtelschnalle als Auszeichnung. Ist man nach höchstens 30 Stunden im Ziel, gebührt einem die bronzene Gürtelschnalle. Mehr Zeit steht nicht zur Verfügung. Es ist daher kaum verwunderlich, dass Jahr für Jahr rund ein Drittel aller Starter an dieser Herkulesaufgabe scheitern.

Man gewinnt nicht nur eine Gürtelschnalle, sondern lernt sich am Western States Trail selbst ein Stück weit besser kennen. Die einsamen Stunden voller Zuversicht und Mut, aber auch voller Aussichtslosigkeit, Schmerz, Angst und Verzweiflung prägen jeden Teilnehmer dieses außergewöhnlichen Laufes.

Ich fasse für mich zusammen: Es sind beim Western States 100 Endurance Run auf 161 Kilometer Distanz unfassbare 5.500 positive sowie 7.000 Höhenmeter im Downhill, auf rauen und unwegsamen Pfaden, dazu in teils völliger Abgeschiedenheit inmitten der Wildnis der Sierra Nevada, zu Fuß innerhalb von längstens 30 Stunden zurückzulegen! – *Gedankenpause* - Das klingt völlig absurd und scheint so unendlich weit entfernt von meinen körperlichen und auch mentalen Möglichkeiten.

Als ich das Buch zur Seite lege, hat sich dieser Traum manifestiert, der mich einfach nicht mehr loslässt. Ich möchte einen Ultra-Trail laufen. Aber nicht irgendeinen. Ich möchte den Western States 100 laufen. Ich setze mir zum Ziel, die Mutter aller Ultra-Trails erfolgreich zu finishen und mit einer Gürtelschnalle nach Hause zurückzukehren. Ich möchte meine ganz persönliche sportliche Lebensgeschichte schreiben und mich in den Ergebnislisten dieses außergewöhnlichen Laufes verewigen.

Nun scheint es beinahe schwieriger zu sein, einen Startplatz zu ergattern als den Lauf erfolgreich zu beenden. Denn das Teilnehmerfeld ist zum Schutz der kalifornischen Wildnis strikt auf die bereits vorhin erwähnte Anzahl von 369 Läufer beschränkt.

Eine garantierte Startberechtigung erhalten die Weltbesten der Ultratrail-Szene, dazu die ersten Drei von sogenannten Golden-Ticket-Races und auch die TOP-10-Finisher des letztjährigen WSER. Zudem darf jeder Laufverein, der beim WSER ehrenamtlich einen Checkpoint betreibt, über einen Startplatz verfügen. Zusätzliche Startberechtigungen vergibt der Renndirektor an besonders verdiente Personen.

Somit bleibt mir nur die Möglichkeit, einen der jährlich rund 250 bis 270 Startplätze zu ergattern, die zur Verlosung gelangen. Damit man es in den Los-Topf schafft, muss man einen der rund 100 weltweit stattfindenden Qualifikationsläufe erfolgreich beenden. Ich recherchiere und stelle fest, dass es in Österreich zwei solcher Qualifikationsläufe gibt.

Einer davon ist der Mozart 100, ein rund 105 Kilometer langer Ultratrail durch das wunderschöne Salzburger Land. Mit Start und Ziel direkt in der Mozartstadt Salzburg warten auf die Teilnehme entlang der Strecke nach Fuschl und St. Gilgen am Wolfgangsee nicht nur atemberaubende landschaftliche Highlights, sondern auch anspruchsvolle 4.700 Höhenmeter.

Hat man es dann nach einem erfolgreich beendeten Qualifikationslauf in die Lotterie geschafft, ist die Chance gezogen zu werden, verschwindend gering. Denn die Los-Trommel ist mit einigen tausend Tickets gefüllt. Der Modus sieht jedoch vor, dass bei mehrmaliger Teilnahme an der Lotterie die Tickets jedes Mal verdoppelt werden. Hat man im ersten Jahr das eine Ticket, sind es im zweiten Jahr zwei Tickets, im dritten Jahr 4 Tickets, dann 8 Tickets, 16 Tickets und so weiter. Zu diesem Zeitpunkt liegt die Wahrscheinlichkeit, bei der 5. Teilnahme (und den 16 Tickets) gezogen zu werden, bei ungefähr 50 Prozent.

Der Platz an der Startlinie verlangt also nicht nur sportliches Durchhaltevermögen, sondern auch jede Menge Geduld.

Aber letztendlich macht es diese Kombination aus sehr anspruchsvoller Strecke, gepaart mit dem Support von sage und schreibe 1.500 freiwilligen Helfern und den streng limitierten Startplätzen aus, dass der WSER diese magische Anziehungskraft auf mich hat.

Ab sofort gilt, groß zu träumen. Mir ist bewusst, dass der Weg nach Auburn ein weiter und beschwerlicher ist. Es wird Tage voller Euphorie und auch voller schmerzhafter Rückschläge geben. Das Wesentliche ist jedoch, seinen Traum nicht aus den Augen zu verlieren.

Der erste große Meilenstein ist mit einem Start beim Mozart 100 definiert. Um dafür die erforderliche Grundlagenausdauer und auch das mentale Korsett zu erlangen, sind lange Läufe und viele Höhenmeter notwendig. Getreu dem Motto »Machen ist wie wollen, nur viel krasser!«, stürze ich mich in meinen sportlichen Lebenstraum.

3: Bei den Stoani´s in Gasen

Sommeralm – Marathon

Es ist Race-Day. In wenigen Stunden fällt der Startschuss des Sommeralm-Marathons. Der zweite Marathon innerhalb von 4 Wochen, mein 4. Marathon insgesamt, will heute gelaufen werden. Die von einem bekannten steirischen Ultraläufer namens Kraxi ins Leben gerufene Laufveranstaltung startet um 07:30 Uhr im oststeirischen Winzendorf. Von dort führt die Strecke auf die 42,2 km entfernt gelegene Sommeralm.

Damit dieser Marathon den ihm verliehenen Titel »Der härteste Marathon der Steiermark« gerecht wird, sind auf der Marathondistanz knapp 1.800 Höhenmeter zu bewältigen. Die Uhr zeigt mittlerweile 05:30 Uhr und sagt mir, dass es Zeit für die Anreise ist. Meine Familie schläft noch. Mir steht nun eine knappe Stunde Autofahrt bevor.

Die Ausgabe der Startunterlagen, direkt beim Veranstalter in der Garage seines Zuhauses, ist unkompliziert und familiär. Von der ersten Minute an fühlt man sich bei dieser Laufveranstaltung gut aufgehoben und ist von freundlichen und hilfsbereiten Leuten umgeben.

Mein peinlicher Auftritt: Ich freue mich, dass die Startnummer diesmal nicht mit Sicherheitsnadeln am Shirt zu befestigen ist. Heute müssen keine Löcher ins Shirt gestochen werden. Es sind doppelseitige Klebestreifen auf der Rückseite der Nummer vorhanden. Ich versuche die Folie des ersten Klebestreifens zu lösen. Da sich dieses Vorhaben als schwierig erweist, frage ich zur Vorsicht bei einem eben eingetroffenen Teilnehmer nach Rat. Augenzwinkernd rät er mir dringend davon ab, den für die Zeitnehmung erforderlichen Transponder von der Startnummer zu lösen. Im Startpaket seien bestimmt Sicherheitsnadeln. Die soll ich für die Befestigung der Startnummer verwenden. Gerade noch gutgegangen.

Pünktlich um 07:30 Uhr erfolgt der Start und mit weiteren 60 Teilnehmern aus insgesamt 4 Nationen mache ich mich auf den Weg zur Sommeralm. Der Himmel ist bewölkt und die Temperaturen sind derweilen angenehm kühl.

Ich stehe im hinteren Teil des Feldes eingereiht. Den bevorstehenden Höhenmetern zolle ich Respekt und starte verhalten. In der Tasche meiner Laufshorts habe ich Datteln und Salztabletten dabei.

Der Sommeralm-Marathon gönnt keine Zeit zum lockeren Einlaufen. Vom Start weg geht es bergauf. Nach ein paar hundert Meter liegen die ersten 40 positiven Höhenmeter hinter mir. Auf einem durch die Regenschauer der letzten Tage aufgeweichtem Waldweg geht es aber gleich wieder talwärts. Die Strecke führt über eine schmale Brücke auf einen Wiesenpfad, bevor es auf flachem Terrain der ersten Verpflegungsstelle entgegengeht. Hier wird isotonisches Getränk (kurz Iso), Wasser und gute Laune kredenzt.

Auch in weiterer Folge wird an den mehr als ausreichend vorhandenen und gut platzierten Labestationen Iso, Wasser, aber auch Cola, Kuchen, Äpfel und Bananen angeboten. Man erkennt an der Handschrift der Organisation, dass hier ein erfahrener Ultraläufer das Drehbuch schreibt. Trotz der später einsetzenden widrigen Witterungsbedingungen erhält man überall ein freundliches Lächeln und aufmunternde Worte.

Der Laufuntergrund ist abwechslungsreich. Es wird auf Schotterwegen, auf Trampelpfaden im Wald und auf Wiesen und auch auf asphaltierten Straßen gelaufen. Mal geht es moderat, dann wieder sehr steil aufwärts. Zwischendurch lassen aber auch wieder flache Passagen und fallende Teilstücke ein schnelleres Vorankommen zu. Nach rund 12 Kilometer schließe ich zu einer kleinen Gruppe auf und laufe die nächsten Kilometer mit ihnen Höhenmeter um Höhenmeter der Sommeralm entgegen.

Vor vier Wochen wurde ich beim Welsch-Marathon arg von Krämpfen geplagt. So ermahne ich mich heute – trotz des kühlen Wetters –in regelmäßigen Abständen Flüssigkeit zu mir zu nehmen. Auch eine Salztablette soll helfen, dass die Muskeln diesmal nicht krampfen.

Obwohl wir auf die Sommeralm hinaufwollen, laufen wir seit mehreren Kilometern einen Wald- bzw. Schotterweg hinunter bis zum Talboden. Polizisten ermöglichen uns eine gefahrlose Querung der 2-spurigen Straße. Über einen schmalen, verkehrsberuhigten, aber steil nach oben führenden Weg werden wieder positive Höhenmeter gesammelt.

Die schwarze Wolkendecke, die uns seit geraumer Zeit aus der Ferne zu beobachten scheint, hat sich nun direkt über uns geschoben und entlädt sich. Was tröpfchenweise beginnt, endet bald im Wolkenbruch. Dieser soll uns bis zum Ziel begleiten. Blitz und Donner bleiben zum Glück aus. Aber es kühlt am Berg empfindlich ab und bald fröstle ich.

Ich trauere meinem ursprünglichen Plan, eine Laufweste zu tragen, nach. Darin hätte auf alle Fälle auch eine Regenjacke Platz befunden. »Das nächste Mal verhalte ich mich klüger, wenn ich Richtung Berg unterwegs bin.«, ermahne ich mich.

Nach rund 33 Kilometer hat das Geländeprofil ein letztes Mal Erbarmen und gönnt 2.000 abschüssige Meter. Hier lässt sich in mittlerweile klatschnassen Laufschuhen nochmal ein wenig Fahrt aufnehmen.

Zu Beginn des rund 7 Kilometer langen Schlussanstieges erwarten mich zwei tapfer ausharrende und bereits frierende Helfer, die eine der vielen Checkpoints betreuen. Schade, dass sie keinen warmen Tee kredenzen. Aber das ist Jammern auf sehr hohem Niveau.

Die Strecke führt im tiefen Morast einen Waldweg hoch. Rinnsale strömen entgegen. Ich bin auf dem schwer zu belaufenden Untergrund in den Gehschritt verfallen und quäle mich den Anstieg hoch. Nach ein paar hundert Metern habe ich wieder festeren Boden unter den Füßen. Auf geteerter Straße geht es weiter dem Ziel entgegen. Die Zeit verrinnt nun wie im Flug. Lange habe ich heute kein klares Zeitziel vor Augen. Zu wenig Erfahrung habe ich auf Strecken mit so vielen Höhenmetern. Eine Zielankunft unter 5 Stunden soll es nun aber sein.

Die Stoakogl-Hütte ist in rund 2 Kilometer Entfernung zu erkennen. Unmittelbar daneben ist der Zielbogen aufgebaut. Bald ist es geschafft! Der Weg verflacht ein wenig und ich kann die allermeisten Passagen wieder laufend hinter mich bringen. Den Geist täusche ich, indem ich quasi von Straßenpflock zu Straßenpflock laufe. Viele kleine, nahe Zwischenziele machen die Sache einfacher, als ein weit entferntes Ziel anzuvisieren.

Endlich bin ich bei der Hütte angekommen. Die Ziellinie ist zum Greifen nahe. Geschafft? Pustekuchen!

Es fehlen auf die volle Marathon-Distanz noch ca. 700 Meter. Diese Restmeter müssen auf einer Schleife rund um das Ziel zurückgelegt werden. So laufe ich auf der Straße noch einige Höhenmeter hoch. Über eine stark aufgeweichte Wiese geht es wieder zurück zum Ziel. Kurz verliere ich auf dem nassen Untergrund die Bodenhaftung und habe große Mühe, einen Sturz zu verhindern. Autsch! Der spektakuläre Ausfallschritt schmerzt. Wenig später ist es aber endgültig vollbracht. Ich finishe in 4 Stunden und 56 Minuten den Sommeralm-Marathon.

Ich zittere vor Kälte. Meine Finger bringen es nicht fertig, einen Becher zu halten. Aber es wäre nicht der von Kraxi organisierte Marathon, wenn nicht schon ein Shuttleservice bereitstünde. Das bringt uns in das ein paar Kilometer entfernt gelegene Naturparkhotel Bauernhofer. Hier steht uns unterkühlten Sportlern nicht nur eine heiße Brause, sondern der gesamte Wellnessbereich des Hotels zur Verfügung. So sitze ich nach einer ausgiebigen Dusche bald bei wohlig warmen 60 Grad im Dampfbad und blicke durch eine große Glasfront auf das wunderschöne Almenland.

Wieder auf Wohlfühltemperatur, werden die leeren Kohlenhydrat- und Trinkspeicher gefüllt. Im Startgeld ist ein 3-gängiges Menü inklusive. Im Anschluss werden wir Teilnehmer der Reihe nach aufgerufen und mit selbstgefertigten Finisher-Steinen und Urkunden beglückwünscht. Für die ersten Drei steht eine Siegertreppe parat.

Dem nicht genug, folgt eine Warenpreisverlosung. Zu gewinnen gibt es einige Marathon-Startplätze im In- und Ausland, prall gefüllte Geschenkkörbe, Gutscheine für Laufschuhe und noch einiges mehr. So gehen die meisten Teilnehmer nicht nur mit wunderbaren Eindrücken, sondern auch mit einem Sachgewinn nach Hause.

Ich konsumiere die letzte inkludierte Leistung des heutigen Tages und nehme im Rücktransport-Bus Platz. Mein Auto wartet schließlich beim Start in Winzendorf auf mich. Ein trotz des schlechten Wetters rundum gelungener und erlebnisreicher Lauftag geht zu Ende.

4: Tour de Tirol

3 Tage – 75 Kilometer – 3.500 Höhenmeter

Ich liebe nicht nur das Laufen, sondern schreibe auch gerne über meine sportlichen Abenteuer. Es liegt also nahe, einen eigenen Blog zu starten. Ich veröffentliche in regelmäßigen Abständen Laufberichte über meine Teilnahmen an Wettkämpfen, Erlebnisberichte von Trainingsläufen und schreibe eine Handvoll Produktrezessionen. Die Leserschaft wächst stetig und mein Blog erlangt zunehmend Bekanntheit. Bis Ende 2022 darf sich »zweiundvierzigundmehr« über rund 50.000 Besucher freuen.

Ein Online-Laufportal bietet mir einen kostenlosen Startplatz bei der Tour de Tirol an. Als Gegenleistung liefere ich einen Erfahrungsbericht. Dieser 3-Tages-Event scheint für mich passend zu sein, um auf meinem Weg zum Ultraläufer ein weiteres Level hochzusteigen. Und so mache ich mich auf, um in Söll, einem beschaulichen Ort in der Region Wilder Kaiser, in 3 Tagen satte 75 Kilometer mit 3.500 Höhenmeter zu belaufen.

Die Tour de Tirol (kurz TDT) setzt sich aus drei Einzeletappen zusammen. Am Freitag sind quasi als »warm up« knackige 10 Kilometer zu laufen, am Samstag wartet der Kaisermarathon mit Zielankunft auf der Hohen Salve, bevor es am Sonntag mit dem Pölven Trail über 23 Kilometer die letzte Etappe erfolgreich zu meistern gilt. Die Zeiten der einzelnen Rennen werden addiert und so der Gesamtsieger ermittelt.

Ich beziehe im Ferienhotel Fuchs ein Zimmer. Das Dorfzentrum von Söll, zugleich Start- und mit Ausnahme des Kaisermarathons auch Zielbereich der Laufevents, ist fußläufig gut erreichbar. Für die Regeneration der geschundenen Beine steht in der Unterkunft eine Sauna bereit.

Die Abholung der Startunterlagen im OK-Büro im Dorfzentrum gestaltet sich unkompliziert. Nach Vorlage meines Personalausweises erhalte ich die für alle 3 Tage gültige Startnummer mit integriertem Zeitchip.

Ausstellungsstände einiger namhafter Bekleidungs- und Schuhausstatter laden zum Schmökern ein. Ein großes Zelt darf auch nicht fehlen. Darin finden die Siegerehrungen statt; Speis und Trank gibt es natürlich auch.

»Der Söller Zehner – Lasset die Spiele beginnen«

Ich spüre die 5-stündige Anreise in den Beinen. Trotzdem bin ich zuversichtlich, den Söller Zehner in der angestrebten Zeit von 45 Minuten zu finishen. Laut Ausschreibung warten drei kupierte Runden auf Schotter-, Wiesen- und Asphaltwegen auf uns Teilnehmer. Was hier im Tiroler Land als wellig bezeichnet wird, gilt in meiner Heimat bereits als Berglauf. Ich bin seit Tagen gedanklich so sehr auf die 2345 Höhenmeter des morgigen Kaisermarathons fixiert, dass ich das anspruchsvolle Profil des Söller Zehners nicht recht wahrgenommen habe. Jedoch sind 300 Höhenmeter auf 10 Kilometer Distanz kein Pappenstiel. Das werde ich bald an den eigenen Beinen zu spüren bekommen.

Knapp 5 Minuten sind es noch bis zum Start. Gemeinsam mit mir stehen laut Veranstalter Läufer aus 26 Nationen (von 5 Kontinenten) am Start. Die Moderation sorgt für großartige Stimmung. Im Race-Briefing werden wir aufgefordert, ohne Musik im Ohr und am rechten Straßenrand zu laufen, um schnellere Läufer zu hören und vor allem nicht zu behindern. Dramaturgische Musik und der Countdown der letzten Sekunden dröhnen aus den Musikboxen. Diese Startsequenz der letzten Sekunden bis zum Start verursacht Gänsehaut pur. Ein Salutschuss gibt die Strecke frei.

Die erste Runde des Söller Zehners lehrt mich, dass ich keine zwei weiteren Runden mit der anvisierten Geschwindigkeit von 15 Minuten für die gut 3,3 Kilometer durchhalten werde. Zu knackig sind die Anstiege.

Ich nehme bergan nun deutlich Tempo raus und hoffe, dass sich meine wie Wackelpudding anfühlenden Oberschenkel wieder erholen. Auf Runde zwei büße ich durch die Temporeduktion eine Minute auf meine geplante Zielzeit ein. In Runde drei sind es weitere zwei Minuten, die ich langsamer bin als erhofft. Die erste Etappe der Tour de Tirol ist für mich nach gut 48 Minuten beendet.

Ich habe mir eine deutlich bessere Zeit und auch Platzierung erhofft. Die Konkurrenz ist stark. Ich gehöre mit meinen drei Jahren Lauferfahrung ohne Zweifel zu den Greenhorns des Berglaufsports.

Die Strecke selbst ist als erste Etappe dieses Events jedoch sehr gut geeignet. Wenn ein Kritikpunkt gefunden werden soll, so ist das die mangelhaft ausgeleuchtete Strecke.

Durch die späte Startzeit laufen die allermeisten der Teilnehmer in die Dämmerung bzw. in die Dunkelheit. Die Waldpassage ist nur provisorisch ausgeleuchtet. Die Stolpergefahr ist groß. Abhilfe würde eine vorverlegte Startzeit oder die Verwendung einer Stirnlampe schaffen.

»Kaisermarathon - Der Berg ruft«

Das Ziel des Kaisermarathons befindet sich auf dem Gipfel der Hohen Salve. 2.345 Höhenmeter warten auf dem Weg dorthin auf uns Teilnehmer.

Die Wegbeschreibung des Veranstalters lässt auf einen erlebnisreichen Wettkampf hoffen und klingt folgendermaßen: »Abwechslungsreiche und flache Strecke Richtung Westen bis zum Alpenschlössl, dann wieder durch das Ortszentrum von Söll, weiter auf Wiesen und Trailwegen über Scheffau nach Ellmau bis zur Rübezahl-alm. Weiter auf Almwegen vorbei an der Jägerhütte zum Panoramarestaurant Bergkaiser. Dann auf Wanderwegen bis zum Tanzboden, von dort über den Jochstubensee bis zum Filzalmsee und weiter zum Hexenwasser. Weiter über zum Teil schmale und steile Wanderwege bis zum Gipfel der Hohen Salve.«

Ich erlebe ich die Strecke am heutigen Tag leider diffus. Im landschaftlich bestimmt einmaligen Gebiet in der Region Wilder Kaiser ist wegen des dichten Nebels phasenweise die eigene Hand nicht vor dem Gesicht zu sehen. Denn der Wettergott meint es heute nicht gut mit uns. Unmittelbar beim Start schuss setzt leichter Regen ein. Dieser klingt nach einer halben Stunde zwar ab, der Nebel hält uns auf der überaus selektiven Strecke des Kaisermarathons den gesamten Tag über hartnäckig die Treue.

Ein in Erinnerung bleibendes Highlight ist auf jeden Fall das Durchlaufen der Gaststube eines Panoramarestaurants sowie der spektakuläre Zieleinlauf auf der Hohen Salve. Der Bereich rund um das Hexenwasser, oder auch die Gegenden um den Jochstuben- oder Filzalmsee, laden ebenso wie die Rübezahl-Alm mit den großartigen Baumschnitzereien und dem Erlebnispark zur Erkundungstour. Vorausgesetzt, das Wetter spielt mit.

Ich quäle mich den Berg hoch. Punktuell sind Streckenabschnitte derart steil, dass an ein Laufen nicht zu denken ist. Selbst der Gehschritt verlangt mir alles ab. Der anspruchsvollste Kilometer, ein beinahe senkrechter Aufstieg auf mittlerweile stark aufgeweichten, schlammigen Untergrund, nimmt stolze 17 Minuten von der Uhr.

Letztendlich laufe ich nach 5 Stunden und 42 Minuten bei leichtem Schneefall durch das Ziel.

Es ist windig und ich kühle rasch aus. Gut, dass ich vorgesorgt habe und ich mir genügend warme Wechselbekleidung mit dem Gepäckservice zum Gipfel transportieren habe lassen. Trocken und dick eingehüllt fahre ich mit der Gondel zurück in das Tal, schleppe mich zum Hotel zurück und erwärme mich in der Sauna.

Mein Fazit des Tages? Ich bin weit hinter meinen Erwartungen und am Ende des zweiten Drittel aller Gesamtstarter klassiert. Ein großes Lob und einen Dank gebührt jedoch den vielen unermüdlichen Helfern, die dem Wetter trotzten und immer freundliche und aufmunternde Worte parat hatten. Die Labestationen sind üppig ausgestattet, die Streckenbeschilderung ist vorbildlich. Rettungskräfte scheinen bei Bedarf immer präsent.

»Der Pölven Trail - Bringen wir es zu Ende«

Ich bin ein wenig erstaunt, dass ich nach den Anstrengungen der vergangenen beiden Tage überhaupt aus dem Bett steigen kann. Der Muskelkater hält sich in Grenzen. So sehe ich zuversichtlich dem Pölven Trail entgegen.

Ein Blick zum Himmel nährt zudem die Hoffnung, heute ein paar Sonnenstrahlen zu erhaschen. Bereits beim Frühstück ist die Enttäuschung über mein bisheriges Abschneiden zugunsten der Vorfreude auf die heutige Herausforderung gewichen. Mit hölzernem Schritt begebe ich mich zum Startbereich.

Der Pölven Trail ist ein atemberaubend schöner Trail-Lauf. Den höchsten Punkt der Strecke bildet das Juffinger Jöchl auf 1.181 Meter Seehöhe.

Die Firma SPZ Bad Häring macht es möglich, dass heute ein Steinbruch-Sperrgebiet durchlaufen werden darf, was dem Pölven Trail ein zusätzliches Highlight beschert.

Insgesamt warten auf 23 Kilometer Distanz fordernde 1.200 Höhenmeter auf uns Teilnehmer. Viele Kilometer auf Singletrails, auf Schotter und Wiesenpfaden, einige anspruchsvolle Aufstiege und teilweise sehr steile, technische Downhills entschädigen jedoch für die Strapazen des Laufes und erfreuen das Herz des Trail-Läufers.

So bin ich letztendlich doch zufrieden, zum einen nach gut 3 Stunden den Pölven Trail gemeistert zu haben und nach insgesamt 9 Stunden und 32 Minuten ein erfolgreicher Finisher der Tour de Tirol zu sein.

5: Adventlauf des MT-Hausmannstätten

Laufen für den guten Zweck

In mir reift die Entscheidung, einem Laufclub beizutreten. Es motiviert mich, im Vereinstrikot am Start von offiziellen Wettkämpfen zu stehen. Für Teilnahmen an steirischen oder österreichischen Meisterschaften ist eine Vereinszugehörigkeit ohnehin obligatorisch.

Bereits nach kurzer Recherche werde ich fündig. Im Nachbarsort gibt es den Laufclub MT-Hausmannstätten. Das »MT« steht für Marathonteam. Ich tausche mich mit dem Obmann aus und unterschreibe den Antrag auf die Mitgliedschaft.

Und dieser MT-Hausmannstätten organisiert seit mittlerweile 10 Jahren kurz vor Weihnachten einen Adventlauf. Ich nehme das erste Mal an dieser traditionellen Veranstaltung teil, bei der die Gemeinschaft, die Besinnlichkeit und unser aller Freude am Laufen im Vordergrund steht.

Aus allen Himmelsrichtungen wurde im Laufe der letzten Jahre das Ziel, der Marktplatz in Hausmannstätten, angelaufen. Heuer zum 10-jährigen Jubiläum sollte es sogar ein Staffellauf über mehr als 150 Kilometer mit Start im obersteirischen Wallfahrtsort Mariazell werden. Jedoch machen bürokratische Hürden das Vorhaben letztendlich nicht durchführbar.

So stehen wir am vierten Adventsonntag gegen 10:45 Uhr zwar auch vor einer Wallfahrtskirche namens Mariazell, korrekterweise jedoch vor der Kirche Klein-Mariazell. Diese Wallfahrtskirche befindet sich in Eichkögl, einem beschaulichen Ort im Bezirk Südoststeiermark.

20 Mitglieder des Laufclubs warten auf die Andacht durch den ansässigen Pfarrer und auf die Segnung des Lichtes. Das Adventlicht werden wir dann laufend mit Fackeln zurück auf den Marktplatz nach Hausmannstätten bringen, wo wir gegen 17:00 Uhr erwartet werden. Dazwischen liegen ungefähr 44 Kilometer und rund 800 positive Höhenmeter.

Vor rund einer Stunde sind wir mit einem Kleinbus hier her zum Start gebracht worden. Dieses und ein zweites Begleitfahrzeug werden sich auf dem Rückweg vor und hinter uns befinden und so für unsere bestmögliche Sicherheit im Straßenverkehr sorgen. Auch der persönliche Proviant und die Ersatzkleidung kann mit den Fahrzeugen transportiert werden. Vom Laufclub werden Mineralwasser, Bananen und köstliche Weihnachtskekse zur Verfügung gestellt. Zudem haben wir jederzeit die Möglichkeit, uns für ein paar Kilometer in den Bus zu setzen, um uns zu erholen.

Ich habe geplant, die volle Distanz zu laufen. Es soll ein weiteres Puzzlestück auf meinem Weg zum Mozart 100 sein. Aber heute wird nicht an Wettkampf gedacht. Heute wird die Gemeinsamkeit gefördert. Und es wird richtig schön werden.

Gegen 11:15 Uhr machen wir uns auf den Weg. Ein »6er-Schnitt« ist angedacht, was angesichts der vielen Höhenmeter eine recht sportliche Zielvorgabe ist. Nach rund einer Stunde machen wir einige Minuten Rast.

Für mich ist ein Gemeinschaftslauf Neuland. Ich bin die letzten Jahre mit Ausnahme von Wettkämpfen ausschließlich allein auf den Laufstrecken unterwegs gewesen. Aber heute passt es. Der Lauf erfüllt seinen Zweck. Er schafft etwas Ruhe in der oft so hektischen Adventzeit, gibt aber auch Gelegenheit, sich mit gleichgesinnten Sportlern auszutauschen, die das Laufen ebenso lieben.

Während ich Laufschritt an Laufschritt setze, bin ich in Gedanken bei meiner Familie. Meine Frau wird unseren Sohnemann betreuen und ihrer eigenen Leidenschaft, dem Basteln und Malen, nachgehen. Meine Tochter wird hoffentlich vor den Schulbüchern sitzen und für die bevorstehende Prüfung in Pädagogik pauken, die noch kurz vor den Weihnachtsferien abzulegen ist.

Dieser Lauf tut aber nicht nur uns selbst gut. Bereits im Vorfeld waren hilfsbereite Seelen des Laufclubs unterwegs und lukrierten sehr großzügige Spendengelder von ortsansässigen Unternehmen, die zwei bedürftigen Familien in Hausmannstätten zu Gute kommen sollen.

Über die Ortschaften Trausdorf, Fölling, Petersdorf II und Schwarten führt uns der Adventlauf nach Pirching am Traubenberg.

Seit 3 Stunden sind wir unterwegs. Hier, beim Zuhause eines Laufclub-Mitgliedes, ist eine größere Pause vorgesehen. Um nicht auszukühlen, tausche ich die verschwitzte Oberbekleidung gegen trockene Klamotten. Ein mit vielen Köstlichkeiten gedeckter Tisch ist für uns gerichtet. Der wärmende Kachelofen, schmackhafte Jausenweckerl und die Aussicht auf die eine oder andere weitere Flasche Bier wecken den inneren Schweinehund.

Dieser schlägt vor, doch hier bei dieser gastfreundlichen und sympathischen Familie zu bleiben. Aber er sollte es besser wissen, der Schweinehund. Er hat nichts zu melden. So rollen wir im wahrsten Sinn des Wortes nach einer halben Stunde weiter. Wir haben ja eine Mission zu erfüllen. Die lautet, pünktlich um 17:00 Uhr in Hausmannstätten zu sein. Knapp zwei Stunden Laufzeit bzw. 16 Kilometer liegen noch vor uns.

Ich benötige ein paar hundert Meter, um wieder einigermaßen in die Gänge zu kommen. Wir laufen an einem Tanzcafe vorbei. Ich schwelge kurz in Erinnerungen. Nicht nur einmal habe ich in diesem Lokal die Nacht zum Tag gemacht. Vor knapp drei Jahrzehnten wohlgemerkt.

Meine Füße werden träge und die Gespräche mit den Laufkollegen rarer. Es fällt mir immer schwerer, dem vorgegebenen Tempo zu folgen. So halte ich mich nun meist am Ende der Gruppe auf und spüre den »Besenwagen« im Nacken. Ich spiele mit dem Gedanken, mich für zwei, drei Kilometer ins Begleitfahrzeug zu setzen. Andererseits liegt bloß noch ein nennenswerter Anstieg vor uns. Danach führt der Weg moderat fallend zum Ziel nach Hausmannstätten. Ich beiße die Zähne zusammen und halte durch.

Die Steigung Richtung Schemmerlhöhe liegt hinter uns und wir blicken auf Vasoldsberg. Es ist nicht mehr weit, beruhige ich meine quengelnden Beine. Inzwischen ist es dunkel geworden.

Wir befinden uns auf den letzten Kilometern des heurigen Adventlaufes. Ich freue mich auf die Ankunft am Marktplatz von Hausmannstätten. Meine großartige Familie wird mich ebenso erwarten wie eine Blasmusikgruppe, der Bürgermeister und viele Besucher.

Auch eine der beiden Familien, die in jüngster Zeit schwere Schicksalsschläge zu meistern hatten und nun mit einer finanziellen Unterstützung bedacht werden, wird anwesend sein.

Für die letzten paar hundert Meter kriegen wir alle eine Kerze zu halten. So laufen wir um Punkt 17:00 Uhr inmitten eines Lichtermeeres ein. Dieser sehr stimmungsvolle Zieleinlauf mit vielen freudig strahlenden Gesichtern beschließt einen wunderbaren Tag.

Ich möchte den ehrenamtlichen Vereinsengeln des MT-Hausmannstätten für diesen besinnlichen und mit viel Herzblut organisierten Adventlauf danken.

6: Manchmal kommt unverhofft

6h – Lauf in Oberwart

Social Media sei Dank! Denn ohne Facebook wäre ich nicht auf diese mit viel Herzblut organisierte Laufveranstaltung in Oberwart aufmerksam geworden.

Zur Auswahl steht eine Teilnahme am 6-Stunden-Lauf oder der Start über die klassische Marathondistanz. Ein weiterer langer Lauf passt wunderbar in meine Vorbereitung zum Mozart 100, auch wenn diesem Rundkurs die mir notwendigen Höhenmeter fehlen. Aber die Aussicht auf einen laut Veranstalter gastfreundlichen, familiären und einzigartigen Lauf lässt mich euphorisch die Nennung für den 6-Stunden-Lauf durchführen.

Der Wetterfrosch verspricht recht warmes, aber stürmisches Frühsommerwetter. Die Anreise nach Oberwart braucht etwa eine Stunde. Parkplätze sind im Bereich einer Sporthalle, unweit vom Start- und Zielbereich der Laufveranstaltung entfernt, zur Genüge vorhanden. Umkleiden und Duschen stehen ebenfalls zur Verfügung.

Der Start-/Zielbereich ist direkt vor dem Wohnhaus des Veranstalters positioniert. Zelte für die Verpflegung und Pulte für die Rundenzähler sind aufgebaut. Tische, Bänke und Sonnenschirme stehen parat. Es scheint bei dieser Veranstaltung an alles gedacht zu sein. Bereits der erste Eindruck bestätigt, dass das Motto der Veranstaltung »gastfreundlich - familiär – einzigartig« nicht bloß eine Phrase ist, sondern auch gelebt wird. Überall finden sich freudig strahlende, überaus hilfsbereite Menschen. Neben der personalisierten Startnummer wird ein Starterpaket gefüllt mit Obst, Nudeln sowie einer guten Flasche Wein überreicht. Das Startgeld ist frei wählbar und kommt zur Gänze einem karitativen Zweck zu Gute.

Kurz vor dem Start findet die offizielle Begrüßung durch den Veranstalter Peter statt und Details zum organisatorischen Ablauf der beiden Bewerbe werden erläutert. Rundenzähler, Helfer beim Verpflegungsstand und der Moderator, der auch für die Wahl der Musik der nächsten Stunden verantwortlich ist, werden vorgestellt. Eine persönliche Bekanntmachung aller Starter darf ebenfalls nicht fehlen.

Ursprünglich haben 30 Teilnehmer genannt. Leider hagelt es kurzfristig einige Absagen, was für den Veranstalter wirklich sehr schade ist! Es ist für mich schwer nachvollziehbar, warum dieser Event nicht längst mit der maximalen Teilnehmerzahl ausgebucht ist. Es mangelt hier an nichts. Mehr Gastfreundlichkeit geht nicht!

Pünktlich um 10:00 Uhr erfolgt der Startschuss. Letztendlich machen sich 22 Teilnehmer auf den Weg. Für die Starter über die Marathondistanz wird die erste Runde bewusst verkürzt, um mit weiteren 29 vollen Runden auf die exakten 42,195 km zu gelangen.

Für mich ist es die zweite Teilnahme an einem 6-Stunden-Lauf. Im Vorjahr schaffte ich bei meiner Premiere in Steyr 56 Kilometer. Damals hatte ich mich auf den Wettkampf bewusst vorbereitet und setzte mir zum Ziel, zumindest 60 Kilometer weit zu laufen. Ich organisierte in Eigeninitiative einen Spendenlauf und konnte einige regionale Gewerbetreibende davon überzeugen, pro von mir gelaufenen Kilometer einen Euro für ein Projekt des Pfarrkindergartens zu spenden. Jedoch spielten mir am Lauftag Temperaturen von über 30 Grad Celsius übel mit. Dennoch konnte mit dem Spendenerlös ein neues Tret-Fahrzeug angeschafft werden.

Heute sind die Voraussetzungen andere. Dieser Wettkampf schließt lediglich eine sehr umfangreiche Trainingswoche auf meinem Weg zum Mozart 100 ab. Rund 65 Wochenkilometer stecken bereits in meinen Beinen. So wäre ich heute mit 50 absolvierten Kilometern schon zufrieden.

Nachdem die Marathonläufer die erste Runde nach rund 200 Meter abkürzen, finde ich mich unerwartet an der Spitze des Feldes der 6-Stunden-Läufer wieder. Ich denke, ich bin das erste Mal in meiner Laufkarriere in Führung liegend. Meine Pace liegt bei rund 5:40 Minuten pro Kilometer. Das Wettkampfadrenalin lässt mich die schweren Beine vorerst vergessen.

Der Rundkurs ist 1.423 Meter lang, durchgehend asphaltiert und weist keine nennenswerten Höhenunterschiede auf. Geisteswissenschaftler und Erfinder sind Namensgeber der Gassen, die im Uhrzeigersinn belaufen werden.

Der Start erfolgt in der Resselgasse, benannt nach einem Miterfinder der Schiffsschraube. Im rechten Winkel gelangen wir in die Gasse des Astronoms und Arztes Kopernikus. Für ein kurzes Stück führt die Strecke am rechten Ufer der Pinka, einem Nebenfluss der Raab, entlang. Über die Hegelgasse, Namensgeber ist ein deutscher Philosoph, schließt sich die Runde.

Der unmittelbare Start-/Zielbereich ist für den Straßenverkehr gesperrt. In diesem Streckenabschnitt ist auch der Labebereich eingerichtet. Das reichliche Angebot umfasst Elektrolytgetränke, Mineralwasser, stilles Wasser, Cola sowie Nudeln, Kuchen und Obst. Trotz der reichen Auswahl am Verpflegungsposten habe ich eigene Gels, Salztabletten und Peronin in meiner Tasche, die ich neben dem Rundenzählertisch platzieren darf. Ich möchte unter großer Belastung nochmals die Verträglichkeit einiger Kalorienspender testen, mit denen die mich beim Mozart 100 verpflegen möchte. Auch ein iPod liegt in der Tasche bereit. Musik im Ohr soll mich auf der zweiten Wettkampfhälfte auf Trab halten. Die Rundenzählung erfolgt manuell. Das bedeutet, dass meine persönliche Rundenzählerin Sonja die von mir gelaufenen Runden händisch mitprotokolliert.

Was sich hier im Start-/Zielbereich abspielt, ist kaum in Worte zu fassen. Unermüdlich werden wir Läufer über Stunden von den Rundenzählern, den Zuschauern, den Helfern am Verpflegeposten und vom Moderator angefeuert. Auch an motivierender Musik fehlt es nicht. Fotografen sind die ganze Zeit über entlang der Strecke unterwegs. Sie machen eine Vielzahl von Foto, die ein paar Tage später kostenlos zum Download angeboten werden. Dixi? Natürlich ist auch dafür gesorgt. Ich wiederhole mich: Es mangelt an nichts!

Seit einer Stunde bin ich unterwegs. Es hat deutlich über 20 Grad Celsius. Dementsprechend labe ich mich alle zwei Runden mit Iso und Wasser. Vor rund 15 Minuten habe ich mein erstes Gel geschluckt. Eine Salztablette wird in Kürze für den erforderlichen Mineralstoffausgleich sorgen. Meine Pace liegt nach wie vor deutlich unter 6 Minuten für den Kilometer und ich wähne mich immer noch in Führung. Marathonläufer sind von den 6-Stunden-Teilnehmer an der Startnummer gut zu unterscheiden. Mein aktuell schärfster Verfolger unter den Ultraläufern scheint Pascal mit der Startnummer 109 zu sein. Sein Rückstand beträgt ungefähr 120 Meter.

Ich genieße es, in Führung zu liegen. Auch meinen Beinen motiviert es, das Feld anzuführen. Trotz der vielen Trainingskilometer machen sie weiterhin gut Tempo. Nach zwei Stunden habe ich rund 21 Kilometer auf der Guthaben-Seite. Der Wind frischt auf, dennoch ist es weiterhin sehr warm. Abkühlung schafft eine auf halber Strecke parat stehende Wanne mit kaltem Wasser und Schwämmen.

Mein Vorsprung auf den ersten Verfolger ist auf 300 Meter angewachsen. Die Uhr zeigt Halbzeit. Rundenzählerin Sonja bestätigt die Anzeige meines Garmin Forerunner mit 32 gelaufenen Kilometern. Ursprünglich habe ich geplant, mich ab der dritten Stunde von Musik im Ohr berieseln zu lassen. Ich verschiebe diese Motivation um eine Stunde. Derweilen läuft es auch ohne musikalisches Doping gut. Das Ambiente der Veranstaltung ist Ansporn genug. Meine Kilometerzeiten bleiben so wie der Abstand zu den Verfolgern konstant.

Die Marathondistanz ist nach exakt vier Stunden geschafft. Vor rund einer halben Stunde ging der Sieg im Marathonbewerb ex aequo an Dietmar und Otto. Beides sind Top-Ultraläufer und hatten bei jeder Überrundung einen motivierenden und lobenden Zuspruch parat. Meinen Plan, in der zweiten Rennhälfte das Peronin zu testen, habe ich verworfen. Peronin ist ein sehr kalorienreiches und leicht verdauliches Fertiggericht-Pulver, das mit Wasser aufgegossen trinkfertig gemacht wird. Es soll mir beim Mozart 100 eine alternative Zwischenverpflegung sein. Zu groß ist nun jedoch die Angst, dass mein Körper auf die ungewohnte Mahlzeit mit Unpässlichkeit reagiert. Mein Vorsprung liegt bei rund zwei Minuten und langsam beginne ich wirklich daran zu glauben, das Ding nach Hause laufen zu können. Und diesen über Stunden erkämpften Vorsprung möchte ich nicht am Dixi einbüßen. So wird der Peronin-Testlauf um eine Woche verschoben.

Die Gels sind auch aufgebraucht. Fragt mich bitte nicht, warum ich lediglich drei Stück davon in meine Tasche gepackt habe. Die Lade zu Hause ist voll mit dem klebrigen Kram. Aber die offizielle Verpflegestelle hält ohnehin alles bereit, was für einen erfolgreichen Lauf notwendig ist. Die Quecksilbersäule ist ein weiteres Stück nach oben geklettert und lässt den Schweiß in Strömen fließen.

Die Marathon-Teilnehmer haben nach und nach ihre Aufgabe erfüllt. Die Strecke leert sich. Ich laufe mittlerweile wie in Trance. Runde für Runde ziehe ich das Programm durch: Kopernikusgasse, Hegelgasse, rechtes Pinkaufer, Schwamm mit kaltem Wasser auf das Haupt, Resselgasse, bei Start und Ziel Runde abfeiern und bejubeln lassen! Ein Läuferträumchen geht für mich gerade in Erfüllung. Ich registriere, dass der Vorsprung auf meine Verfolger immer größer wird. Ich kann nach wie vor das Tempo halten. Die Beine haben längst resigniert. Der Geist hat nun das alleinige Sagen. Und der will sich heute die Butter nicht mehr vom Brot nehmen lassen. Egal, dass in zwei Tagen wieder eine harte Trainingseinheit am Programm steht und die wohl anstrengendste Trainingswoche auf dem Weg zum Mozart 100 folgt. Die Feste soll man feiern, wie sie fallen. Und viele Gelegenheiten bekomme ich bestimmt nicht, einen Gesamtsieg zu erlaufen.

Ich greife zum iPod. Musik der Band Pur treibt mich weiter voran. Songs wie »Es tut weh« oder »Engel sollen fliegen« beflügeln. Ich bin nach fünf Stunden über 52 Kilometer weit gelaufen und habe vor wenigen Augenblicken meinen ersten Verfolger überrundet. 60 Kilometer sind geschafft. Ein paar Minuten bleiben noch. Ich schnappe mir mein Mobiltelefon aus der Tasche. Vollgepumpt mit Adrenalin rufe ich im Laufschritt meine Frau an. »Ich gewinne das Ding! Ich darf zur Siegerehrung!«, hyperventiliere ich ins Telefon. Meine Frau ist natürlich mächtig stolz auf mich. Irre, was ich heute hier erleben darf.

Zielschuss! Schluss, Aus, Ende! Ich setze mich hin und warte auf die Restmetervermessung. Meine GPS-Uhr zeigt mir 62,64 gelaufene Kilometer an. Offiziell habe ich laut Ergebnisliste 61,97 Kilometer zurückgelegt und bin Sieger des 6-Stunden-Laufes von Oberwart. Ich habe meinen ersten Wettkampf gewonnen! Was für ein tolles Glücksgefühl. Ich nehme zahlreiche Glückwünsche entgegen und mache mich in der Sporthalle frisch.

Vertreter aus der Stadt- und Landespolitik sind extra für die Siegerehrung angereist. Bratwürste und Getränke stehen gegen eine freiwillige Spende zum Verzehr bereit. Peter bedankt sich einleitend bei seiner Familie, bei Nachbarn, Freunden und den unzähligen ehrenamtlichen Helfern für die Unterstützung in den letzten Jahren.

In seinen Worten klingt Wehmut als er verkündet, dass das heute der letzte von ihm organisierte 6-Stunden-Lauf in Oberwart war.

Ein paar statistische Zahlen zum Staunen gefällig? Sage und schreibe 1.900 Marathons sind die heutigen Starter in Summe bislang gelaufen. Ein Teilnehmer finishte heute seinen 617. Marathon. Unglaublich! Und ich Grünschnabel darf auf die oberste Treppe des Podestes steigen.

Ich genieße meine erste Siegerehrung. Neben einer schönen Erinnerungs-Medaille darf ich mit einem reichlich gefüllten Geschenkkorb nach Hause fahren. Es war mir eine Ehre, bei der allerletzten Ausgabe des 6-Stunden-Laufes in Oberwart dabei gewesen zu sein.

7: Eine Reise durch das Salzburger Land

Mozart 100

Drei Buchstaben bestimmen die Gedanken: DNF! Ein »did not finish« ist präsent wie noch nie in meinem Läuferleben. Es ist kurz nach 5 Uhr morgens. Ich bin noch keine 3 Kilometer weit gelaufen, doch meine Laufklamotten sind bereits schweißgetränkt. Mir ist übel und ich fühle mich kraftlos. Die Pace liegt trotz flacher Strecke durch die Hellbrunner Allee bei lediglich 7 min/km. Trotzdem verlangt sie mir große Kraftanstrengung ab. Mein Körper scheint mir signalisieren zu wollen, dass er heute für ultralange 105 Kilometer mit 4.700 Höhenmeter nicht bereit ist.

Ein kurzer Rückblick auf den Vortag: Ich reise gegen Mittag bequem und stressfrei mit dem Flix-Bus von Graz in die Mozart-Stadt. Mein erster Weg führt mich in den Europark der Stadt Salzburg, wo im Hervis-Shop die Startunterlagen bereitliegen. Neben der personalisierten Startnummer mit integriertem Zeit-Chip ist das Startpaket mit einem Schlauchtuch, leckeren Keksen, einem Eiweißgetränk und einer Flasche Wasser gefüllt. Auch ein kleiner, faltbarer Race-Guide ist dabei. Nach dem Hotel-Check-in fahre ich per Salzburger O-Bus zum Start-/Zielbereich am Residenzplatz. Hier findet das offizielle Race Q&A (Fragen und Antworten zum Rennen) statt. Bei einem kühlen, alkoholfreien Bier sitze ich gemütlich an einem Tisch unter dem Festzelt und lausche aufmerksam den informativen und teils humorvollen Erläuterungen der beiden Moderatoren zu Streckenverlauf, Pflichtausrüstung, Zeitnehmung mit Cut-Off-Limits etc. in deutscher und englischer Sprache.

Die Kreislaufprobleme, mit denen ich nun zu kämpfen habe, sind selbstgemacht. Obwohl ich es besser wissen sollte, esse ich recht spät am Abend. Am Teller liegt neben einem Stück Hühnerfleisch auch fetter Speck und eine sehr rahmige Sauce. Alles in allem sehr» rich«, würde meine Schwiegermutter sagen. Ich schlafe kurz und schlecht. Zu schwül ist das Raumklima im Hotelzimmer, zu hellhörig die Wände. Trotz Völlegefühl frühstücke ich knapp 2 Stunden vor dem Start mit Widerwillen mein eigentlich bestens bewährtes Frühstück.

Ein Taxi bringt mich um 04:15 Uhr zum Residenzplatz. Bereits im Wagen habe ich kalten Schweiß auf der Stirn und fühle mich sehr unwohl, als ich die letzten Vorbereitungen für meinen Start beim Mozart 100 treffe.

Ich gebe den Kleiderbeutel und das Drop-Bag ab. Das Drop-Bag wird vom Veranstalter nach Fuschl transportiert. Es kann im Verlauf des Rennens zweimal (bei km 31 und km 74) darauf zugegriffen werden. Gefüllt habe ich mein Bag mit Ersatz-Gels, einem Ersatz-Shirt, Ersatz-Socken und einer Stirnlampe. Die Stirnlampe und eine Langarmjacke (bei mir vom Start weg im Laufrucksack) werden automatisch zur Pflichtausrüstung, wenn der Checkpoint Fuschl (km 74) erst nach 16:30 Uhr verlassen und Salzburg voraussichtlich nicht mehr bei Tageslicht erreicht werden kann.

Weitere Pflichtausrüstungsgegenstände sind eine Signalpfeife und ein faltbarer Becher. Die Einhaltung dieses Reglements wird beim Zutritt zum Startbereich überprüft. Zusätzlich empfohlen werden Trail-Schuhe und ein Mobiltelefon. Trailrunning-Stöcke sind erlaubt. Daher führe ich welche mit. Ich habe sie im Rucksack verstaut und plane auf Grund des Streckenprofils, die Stöcke ab Fuschl zu verwenden. Diese sollen mir im weiteren Verlauf des Ultratrails auf den steilen Anstiegen, aber vor allem auch auf den teils sehr technischen und anspruchsvollen Downhills wertvolle Dienste leisten. Der Race-Direktor begrüßt uns Läufer persönlich mit Handschlag und wünscht uns für die bevorstehende Herausforderung viel Erfolg. Pünktlich um 05:00 Uhr wird der Mozart 100 gestartet und ich verlasse gemeinsam mit 302 weiteren Laufverrückten die Salzburger Innenstadt Richtung Südosten.

»Was ist der Mozart 100?«

Die Mozart-Stadt Salzburg ist zum bereits sechsten Mal Schauplatz für Österreichs wohl schönsten Ultratrail. Der Lauf verlangt mit 105 Kilometer Länge, den 4.700 Höhenmetern und der insbesondere im Mittelsektor sehr anspruchsvollen Streckenführung von Körper und Geist alles ab. Zudem zählt der Mozart 100 zur Ultra-Trail World Tour 2017 und dient – deswegen bin ich in erster Linie hier - als Qualifikationslauf für den Western State 100 Endurance Run. Alternativ stehen einige Unterdistanzen für Läufer und Nordic Walker zur Auswahl.

Zurück zum Laufgeschehen: Ich laufe entlang der Salzach. Auf der Suche nach Möglichkeiten, meine Kreislaufprobleme in den Griff zu kriegen, entscheide ich mich für eine Salztablette und die schluckweise Aufnahme von Peronin.

Peronin ist eine Fertignahrung, die als sehr magenfreundlich gilt. Ich habe dieses kohlenhydratreiche Getränk in der Trainingsphase getestet und gut vertragen. Daher habe die nach Kakao schmeckende Trinknahrung heute in einer meiner beiden Softflasks.

Die Beschwerden lindern sich allmählich, während ich auf dem moderat ansteigenden Schotterweg durch die Glasenbachklamm laufe. Sehr viele Teilnehmer verfallen bereits hier in den Geh-Schritt. Mein Plan ist es, leichte Steigungen jedenfalls zu laufen und nur in starken Anstiegen zu gehen.

Hier entlang des Klausbaches gibt es einen ersten Vorgeschmack auf die landschaftlichen Schönheiten, die ich im Laufe des Tages noch zu Gesicht bekommen werde. Mittlerweile bin ich eine gute Stunde unterwegs. In Hinterwinkl ist die erste von vielen Labestationen eingerichtet. Ich treffe auf einen gut gedeckten Tisch, bewirtschaftet von freundlichen Helfern. Ich fülle meine Flasche auf und knabbere ein paar Salzbrezel. Ultralange Strecken zerlegt man in kleine Happen. Deshalb versuche ich durch das Definieren von kleinen Etappenzielen die Aufgabe machbarer erscheinen zu lassen. Mein Kreislauf hat sich zum Glück stabilisiert und ich schöpfe neuen Mut.

Über die Pechauer Scharte führt mich die Strecke am Plötzer Wasserfall vorbei. Ein wunderbarer, aber sehr steiler Singletrail führt direkt am als Naturdenkmal geschützten Wasserfall hoch. Das Trail-Herz lacht und ich tappe in die Falle. In die Foto-Falle! Die Schnappschüsse können in ein paar Tagen online angesehen und bei Gefallen erworben werden.

Nach Querung der Wiesental Landesstraße wartet der Gitzenberg darauf, bezwungen zu werden, bevor in Hof bei Salzburg der nächste Checkpoint mit Wasser, isotonischen Getränken, Obst, Energie-Riegel, Kuchen etc. parat steht.

Für mich persönlich läuft es mittlerweile hervorragend. Die vielen freundlichen, umsichtigen Helfer an den Labestationen, die lückenlose Streckenmarkierung und die landschaftlich reizvolle Strecke machen mich rundum glücklich. Zudem bin ich sehr dankbar, dass ich bei diesem wunderbaren Lauf noch mit dabei sein darf. Nicht auszudenken, wenn ich nach einer langen und anstrengenden Vorbereitung bereits nach wenigen Kilometern den Mozart 100 hätte beenden müssen.

Was das Signature-Hole für einen Golfplatz, das ist wohl der Blick auf den Fuschlsee für den Mozart 100. Es ist ein optisches Highlight, auf Wiesenpfaden dem Fuschlsee entgegen zu laufen. Ich spüre einen kleinen Stein im Schuh und werde zu einem kurzen Stopp gezwungen.

Nach Querung einer stark befahrenen Straße, wo abermals motivierende und freundliche Helfer ein wachsames Auge auf uns Athleten haben, laufe ich am südlichen Seeufer dem Ortskern von Fuschl entgegen, wo ich nach rund 3:50 Stunden eintreffe. Hier greife ich auf mein Drop-Bag zu. Ich bereite mir eine frische Ration Peronin. Auch den Gel-Vorrat stocke ich auf. Ich nehme eine weitere Salztablette zu mir, hydriere mich ausreichend und mache mich auf den Weg. Die wohl anspruchsvollsten 43 Kilometer liegen vor mir, bevor ich nach 74 Kilometer abermals hier in Fuschl einlaufen werde.

Der Himmel ist nach wie vor bewölkt und es weht zeitweise ein starker, böiger Wind. Da es am Schafberg aktuell lediglich 7 Grad Celsius hat, verlangt der Veranstalter ab sofort das Mitführen einer Jacke.

Jetzt geht es an´s Eingemachte. Schluss mit Kindergeburtstag! Auf den nächsten 6 Kilometern sind auf dem Weg zum Eibensee rund 400 Höhenmeter zu überwinden. Ein schöner Pfad geht in einen gut zu laufenden Schotterweg über. Mittlerweile habe ich die Trail-Stöcke aus dem Rucksack genommen. Sie leisten mir gute Dienste.

Für die Höhenmeter gilt: Wie gewonnen, so zerronnen! Von 1.000 Meter Seehöhe geht es auf einem mäßig fallenden Weg am Plombergstein vorbei bis auf unter 600 Meter Seehöhe nach Winkl. Hier fülle ich die Kohlenhydratspeicher mit Gels und Kuchen für den folgenden, langen und beschwerlichen Aufstieg zur Schafbergalm auf. Mehr als 600 Höhenmeter lassen die Pulsrate steigen und den Schweiß fließen.

Trotz all der Anstrengungen erfreue ich mich immer wieder an den vielen optischen Reizen, die dieser Ultra-Trail zu bieten hat. Meinem Körper geht es soweit gut. Klar, es zwickt mal im Knie, in der Wade, in der Hüfte, im Handgelenk, in den Schultern. Diese Schmerzen kommen und vergehen kurze Zeit später wieder, sodass ich keinen Grund zur Sorge habe.

Auf der Schafbergalm angekommen bekomme ich die Schafbergbahn zu Gesicht, die sich in einiger Entfernung den Berg hoch quält. Starker, kalter Wind weht hier am Berg. Also nichts wie runter. Der Abstieg ist punktuell sehr technisch, viele Passagen wiederum aber auch gut zu laufen. Die Laufstrecke führt an hohen, senkrechten Felswänden vorbei. Dann gilt es wieder, große, mannshohe Steine zu umlaufen. Hier wartet auf uns Trail Verrückten ein wahres Spieleparadies.

Leider sind technische Trails nicht ungefährlich. Ein Teilnehmer ist gestürzt und hat sich eine böse Platzwunde zugezogen. Der arme Kerl wird bereits gut betreut und die Rettung ist unterwegs. Ich wünsche ihm alles Gute und laufe weiter. Und denke wieder darüber nach, wie dankbar man sein muss, einen so langen und anstrengenden Lauf finishen zu dürfen. So viel kann auf über hunderttausend Schritten passieren. Es lauert unentwegt die Gefahr zu überknöcheln, sich den Kopf anzuschlagen, sich ernsthaft weh zu tun. Von über 300 gestarteten Läufern werden es lediglich zwei Drittel der Teilnehmer ins Ziel schaffen.

St. Gilgen ist bereits greifbar, doch bevor ich mich an der Verpflegestelle erfrischen kann, wartet die Falkensteinwand. Die Steige auf dem Weg dorthin sind anspruchsvoll, steil und für mich punktuell nicht laufbar. Kniehohe Stufen verlangen mir hier alles ab, zumal ich meine Flüssigkeitsreserven längst aufgebraucht habe. Ich sehne die Labestelle herbei.

Die grandiosen Ausblicke vom Aussichtspunkt Aberseeblick auf den Wolfgangsee entschädigen auch hier für die Mühen des Auf- und folgenden Abstieges. Am Seeufer des Wolfgangsees angekommen, genießen die Beine den wunderbar zu laufenden Seeweg. An vielen Ausflüglern vorbei, lassen es die Beine noch einmal richtig krachen.

Endlich ist die Labestation in St. Gilgen erreicht. Ich stürze mich auf den Wasserkanister und stopfe Brezel, Bananen und Kuchen in mich hinein. Mit aufgefüllten Speichern trabe ich weiter.

Ich bin bei Kilometer 62 angelangt und seit 9 Stunden auf den Beinen. Noch nie in meinem Läuferleben war ich so lange unterwegs. Ich gebe kurz meiner Familie zu Hause telefonisch Bescheid, dass soweit alles im grünen Bereich ist und ich mich auf dem Rückweg nach Fuschl befinde.

Fuschl bei km 74 ist für meinen Geist das nächste Etappenziel. Jedoch stellt sich das Zwölferhorn in den Weg, das bis zur Sausteigalm hochgestiegen werden muss. Metallstiegen, Holzstufen und Steige führen von St. Gilgen hoch. 500 Höhenmetern und einige Fotopausen später, laufe ich über Kühleiten dem Fuschlsee entgegen.

Viele Fasern meines Körpers schmerzen. Es hat sich eine Blase am Fuß-Ballen gebildet und der Ischias-Nerv plagt meine Hüfte. Durch die zeitweise Schonhaltung wird offensichtlich das Knie unnatürlich belastet und meldet sich klagend zu Wort.

Mir ist allerdings bewusst, dass körperliche Schmerzen im Verlauf einer solchen Ausdauerprüfung zu erwarten sind. Ich nehme sie zur Kenntnis und trabe weiter. An der Seepromenade von Fuschl sind viele Touristen unterwegs. Beifall und anerkennende Worte halten die Motivation hoch, auf die Zähne zu beißen und im Laufschritt zu bleiben.

Ich greife noch einmal auf mein Drop-Bag zu und fülle meinen Gel-Vorrat auf. Da ich gut in der Zeit liege, darf die Stirnlampe im Drop-Bag verbleiben. Meinen Geist locke ich damit, dass nun die letzte Etappe angebrochen ist und wir es bald geschafft haben. Nach 11 Stunden Laufzeit verlasse ich den Checkpoint Fuschl und laufe entlang des nördlichen Seeufers in den späten Nachmittag hinein.

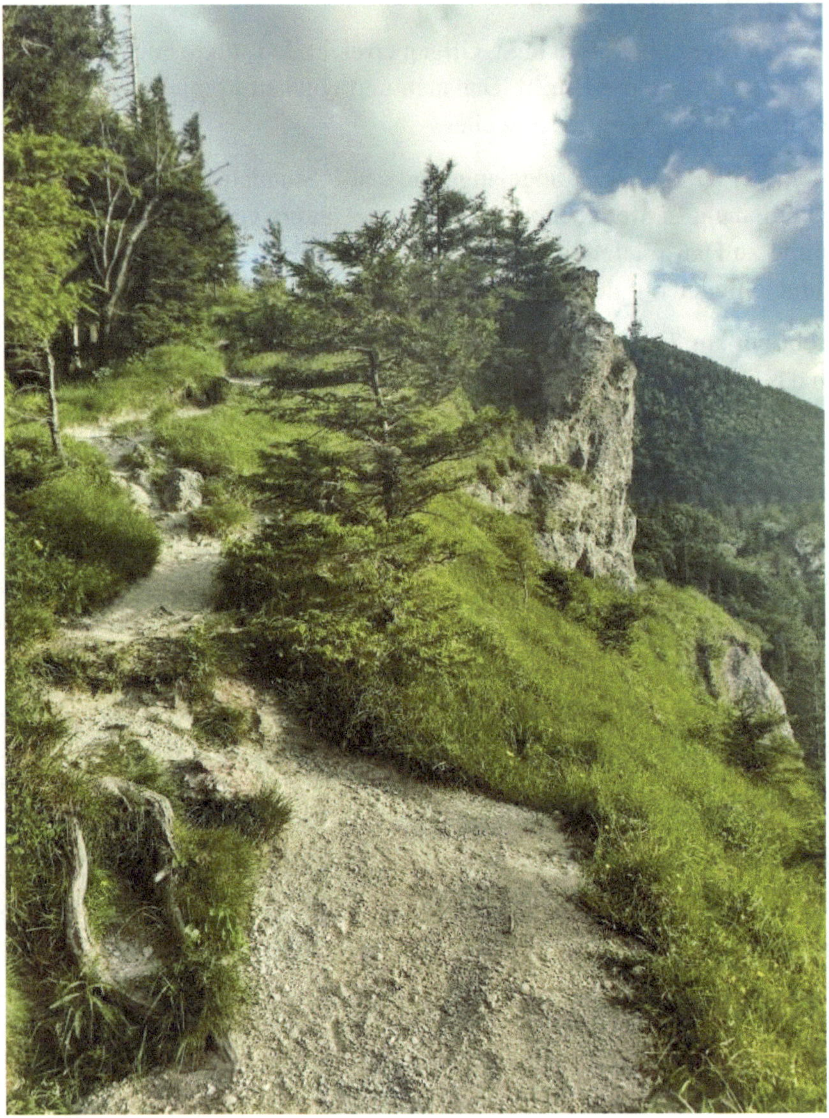

»grandioses Trailrunning über den Nockstein«

Der Kurs führt die bereits am Vormittag gelaufene Strecke bis nach Hof retour. Von dort geht es auf wunderbaren Pfaden Richtung Koppler Moor. Hier passiert etwas Eigenartiges. Obwohl speziell abwärts meine Zehen und Oberschenkel richtig schmerzen, laufe ich deutlich schneller und lockerer als in den vorangegangenen 2-3 Stunden. Vielleicht liegt es am festen Glauben daran, dass mich nichts mehr von einem erfolgreichen Finish abhalten kann. Die Zeitauswertung zeigt, dass ich in den letzten 3 Stunden rund 15 Mitläufer überholt habe.

Es warten noch einige hundert Höhenmeter, aber auch bergwärts kann ich mit kräftigem Stockeinsatz gut Strecke machen. Schritt für Schritt, Stufe für Stufe, Meter für Meter arbeite ich mich voran. Ich bin am Nockstein und genieße die atemberaubende Aussicht auf die Stadt Salzburg. In mir spüre ich Zuversicht und Kraft. Am frühen Morgen war mein Körper knapp davor zu kapitulieren und nun werde ich doch diesen schwierigen, meinen ersten Ultra-Trail finishen.

Bislang war ich mir immer sicher, den Herausforderungen gewachsen zu sein. Nicht heute! Zu holprig startete ich in den Tag. Zu ungewiss war, ob für diese Mammutaufgabe meine Vorbereitung ausreichend gewesen ist. Nun fühle ich Stolz, Zufriedenheit und Dankbarkeit in mir. Sehr emotional bewegt, diesen Tag in dieser Art und Weise erleben zu dürfen, laufe ich vorsichtig die Nocksteinklamm talwärts. Die Oberschenkelmuskulatur und die Zehen klagen mit jedem Schritt ihren Schmerz. Aber wie heißt es so treffend: »Der Schmerz wird vergehen, der Stolz bleiben!«

Lange, steile Treppen führen mich die letzten Höhenmeter hinab. Ich laufe am Kilometerschild 100 vorbei auf die Mozart-Stadt zu und bereite mich mental auf den Kapuzinerberg vor. Weiterhin lässt die lückenlose Streckenmarkierung keine Zweifel, am richtigen Weg zu sein. Am Fuß des Kapuzinerberges wird Wasser angeboten. Ich brauche kein Wasser mehr. Ich will nach oben. Ich will es zu Ende bringen. Stufe für Stufe steige ich den Kapuzinerberg hoch.

Mein Körper schmerzt. Jede Stufe verlangt Überwindung. Ich fotografiere den Wehrturm und das Franziskischlössl. Geschafft! Oben! Aufwärts waren es Schmerzen, aber der steile Pfad jetzt talwärts verursacht Qualen.

Ich bin froh, dass der abschüssige Pfad bald in Stufen übergeht. Ich stehe an der roten Ampel und warte darauf, auf der Staatsbrücke über die Salzach laufen zu dürfen. Es fühlt sich unreal an. Fast 16 Stunden sind vergangen, seit ich Salzburg verlassen habe. Die Ampel schaltet auf Grün. Ich quere die Salzach, werde durch den Kranzlmarkt geleitet und laufe über den Alten Markt auf den Residenzplatz zu. Schlendernde Passanten jubeln, in Gastgärten sitzende Einheimische und Touristen applaudieren. Ich werde von Glückshormonen getragen.

Meine geschundenen Füße dürfen die letzten Meter am Residenzplatz auf einem roten Teppich laufen. Ziellinie! Ich habe es geschafft! Was für ein Gefühl. Es ist nicht in Worte zu fassen. Jeder Teilnehmer wird beim Zieleinlauf fotografiert. Nur ein paar Minuten später steht das gerahmte Foto zusammen mit der Finisher-Medaille als Andenken bereit zur Abholung. Eine wunderbare Erinnerung!

Letztendlich habe ich für 105 Kilometer lange Strecke, gespickt mit 4.700 Höhenmeter, lange 15 Stunden und 52 Minuten benötigt. Ich platziere mich von über 300 gestarteten Teilnehmern an für mich sehr guter 66. Stelle. Das Zeitlimit für die Teilnahme an der Startplatz-Lotterie für den Western State 100 Endurance Run habe ich somit auch in der Tasche.

Dem Veranstalter ist ein großes Kompliment auszusprechen. Nicht nur, dass der Residenzplatz ein würdiger Start- und Zielbereich dieses Langstreckenlaufes ist. Nein, auch der Streckenverlauf zeigt über Stunden die landschaftlichen Schönheiten der Regionen Salzburg-Stadt, Fuschlsee und Wolfgangsee auf. Die Strecke ist anspruchsvoll, jedoch größtenteils gut laufbar. Punktuell warten aber auch technische Herausforderungen auf die Teilnehmer.

Ich bin nun ein waschechter Ultraläufer. Jetzt gönne ich meinem Körper einige Tage Ruhe! Aber nicht zu viele Tage. Denn weitere Laufabenteuer warten schließlich darauf, entdeckt zu werden.

8: Dr. Sepp-Puster-Gedenklauf

Kostenlos, aber keinesfalls umsonst

Bereits zum 29. Mal findet der Stiefingtaler Berglauf statt. Jedoch wird seit dem Jahr 2012 der anspruchsvolle Berglauf als Dr. Sepp-Puster-Gedenklauf ausgetragen. Dies zu Ehren von Herrn Dr. Josef Puster, der ein laufbegeisterter, in Pirching niedergelassener praktischer Arzt war, der im Jahr 2012 nach schwerer Krankheit verstarb.

Veranstalter des Berglaufes ist die Gemeinde Pirching am Traubenberg. Pirching liegt im Südosten der Steiermark, rund 25 Kilometer von der Landeshauptstadt Graz entfernt. Seit der Gemeindestrukturreform 2015 erstreckt sich die Gemeinde Pirching am Traubenberg auch auf die angrenzenden Ortschaften Rettenbach, Guggitzgraben, Oberdorf, Kittenbach, Edelstauden, Manning, Oberlabill und Frannach. Somit umfasst das Gemeindegebiet eine Fläche von rund 31,5 km2, liegt auf einer Seehöhe von 325 m und beheimatet ungefähr 2.600 Einwohner.

Ich bin gebürtiger Frannacher. Wäre ich nicht vor zwei Jahrzehnten in die Ferne gezogen, könnte ich heute als Einheimischer in das Rennen gehen. Diese werden bei diesem Berglauf nämlich getrennt von den auswärtigen Teilnehmern gewertet.

Start und Ziel des Laufes und auch Schauplatz des traditionellen Bergfestes ist das Firmenareal eines Sägewerks. Die Strecke für männliche Erwachsene weist eine Länge von 6,8 Kilometer und anstrengende 200 Höhenmeter auf. Auf die weiblichen Teilnehmer wartet eine Streckenlänge von 3,7 Kilometer. Die Jugendlichen haben eine Strecke von 2,2 Kilometer zu absolvieren.

Die Anmeldung ist rasch und unkompliziert erledigt. Es ist ein Teilnahmeformular mit Name, Geburtsjahr und Wohnsitz auszufüllen und schon halte ich die Startnummer 880 in Händen. Nenngeld? Fehlanzeige! Eine Teilnahme am Dr. Sepp-Puster-Gedenklauf ist kostenlos - aber keinesfalls umsonst!

Auch für das Bergfest ist alles gerichtet. Biertische und -bänke sind auf den Freiflächen wie auch in den leergeräumten Hallen des Firmenareals aufgestellt. Ausschanken für Speis und Trank stehen ebenso wie eine Bühne für die Musik und Tanz parat. Lichterketten werden zur späten Stunde für ein stimmungsvolles Flair sorgen. Die ersten Festgäste trudeln bereits ein. Zapfhähne lassen den Hopfensaft in Strömen fließen. Gegen den Hunger schaffen belegte Brote, heiße Würste und Süßspeisen Abhilfe.

Ich werde von meiner Tochter nach Pirching begleitet. Ein Tratsch über Gott und die Welt, eigentlich über die Schule und die kommende Berufsausbildung, macht die Wartezeit bis zum Beginn der Bewerbe kurzweilig. Der Start ist für 19:00 Uhr angesetzt. Da es vom ersten Meter flott zur Sache gehen wird, laufe ich mich kurz warm. 15 Minuten später bin ich »ready for rumble«. Es ist ein überschaubares Starterfeld. 31 Männer und 13 Frauen stehen mit mir an der Startlinie. Es ist schön zu sehen, dass sich mehr als 50 Kinder und Jugendliche den Anforderungen der selektiven Strecke stellen.

Bevor die Läuferschar auf die Strecke geschickt wird, hält der Bürgermeister eine kurze Ansprache und begrüßt alle Teilnehmer, Helfer und Zuschauer.

Die Startaufstellung scheint auf den ersten Blick ungeschickt gelöst. Rund 10 Meter vor den männlichen Erwachsenen haben die Jugendlichen Aufstellung genommen. 10 Meter hinter den Männern werden die Frauen die Strecke in Angriff nehmen. Auf die notwendige Rücksichtnahme gegenüber den voran startenden Kindern und Jugendlichen weist der Bürgermeister eindringlich hin, bevor er das Kommando zum Start gibt.

Die Kids und Teenager eilen mit einem Höllentempo davon. Die Schnelleren sind für mich unerreichbar. Die langsameren Nachwuchssportler überhole ich rücksichtsvoll. Auf den ersten 700 Metern geht es recht eben dahin. Dann führt die selektive Strecke über den Trefflerweg und entlang des Rohrbachgrabenweges zur tiefsten Stelle des Rundkurses. Auf diesem Streckenabschnitt geht es gut 110 Höhenmeter zu Tal. Entsprechend hoch ist das Tempo. Die ersten 3 Kilometer laufe ich in 11:50 Minuten.

Ich habe meinen Platz im Teilnehmerfeld gefunden. Einige schnelle Jungs liegen uneinholbar voran und hinter mir schickt sich niemand an, mich selbst überholen zu können oder zu wollen.

Ab dem vierten Kilometer führt die Strecke bergwärts. Die verlorenen Höhenmeter müssen schließlich wieder zurückgewonnen werden. Der Schweiß trieft aus allen Poren. Meine Oberschenkel melden sich zu Wort. Ich spüre, dass mir die Teilnahme am Mozart 100 doch sehr viele Körner gekostet hat. Zwei Wochen ist es erst her, dass ich fast 16 Stunden nonstop durch das Salzburger Land gelaufen bin. Ich muss auf dem nächsten. Kilometer das Tempo deutlich reduzieren und quäle mich den Trauben Bergweg hoch.

Die darauf folgenden 500 Meter lassen sich wieder gut laufen. Immerhin fällt die Strecke wieder ein wenig. Eine letzte Hürde mit knapp 30 Höhenmeter ist auf dem letzten Kilometer zu überwinden, bevor ich nach 31 Minuten und 8 Sekunden unter dem Beifall von zahlreichen Zusehern die Ziellinie quere.

Ich klassiere mich auf dem 11. Gesamtrang. Wäre ich noch in Frannach wohnhaft, ginge ich als Sieger der Gemeindewertung hervor. Wenn das Wörtchen »wenn« nicht wäre. Gewonnen wird der Lauf mit neuem Streckenrekord in einer sensationellen Zeit von 24 Minuten und 38 Sekunden.

Aber die Platzierung ist hier und heute ohnehin nicht wichtig. Es geht um den Spaß an der Bewegung und um die Wertschätzung dieser mit viel Herzblut organisierten Veranstaltung. Die Strecke ist gut markiert und im erforderlichen Maß mit ehrenamtlichen Helfern abgesichert. Wasser wird an mehreren Stellen zur Labe gereicht.

Im Zielbereich steht gegen den ersten Durst ebenfalls Wasser bereit. Alle Teilnehmer erhalten zudem einen Bon für ein Freigetränk beim Bergfest sowie ein Los für die Geschenkskörbe-Tombola.

Leider meint es der Wettergott nicht gut. Ein kräftiges Gewitter mit starken Windböen zieht kurze Zeit später über das Veranstaltungsgelände hinweg. Aber auch dieser Wetterkapriole wird in Pirching am Traubenberg getrotzt und so wird bis in die frühen Morgenstunden das Bergfest gefeiert.

9: Steirische Meisterschaften im Bergmarathon

Stanzer Trailrun

Stanz im Mürztal ist bereits zum 8. Mal Schauplatz des Stanzer Trailrun. Die äußerst anspruchsvolle Strecke weist auf 49 Kilometer Distanz satte 1.900 Höhenmeter auf. Alternativ steht eine Kurzdistanz zur Auswahl bzw. kann der Stanzer Trailrun auch als 3er-Staffel absolviert werden.

Im Rahmen der diesjährigen Ausgabe werden die Österreichischen und Steirischen Meisterschaften im Trail-Marathon ausgetragen. Um bei den Meisterschaften an den Start gehen zu können, muss eine sogenannte ÖLV-Lizenz gelöst werden. Dank der Unterstützung meines Laufklubs, dem MT-Hausmannstätten, bin ich erstmalig für offizielle Meisterschaften genannt.

Der Start befindet sich direkt im Ortszentrum der beschaulichen Gemeinde in der Obersteiermark. Der Zielbogen ist im Teichstadion von Stanz aufgebaut. Hier stehen für uns Läufer auch Umkleiden und Duschen bereit. Für Speis und Trank ist ebenfalls bestens gesorgt. Ein Partyzelt schützt vor Witterungseinflüssen. In diesem Zelt werden am späten Nachmittag die Siegerehrungen durchgeführt und die Sängerin Natascha S. wird als Show-Act die Bühne rocken.

»Eine herausfordernde Strecke in mitten der Natur mit atemberaubenden Fernblicken!«, wird vom Veranstalter versprochen. Herausfordernd und mitten in der Natur? Selbstverständlich! Atemberaubende Fernblicke? Damit kann am heutigen nebelverhangenen Tag nicht gedient werden.

Die Abholung der Startunterlagen ist unkompliziert und rasch erledigt. Was sofort auffällt? Freundlich und hilfsbereit sind hier alle, und diese Tatsache zieht sich wie ein roter Faden durch die gesamte Veranstaltung. Der Läufer steht hier im Mittelpunkt! Für ein Startgeld von 40 Euro gibt es ein wirklich schickes Funktionsshirt, einen Speise-Bon für die Stärkung danach, einiges an Werbepapier, einen Energy-Drink, die Verpflegung an rund 10 Labestellen entlang der Strecke sowie die Ziel-Verpflegung.

Mein primäres Ziel ist es, bei den Steirischen Meisterschaften in meiner Altersklasse eine Medaille zu erlangen. Das sollte möglich sein, denn die Erfahrungen der letzten Jahre zeigen, dass der Andrang zur Teilnahme an den Meisterschaften nicht sonderlich groß ist. Sportlich wertlos? Mag zum Teil richtig sein! Aber ich will ein solches Stück Edelmetall in meiner Medaillensammlung haben. Und die Tatsache, dass die Teilnehmer in meiner Altersklasse an einer Hand abzuzählen sind, ist schließlich nicht meine Schuld.

Noch wenige Minuten sind es bis zum Start. Durch die starken Niederschläge der letzten Tage und vor allem der letzten Nacht habe ich mich spontan für wasserdichte Trail-Schuhe entschieden. Der Wettkampf wird zeigen, ob es die richtige Wahl ist. In meine Laufweste habe ich zwei Gels, Salztabletten und meine Regenjacke gepackt. Ich kalkuliere für mich eine Laufzeit von ungefähr 5 Stunden und 15 bis 30 Minuten. Hoffentlich sehen es meine schweren Beine genauso. Denn statt zu tapern, sammelte ich in den letzten Tagen noch reichlich Kilometer und auch Höhenmeter.

Böllerschuss! Die Läuferschar setzt sich in Bewegung. Rasant sogar!

Die ersten Kilometer sind auf asphaltierter Straße zu laufen und es geht leicht bergab. Entsprechend flott stürmt die Spitze des Feldes voran. Ich bin auch zu schnell unterwegs. Die ersten beiden Kilometer sind mit rund 4:30 min/km notiert. Nach 1,7 Kilometer ist die tiefste Stelle der Strecke erreicht.

Ab nun geht es für die nächsten 10 Kilometer stetig bergauf. Die erste Verpflegestelle ist am Wolfseggerkogel positioniert. Ich stärke mich mit Wasser und Bananenstücken. Mir fällt auf, dass viele Teilnehmer den Checkpoint links liegen lassen und einfach daran vorbeilaufen.

Auf Hohlwegen geht es kontinuierlich aufwärts. Die Strecke ist nass und aufgeweicht. Abschnittsweise laufe ich durch knöcheltiefen Matsch. Zudem ist die Strecke mit Felsbrocken und rutschigen Steinen gespickt. Aufmerksames Laufen ist angeraten.

Ich fühle mich heute körperlich nicht sonderlich gut. Kein Vergleich zum Kainacher Bergmarathon vor ein paar Wochen. Mit lockeren Beinen erklomm ich in der Weststeiermark die Höhenmeter. Heute schleppe ich mich die Steigungen hoch.

Nach 11,6 Kilometer geht der erste lange Anstieg mit 880 Höhenmeter zu Ende und die Strecke führt relativ flach über die Stanglalm nach Bäreneben. Weiterhin ist Vorsicht geboten. Nasse Wurzeln und steinige Pfade verlangen, jeden Schritt mit Bedacht zu setzen.

Hier »Auf der Schanz« findet die erste Staffelübergabe statt. Von Helfern wird meine Startnummer registriert. Diese Maßnahme dient der Sicherheit von uns Läufern und soll zudem Schummlern das Abkürzen vermiesen. Die nächsten Kilometer führen größtenteils bergab. Vereinzelte Gegenanstiege brechen den Rhythmus. Dennoch kann ich hier Richtung Herrnalm gut Strecke machen und mich ein wenig regenerieren.

Aber dem forschen Beginn und dem fehlenden Tapering zolle ich Tribut. Ich hätte es besser wissen müssen. Inmitten eines steilen Bergabstückes krampfen beide Oberschenkelmuskel. Ich umarme in meiner Not einen Baum, um nicht vor Schmerzen schreiend den Abgang hinunter zu stürzen.

An der nächsten Labestelle kippe ich einige Becher Wasser und Iso samt Salztablette in mich rein und hoffe, mich so vor weiteren Muskelkrämpfen zu schützen. Auch ein Gel spüle ich runter und erwarte mir davon ein wenig zusätzliche Energie. Diese habe ich dringend notwendig, denn mein Körper läuft auf Reserve. Jeder Laufschritt kostet überdurchschnittlich viel Überwindung. Und bis zum Ziel sind es noch weite 20 Kilometer. »Nicht mein Tag!«, brülle ich laut in den noch immer nebelverhangenen Himmel.

Nach einer weiteren Labe auf der Stanzbergerhöhe trete ich die letzte Etappe an. Das vermeintlich schwierigste Teilstück steht mir unmittelbar bevor. Die Strecke führt in den Aufstieg zum Hochschlag. Bereits nach wenigen Metern im steilen Anstieg verfluche ich meine Entscheidung, heute auf Trailrunning-Stöcke verzichtet zu haben. Hier würden sie mir gute Dienste leisten.

So krieche ich teils auf allen Vieren auf dem rutschigen Untergrund Meter um Meter aufwärts. Nach einem ersten steilen Abschnitt sind mir ein paar Laufschritte im flacheren Gelände möglich, bevor es abermals hochgeht; diesmal richtig steil hoch! Ich kann nicht mehr! Ich bin heute mit zu wenig Körner im Gepäck nach Stanz angereist und die paar wenigen im Tank habe ich viel zu früh verbraucht. Ich lehne mich mehrmals an einen Baum um mich zu erholen und muss kraftlos zusehen, wie ich das eine ums andere Mal überholt werde.

Aber auch die größte Qual hat ein Ende. Das Gipfelkreuz ist im dichten Nebel endlich in groben Umrissen zu erkennen. Das gehört fotografiert! Ich greife nach meiner Kamera im Laufrucksack, übersehe jedoch einen großen Stein, stolpere über ihn und liege am Bauch. Zum Glück bin ich unverletzt. Abgesehen vom Wadenkrampf, der mir ein schmerzverzerrtes Gesicht beschert. Was hilft´s! Aufstehen, Krone richten und weiter nach oben steigen! Ich habe für die letzten knapp 2 Kilometer, auf denen 360 Höhenmeter zu überwinden sind, satte 34 Minuten benötigt.

Die Aussicht auf eine noch halbwegs gute Zeit ist spätestens jetzt vertan. Freundliche Helfer harren hier beim Gipfelkreuz bereits seit Stunden aus und servieren Cola, Iso, Wasser, Schnitten, Bananen. Bei guter Fernsicht ist es hier bestimmt ein schöner Platz zum Verweilen. Aber bei diesem tristen Wetter wird mir rasch kalt. Ich schlüpfe in meine Regenjacke und mache mich vom Acker.

Läuft man sprichwörtlich »am Zahnfleisch«, ist´s auch bergab keine Freude mehr. Schon gar nicht auf schmalen, rutschigen Pfaden.

Dass es noch immer 15 Kilometer bis ins Ziel sind, lässt mich beinahe verzweifeln. Jetzt hilft nur, den Kopf in die positive Richtung zu dirigieren. »Solche Phasen hatten wir doch schon zur Genüge und wir haben es noch jedes Mal bis zur Ziellinie geschafft!«, rede ich mir Mut zu.

Quer führt die Strecke über eine Alm. Weidende Kühe tauchen im Nebel aus dem Nichts auf und lassen mich erschrecken. Bergab trabe ich, die Gegenanstiege wandere ich hoch. Ich habe in den Sightseeing-Modus gewechselt und halte häufig an, um Fotos zu machen.

Am nächsten Checkpoint treffe ich auf eine fröhliche Wanderrunde mit selbstgebundenen Kopfkränzen. Ich frage scherzend, ob man mir nicht auch einen solch schönen Kopfschmuck verleihen möchte? Nachdem mir das Versprechen abgenommen wird, den Kopfschmuck fortan bis zum Zieleinlauf zu tragen, trabe ich kurze Zeit später »dekoriert« weiter.

Auf breiten Schotterweg-Serpentinen nähere ich mich dem Ziel. Kurz vor dem Ziel wird zum wiederholten Mal meine Startnummer registriert und per Funk dem Stadionsprecher weitergeleitet. So höre ich schon aus der Ferne, dass ich für den baldigen Zieleinlauf angekündigt werde. Der Sportplatz muss noch umrundet werden. bevor es am Spalier von selbstgebastelten, bunten Kinderhänden vorbei über die Ziellinie geht.

Unter dem Applaus zahlreicher Zuschauer finishe ich nach 5 Stunden und 53 Minuten den Stanzer Trailrun. Nach der Erstversorgung am Kuchenbuffet und einer Dusche löse ich meinen Essens-Bon ein und genieße ein schmackhaftes Gulasch samt Nudeln. Auch ein erfrischendes Hopfengetränk gönne ich mir.

Trotz der mäßigen Laufzeit darf ich zum zweiten Mal auf ein Siegerpodest. Bei den Steirischen Meisterschaften schaffe ich es in meiner Altersklasse auf den letztendlich zufriedenstellenden 2. Platz. Mir wird die Silbermedaille um den Hals gehängt und so darf ich mich ab sofort als Steirischer Vizemeister der Altersklasse im Trail-Marathon bezeichnen.

Während andere bis tief in die Nacht mit Natascha S. im Festzelt abfeiern, fahre ich heim. Auf mich wartet nämlich auch eine Natascha S. zu Hause. Und ein Sohn, dem ich, bevor er zu Bett geht, noch meine Medaille zeigen möchte.

10: Vater und Sohn

Herbstfarbenlauf Frauental

Wir sind zu Dritt in die Weststeiermark angereist und haben ein dichtes Programm vor uns. Mein mittlerweile 6 Jahre alter Sohn Sebastian startet mit mir gemeinsam beim Familienlauf, bevor ich dann selbst am Hauptlauf an den Start gehe. Meine Mama ist mit dabei und beaufsichtigt Sebastian dann während meines eigenen Laufes.

Hier in Frauental hat man die Qual der Wahl. Denn sowohl für Kinder als auch für Erwachsene und Teams steht eine Vielzahl von Laufdistanzen zur Auswahl. Und auch Nordic Walker und Smovey-Fans kommen auf ihre Kosten. Insgesamt kann der Veranstalter beim 13. Herbstfarbenlauf knapp 1.300 Teilnehmer begrüßen.

Der erste Weg führt uns zur Startnummernausgabe. Startsackerl war gestern. Die traditionell großzügigen Startbeigaben beim Herbstfarbenlauf sind heuer in wirklich schöne und zweckmäßige Rucksäcke gepackt.

Wir haben noch ein wenig Zeit und schlendern über das Veranstaltungsgelände. Sebastian freundet sich schon mal mit den Alpakas an, die bei den Läufen der Jüngsten anfangs das Tempo drosseln werden.

Tischen und Bänken sind aufgebaut und für das leibliche Wohl ist bestens gesorgt. Der Radiosender Antenne Steiermark beschallt mit hipper Musik den Startbereich. Im Festzelt gibt eine Musikband Ihr Bestes und auch eine unterhaltsame Moderation fehlt nicht. Für geringes Startgeld wird hier wirklich jede Menge Unterhaltung, Spaß und Sport geboten.

»Woche Familienlauf - 570 Meter«

Sebastian und ich haben unsere Startaufstellung genommen. Die Begleitung durch einen Erwachsenen ist hier ausdrücklich gestattet. Es erfolgt keine Zeitmessung und das ist gut so. Die Freude an der Bewegung soll im Vordergrund stehen.

Es ist schön zu sehen, wie sehr sich Sebastian auf seinen Lauf freut und positiv angespannt ist. Der Countdown ist gestartet und dröhnt aus den Musikboxen. Gemeinsam mit weiteren 44 Kindern geht es auf die Strecke. Zwei Alpakas führen auf den ersten rund 200 Metern die Spitze des Teilnehmerfeldes an und halten das Tempo zu Beginn niedrig. Das ist wichtig, denn es ist schwer, sich die Kräfte für die Strecke passend einzuteilen. Und starten die Kids zu schnell, macht ein Lauf gegen Ende hin gar keinen Spaß mehr. Und das wäre genau das Gegenteil vom eigentlichen Zweck. Bewegung soll Freude bereiten und auch das Selbstbewusstsein stärken.

Die Alpakas werden zur Seite geführt und Sebastian sprintet los. Ich habe inmitten der zig Kinderfüße den Anschluss verloren. Mein flotter Junge überholt im Eifer Kind um Kind.

Nach zwei Drittel der Strecke sind Sebastian die Strapazen anzumerken. Er kämpft aber tapfer weiter. Ich rufe ihm hinterher, doch eine kurze Verschnaufpause einzulegen. Aber Sebastian möchte - wie er mir später erzählt - seine vordere Platzierung nicht auf´s Spiel setzen. So beißt er durch und läuft – inoffiziell – als Zweitplatzierter ins Ziel. Stolz lässt sich Sebastian die Finisher-Medaille um den Hals hängen.

Nach einer Labung bei Würstel und Wasser gebe ich meinen Sohn in die Obhut seiner Oma und ich bereite mich auf meinen Lauf vor.

Erst später erfahre ich, dass Sebastian bei der inzwischen stattfindenden Startnummern-Verlosung groß abräumt. Er gewinnt den Hauptpreis, zwei Übernachtungen für die ganze Familie in einem JUFA-Hotel nach Wahl. Sebastian wird auf der Bühne interviewt, gefeiert und von lokalen Medienvertretern fotografiert, während ich mir die Seele aus dem Leib renne.

Vielleicht war auch mir das Glück hold? Ich werde es nie erfahren, denn ich vergesse schlicht darauf, auf den ausgehängten Gewinnlisten zu überprüfen, ob meine Startnummer für einen Preis gezogen wurde.

»HERVIS SPORTS Run«

Ich orientiere mich an der Zeit vom Vorjahr, wo ich bei trübem Regenwetter mit 42:44 Minuten eine neue persönliche Bestzeit über 10 Kilometer gelaufen bin.

Die letzten Monate standen jedoch im Zeichen von langen, langsamen Dauerläufen. Tempotraining wurde vernachlässigt. Daher kann ich nicht recht einordnen, welche Zeit ich im Stande bin zu laufen.

Ich habe mich vorne eingereiht und warte mit gut 200 Mitläufer auf den Start. Ein 5 Kilometer langer Rundkurs mit einigen Metern Höhenunterschied ist zweimal zu durchlaufen. Die Strecke verläuft mit Ausnahme von ein paar hundert Meter Kiesweg auf geteerter Straße.

Das Startsignal ertönt! Nach rund 300 Meter führt die Strecke leicht bergan. Es haben sich leider einige Teilnehmer mit deutlich geringeren Zeitambitionen in vorderster Reihe einsortiert, aber durch die breite Straße ist ein Überholen recht gut möglich und schnellere Läufer werden nicht nennenswert beeinträchtigt.

Den ersten Kilometer laufe ich mit knapp unter 4 Minuten deutlich zu schnell. Der zweite Kilometer, der immer noch leicht aufwärtsführt, wird mit knapp über 4 Minuten gestoppt. Der dritte Kilometer gibt auf leicht abschüssiger Strecke ein wenig Gelegenheit zur Erholung. Knapp vor dem 3. Kilometerschild ist eine Labestelle eingerichtet, wo Helfer Becher voll Wasser und Iso reichen. Ich persönlich benötige auf solch kurzen Strecken keine Verpflegung und laufe an den ausgestreckten Händen dankend vorbei. Der vierte Kilometer führt auf einem Kiesweg zum höchsten Punkt der Strecke, bevor es wieder moderat fallend zum Start- und Zielbereich geht.

Wie ich diese »Sprintdistanzen« verteufle. Meine Herzfrequenz liegt bei 95 Prozent und ich kämpfe. Kaum zwanzig Minuten bin ich unterwegs und gefühlt jeder Muskel des Körpers schmerzt.

Die Hälfte des Rennens ist für mich nach 20:38 Minuten zu Ende. »Schade, dass ich diese Rundenzeit kein zweites Mal in den Frauentaler Asphalt stampfen vermag!«, muss ich mir beim Zieldurchlauf kleinlaut eingestehen.

Ich kämpfe mich die nächsten beiden Kilometer hoch. Ich habe deutlich an Tempo verloren. Das liegt jetzt zwischen 4:20 und 4:30 Minuten für den Kilometer. Auch der nächste leicht abschüssige Streckenabschnitt verschafft mir keine nennenswerte Erholung mehr.

Endlich befinde ich mich auf der Zielgeraden. Mit dem Ziel vor Augen, kann ich tempomäßig noch ein wenig zulegen und laufe nach 42 Minuten und 40 Sekunden unter den lauten Anfeuerungsrufen meines Sohnes mit neuer persönlicher Bestzeit über die Ziellinie.

Meine alte persönliche Bestzeit über 10 Kilometer habe ich um sage und schreibe 4 Sekunden unterboten. Ich platziere mich unter 207 Startern auf den für mich sehr zufriedenstellenden 33. Gesamtrang.

Eine handgefertigte Finisher-Medaille aus Keramik in Form eines Schafes wird mir um den Hals gehängt. Köstliche Aufstrich-Brote, alkoholfreies Bier sowie Wasser und Iso sind gerichtet. Während ich ein paar Happen Brot zu mir nehme, erzählt mir Sebastian von seinem Losglück.

Am Heimweg erfreuen wir uns gemeinsam an unseren heute erbrachten Leistungen und planen, im kommenden Jahr wieder hier beim Frauentaler Herbstfarbenlauf an den Start zu gehen.

11: Die Nadel im Heuhaufen

Meine erste Startplatzlotterie

Im Jahr 2017 bin ich das erste Mal für die Startplatzlotterie des WSER zugelassen. Durch mein Finish beim Mozart 100 habe ich die Voraussetzungen erfüllt, dass ich mit einem (einzigen) Ticket für die Ziehung der Startplätze 2018 zugelassen bin.

Die Startplatz-Lotterie wird richtiggehend zelebriert. Die Ziehung der Startplätze findet jährlich Anfang Dezember öffentlich in der Placer High School in Auburn statt und wird live im Internet übertragen.

In der Los-Trommel befinden sich sage und schreibe 15.074 Tickets mit Namen von 4.909 Teilnehmern aus aller Welt. Ich bin einer von 2.658 Frischlingen, die das erste Mal in der Ziehung mit dabei sind. 8 Teilnehmer sind mit je 64 Tickets im Los-Topf und hoffen nach 7 Jahren, endlich einen der begehrten Startplätze zu ergattern.

Warum es mehr Tickets als Teilnehmer gibt? Das Ziehungssystem sieht vor, dass die Chancen auf einen Startplatz von Mal zu Mal steigen. Hat man im ersten Jahr der Teilnahme ein einziges Ticket, so sind es im darauffolgenden Jahr 2 Tickets, im dritten Jahr der Teilnahme 4 Tickets, dann 8, 16, 32 Tickets und so fort. Voraussetzung ist, man nimmt Jahr für Jahr an der Verlosung teil. Dafür ist wiederum ein Qualifikationslauf notwendig.

Um die 369 möglichen Starter letztendlich auch vollzählig an der Startlinie zu haben, wird für die Verlosung der Startplätze für 2017 erstmals eine Warteliste gelost. Denn immer wieder müssen Teilnehmer die Nennung auf Grund von Verletzungen oder anderen wichtigen Gründen zurückziehen.

Als die Ziehung endlich startet, sitze ich vor dem Notebook und verfolge gespannt den Livestream. Kulinarisch verwöhne ich mich standesgemäß mit Burger und Bier.

Ich bin Realist genug um mir einzugestehen, dass die Chancen für mein einziges Ticket nicht hoch sind, aus der Trommel gezogen zu werden. Rein mathematisch betrachtet, zeichnet sich mit einer Wahrscheinlichkeit von unter einem Prozent ein noch düstereres Bild ab.

Startplatz um Startplatz wird ausgelost. Dazwischen werden Interviews geführt und Ehrungen vorgenommen. Manch ein Glücklicher ist sogar vor Ort und wird frenetisch gefeiert.

Wie zu erwarten, ist mir das Glück nicht hold. Die Nadel im Heuhaufen wird diesmal nicht gefunden. Auch kein anderer Österreicher erhält eine Startberechtigung oder wird für die Warteliste ausgelost.

Ernüchterung macht sich breit und mir wird bewusst, dass es zum WSER ein sehr weiter und beschwerlicher Weg sein kann.

Aber so schnell wird die Flinte nicht ins Korn geworfen. Kurze Zeit später bin ich erneut für den Mozart 100 genannt und bereite mich mit langen Läufen auf das nächste Antreten im Salzburger Land vor.

12: Laufen im Winter

Ein paar Tipps für die kalte Jahreszeit

Winter, Kälte, Schnee! Ich trotze mittlerweile jedem Wetter und laufe auch im Winter mindestens viermal pro Woche. Bei tiefen Temperaturen gilt es aus meiner Sicht jedoch ein paar Dinge zu beachten, auf die ich hier in diesem Kapitel grob eingehen möchte.

Wenn ich auf Schnee, Matsch oder gar Eisesglätte meine Laufrunde drehe, habe ich immer ein Mobiltelefon und meist auch eine Alu-Notfalldecke in der Laufweste. Selbst bei größter Vorsicht ist nicht auszuschließen, dass man ausrutscht und ehe man sich versieht, ist man mit einem verstauchten Knöchel oder gar gebrochenem Knochen auf fremde Hilfe angewiesen. Ist man dann – wie ich häufig - querfeldein unterwegs, kann ein Mobiltelefon und eine wärmende Alu-Decke im Notfall sogar das Leben retten.

Sobald die Dämmerung einsetzt, trage ich eine Stirnlampe und schalte diese auch ein. Es ist nicht nur wichtig, dass man selbst gute Sicht hat. Dass man von anderen Verkehrsteilnehmern gesehen wird, ist mindestens ebenso wichtig. Reflektierende Streifen sind in Sport-Oberbekleidungen meist schon eingenäht. Wer häufig auf befahrenen Straßen seine abendlichen Runden dreht, dem empfehle ich eine enganliegende Warnweste.

Ich als Ultraläufer versuche in den Monaten Jänner und Februar an meiner Grundschnelligkeit zu arbeiten. Intervalltrainings und kurze, intensive Läufe sorgen dann dafür, dass sich trotz meines fortgeschrittenen Alters das Tempovermögen nicht verschlechtert. So laufe ich seit vielen Jahren konstante Unterdistanz-Zeiten, obwohl ich die meiste Zeit des Jahres in deutlich langsameren Tempo Bergmarathons und Ultratrails laufe.

Sind die Temperaturen allerdings deutlich unter dem Nullpunkt, verzichte ich zum Wohl meiner Atmungsorgane auf intensive Trainingseinheiten. Glatteis ist für Tempoläufe auch ein Ausschlusskriterium.

Und dann ist da auch noch die Sache mit dem Puls. Wer hat noch nicht festgestellt, dass der Puls bei Kälte einige Schläge über dem gewohnten Pulsbereich liegt? Erhöhter Puls ist zwar auch ein Indiz dafür, dass sich eine Infektionskrankheit anbahnt. Fühlt man sich aber grundsätzlich gesund, ist die niedrige Temperatur für den Pulsanstieg verantwortlich. Denn durch die Kälte arbeitet unser Stoffwechsel auf Hochtouren. Der Körper benötigt also vermehrt Energie und so ist unser Herz zu einem rascheren Schlagen als bei »angenehmeren« Temperaturen gezwungen. Ein Grund mehr, keine harten Tempoeinheiten bei allzu tiefen Temperaturen zu laufen. Zu sehr wird das Herz/Kreislaufsystem beansprucht; zudem wird die Regenerationsdauer deutlich verlängert. Ich persönlich laufe bei einigen Graden unter dem Gefrierpunkt keine schnellen Einheiten.

In meinen Laufanfängen habe ich insbesondere vor und während langer Dauerläufe keine Kohlenhydrate zu mir genommen. Einschlägige Artikel verlangen diese »Nüchtern-Läufe«, um den Fettstoffwechsel effizient zu trainieren. Die Konsequenz von nüchternen Läufen ist allerdings, dass sich der sogenannte »Open-Window-Effekt«, also das Zeitfenster nach einer Trainingseinheit, in dem die Funktion des Immunsystems unseres Körpers herabgesetzt ist, deutlich verlängert. In dieser Zeit sind wir für Infektionen der oberen Atemwege besonders anfällig. Nimmt man jedoch auch nur wenige Kohlenhydrate vor oder zumindest während eines langen Laufes zu sich, verbessert sich diese Situation merklich.

Mittlerweile laufe ich keine langen Läufe nüchtern. Zumindest ein paar Datteln habe ich immer in meiner Laufweste. Denn auf Grund ihres hohen Zucker- und Kaloriengehaltes ist die Dattel ein idealer Snack für unterwegs. Übrigens kann man an Stelle von raffiniertem Zucker die Dattel auch hervorragend zum Süßen von Kuchen verwenden.

Die Getränkeflaschen (oder der ganze Trink- bzw. Laufrucksack) trage ich unter der Jacke, denn bei besonders tiefen Temperaturen friert das Wasser trotz isoliertem Trinkschlauch ein bzw. ist das Wasser klirrend kalt. Eine Thermosflasche, die mich vollends überzeugt, habe ich leider noch nicht gefunden.

Funktionsbekleidung ist bei kalten Außentemperaturen ein »must have«. Mit einer schweißdurchtränkten Baumwollschicht friert man und holt sich eine Erkältung. Auch das eine oder andere Teil aus Merino-Wolle kann ich »wärmstens« empfehlen.

Auf längeren Läufen trage ich in Matsch und Schnee sogenannte GTX-Laufschuhe. GTX steht für Gore-Tex-Membrane. Sie machen den Schuh wasserdicht. So bleibt mit trockenen Socken und Füßen der Spaß lange erhalten. Im Gelände braucht es im Winter Trail-Schuhe, die ein entsprechend ausgeprägtes Profil haben und auch bei winterlichen Verhältnissen für guten Gripp sorgen.

Laufe ich querfeldein, habe ich auf rutschigem Terrain auch gerne meine Trailrunning-Stöcke dabei. Auf Grund ihres geringen Gewichtes sind sie kaum Ballast, verleihen bei Abstiegen aber ungemeine Trittsicherheit.

Gerade in Bezug auf die Gesundheit ist größte Vorsicht geboten. Die nächsten Zeilen spiegeln meine persönliche Meinung wieder und stellen keine generelle Empfehlung dar. Denn dutzende Male am Tag wird von der Social Media – Community die Absolution eingefordert, sich trotz leichter (Krankheit)-Symptome die Laufschuhe schnüren zu dürfen.

Fakt ist, dass trockenes Raumklima durch Heizungsanlagen oder die tiefen Außentemperaturen die Schleimhäute in Nase und Rachen beeinträchtigen. Ein Räuspern, gelegentliches Husten oder eine »laufende« Nase stellt sich ein. Ist nun bei solch leichten Symptomen eine Laufpause zwingend erforderlich?

Meine Erfahrung zeigt, dass bei banalen Infekten die Bewegung an der frischen Luft durchaus positive Effekte mit sich bringt. Ich höre auf meinen Körper. Wenn er unbändige Lust auf ein wenig Zeit an der frischen Luft signalisiert, dann gönne ich ihm mit Maß und Vernunft diesen Spaß. So kann es statt laufen auch mal ein paar Kilometer schnelles gehen sein.

Sind Gliederschmerzen, Abgeschlagenheit oder gar Fieber im Spiel, dann kommt man nicht umher, die erforderliche Sportpause zu machen.

In diesem Sinne: Keep on running; auch im Winter!

13: St. Ruprechter Marktlauf

Heute hat es uns in die Oststeiermark, in die Nähe von Gleisdorf, verschlagen. In St. Ruprecht an der Raab findet der 11. St. Ruprechter Marktlauf statt. Veranstaltet wird der Marktlauf vom FC-Donald, einem ortsansässigen Sport- und Kulturverein.

Eigentlich sind wir in erster Linie wegen meinem Sohn hier. Ihm machen die Kinderläufe aktuell so viel Spaß, dass er immerfort auf Medaillenjagd gehen möchte. Auf der Suche nach einem in der Nähe befindlichen Kinderlauf sind wir eben auf diesen Lauf in St. Ruprecht gestoßen.

Die Kinder- und Schülerläufe starten am frühen Nachmittag und weisen je nach Altersgruppe eine Distanz zwischen 200 Meter und 1.350 Meter auf. Anschließend werden die Nordic Walker auf eine 4.050 Meter lange Strecke geschickt. Anschließend startet der 9.750 Meter lange Marktlauf bzw. zeitgleich der 3.900 Meter lange Hobbylauf.

Auch mir passt ein kurzer, flotter Lauf gut in meine Regenerationswoche. Nach zwei kilometerintensiven Trainingswochen steht reduzierter Laufumfang bei gesteigerter Intensität am Plan.

Der Park inmitten von St. Ruprecht an der Raab ist der Start- und Zielbereich. Hier stehen Tische und Bänke. Die Bühne ist für die Siegerehrung aufgebaut und es gibt eine Ausschank für Speis und Trank. Die Ausgabe der sogenannten Starterbags findet in der angrenzenden Musikschule statt.

Für Sebastians U8-Kinderlauf-Nennung sind 8 Euro zu bezahlen. Neben der Startnummer erhält Sebastian den bei Kinderläufen mietfreien HTT-Zeitnehmungschip und eine Tragetasche mit einem Kilo Mehl, einigen Produktproben und viel Werbepapier. Ich werde es nie verstehen, warum man es nicht schafft, ein kinderspezifisches Goodie-Bag vorzubereiten. Bevor man Kindern Mehl überreicht, sollte man auf die Startbeigaben verzichten. Denn eine solche muss ja nicht sein. Aber wenn, dann altersgerecht. Das ist jedenfalls meine eigene Meinung.

Ich bezahle für meine Teilnahme 15 Euro Startgeld. Für die Zeitnehmung sind zusätzliche 3 Euro zu berappen. Mein Goodie-Bag ist mit denselben Produktproben und Werbepapieren bestückt wie Sebastians. Statt dem Mehl habe ich eine Packung Nudeln beigepackt.

Ich hefte Sebastian die Startnummer auf das Shirt und montiere den HTT-Chip vorschriftsmäßig im Bereich der linken Hüfte. Fast wie ein Christbaum ist er behangen. Da lobe ich mir meinen PENTEK-timing Chip, den ich mittels Klett-Band am Fußgelenk montiere oder Startnummern, in denen der Zeitnehmungs-Transponder integriert ist.

Die Kinderbewerbe finden auf einem Kurs rum den Park statt. Die Runde misst 350 Meter. Die Strecke der Kleinsten ist 200 Meter lang. Die Bambinis nehmen auf der Gegengeraden Aufstellung und warten auf das Startsignal. Los geht es. Die Nachwuchssprinter legen sich mächtig ins Zeug und haben es kurze Zeit später auch schon geschafft. Stolz nehmen sie die wohlverdienten Finisher-Medaillen und einen Eis-Gutschein in Empfang.

Nun ist Sebastian an der Reihe. Für Teilnehmer des U8-Bewerbes gilt es, eine komplette Runde um den Park zu laufen. Die letzten zwei Minuten werden vom Moderator angekündigt. **Abbruch!** Ein Offizieller unterbindet den Countdown. Die Zeitnehmung sei noch nicht so weit. Die offizielle Uhr ginge falsch. So wird eine Verzögerung von zwei Minuten angekündigt.

Jedoch nach wenigen Augenblicken hat der Moderator die Warterei offensichtlich satt und beginnt den Countdown von neuem. »Start!«, brüllt er ins Mikrofon. Die ersten Kinder flitzen wie Pfitschipfeile davon. Der Offizielle am Rad-Esel quittiert den Fauxpas mit einem Schimpfwort.

Sebastian hat in diesem »Kuddelmuddel« den Start verschlafen und läuft im hinteren Teil des Feldes. Das sehr warme Frühlingswetter macht den jungen Sportlern zu schaffen. Auf der Gegengeraden ist Sebastian schon sehr am Kämpfen. Aber nach nicht einmal Minuten ist die Runde auch schon geschafft und Sebastian freut sich auf die Medaille. Die gibt es aber nicht. Auf Nachfrage hin wird mir erklärt, dass nur die Bambinis eine Finisher-Medaille bekämen. »Für die übrigen Kinderläufe gäbe es Siegerehrungen für die drei Erstplatzierten«, bekomme ich als Antwort.

Ich bin auf mich selbst ein wenig erzürnt, die Ausschreibung nicht gewissenhaft gelesen zu haben. Eis-Gutschein gibt es auch keinen. Eigentlich gibt es für das Startgeld - außer einem Kilo Mehl - nichts. Nepp? Schon klar, dass der Veranstalter für den ganzen Aufwand den einen oder anderen Euro Gewinn machen möchte, aber doch nicht bei den Kinderläufen. Es gibt genügend tolle Beispiele, wo es für gleiches Startgeld ein leckeres Essen, ein Shirt und eine Medaille gibt. Junge Sportler gehören wertgeschätzt.

Sebastians Enttäuschung ist zum Glück nur von kurzer Dauer. Der Spaß am Laufen soll natürlich im Vordergrund stehen. Wir lassen ihn hochleben und sagen ihm einmal mehr, wie stolz wir auf ihn sind und dass auch er auf seine Leistungen sehr stolz sein kann.

Mein Lauf startet erst in knapp 2 Stunden. Diese Wartezeit möchte ich meiner Familie nicht zumuten. So fahren Sebastian, seine Mutter und sein Opa ins benachbarte Gleisdorf und vergnügen sich bei einer Runde Minigolf.

Der Marktlauf führt über 5 Runden zu jeweils knapp 2 Kilometer, sodass in Summe 9.750 Kilometer zu laufen sind. Der Himmel ist weiterhin wolkenlos und die Sonne beschert uns Temperaturen von rund 30 Grad Celsius.

Der Hobbylauf startet zeitgleich. So warte ich mit rund 200 weiteren Teilnehmern an der Startlinie. Eine Zeit so um die 42 Minuten setze ich mir zum Ziel.

Es geht los! Den ersten Kilometer laufe ich etwas zu flott an und stoppe ihn nach weniger als 4 Minuten, obwohl das Gelände ein wenig ansteigt. Zu Beginn des zweiten Kilometer führt die Strecke auf einem Schotterweg leicht bergab, bevor es recht flach Richtung Park geht, der zu umrunden ist. Kurz vor Start und Ziel ist eine Labestelle positioniert.

Für die erste Runde benötige ich genau 8 Minuten. Der Schweiß fließt bereits in Strömen und ich habe zu einem Becher Wasser gegriffen. Die moderate Steigung der zweiten Runde setzt mir bereits zu, sodass ich die Runde mit 8:22 Minuten stoppe. Ein Becher Wasser unmittelbar vor Start und Ziel spendet mir kurzfristig Erfrischung. Es wird hart und die dritte Runde abermals langsamer. Nach 8:34 Minuten ist sie geschafft.

Nächste Runde, gleiches Spiel: Laufen, Zähne zusammenbeißen, schwitzen, Becher Wasser schnappen und wieder ein paar Sekunden verlieren. So sind es für die vierte Runde rund 9 Minuten Laufzeit. Endlich bricht die letzte Runde an. Körper und Geist realisieren, dass die heutige Laufaufgabe bald geschafft ist. So kann ich noch ein wenig zulegen und laufe mit einer Rundenzeit von 8:36 Minuten und einer Gesamtzeit von 42:19 Minuten auf dem 34. Gesamtrang ins Ziel.

Ich erhole mich bei einem kleinen Stück Kuchen und einer Flasche Wasser. Beim Online-Studium der Ergebnislisten stelle ich fest, dass ich es in meiner Altersklasse tatsächlich als Drittplatzierter auf das Podest geschafft habe. Meine Freude ist groß, denn Podestplätze kann ich an einer Hand abzählen.

14: Riegl aufi, Riegl obi

Welschlauf

Der Samstag des ersten Mai-Wochenendes gehört traditionell dem Welschlauf. Dieser im Jahr 1995 ins Leben gerufene Landschaftsmarathon im südwestlichen Bereich der Steiermark, wird vom Veranstalter selbst als schönster, schwierigster und geselligster Lauf bezeichnet. Der Marathon führt jährlich wechselnd von Wies nach Ehrenhausen oder eben in umgekehrter Richtung von Ehrenhausen mit Ziel in Wies und verbindet die Welsch- mit der Schilcherregion.

Neben der klassischen 42,2 km - Marathonstrecke stehen ein Halb- oder auch Viertelmarathon (auch für Nordic Walker) zur Auswahl. Ziel ist heuer für alle Bewerbe der Ort Ehrenhausen.

Großteils verläuft die anspruchsvolle Strecke, die auf der vollen Distanz mit rund 1.000 Höhenmeter aufwartet, entlang der Südsteirischen Weinstraße und gewährt großartige Ausblicke auf rebenbewachsene Hänge und malerische Weinbauorte.

Das Startgeld für den Marathon beträgt 40 Euro. Das Startpaket samt Startnummer kann am Lauftag unmittelbar vor dem Start oder am Vortag beim Startfest in Leutschach abgeholt werden. Hier wird man mit kulinarischen Köstlichkeiten und Musik verwöhnt und auf den folgenden Run-Day eingestimmt.

Am Lauftag selbst lassen über 20 Labestellen keinen Versorgungsengpass aufkommen. Die Finisher-Medaille darf ebenso wie ein T-Shirt, einige Werbe-Beigaben sowie ein »Lumpentransport« nicht fehlen. Wer sein Fahrzeug im Ziel haben möchte, kann den Shuttle-Dienst zum Start der jeweiligen Bewerbe nutzen.

Für die Nachwuchssportler sind an insgesamt 5 Standorten Kinderläufe organisiert. Streckenlängen zwischen 800 und 3.900 Meter bieten für alle Altersgruppen die passenden Distanzen.

»Sebastian beim WelschiKNAXmarathon«

Sebastian war bereits im Vorjahr hier in Leutschach am Start. Ihm ist die liebevolle und kindgerecht organisierte Veranstaltung positiv im Gedächtnis geblieben. So zögert er keine Sekunde, als ich ihm den Vorschlag einer neuerlichen Teilnahme mache. Leider spielt das Wetter nicht ganz mit. Bereits bei der Anreise schüttet es zeitweise wie aus Kübeln. Als wir gegen 16:30 Uhr eintreffen, lichten sich die Wolken ein wenig und der Niederschlag macht eine Pause.

Wir holen Sebastian´s Startunterlagen. Neben der Startnummer erhält mein Sohn für wenige Euro Nenngeld ein Laufshirt und einen Speise-Bon. Auch eine Verlosung von Warenpreisen wartet auf die jungen Athleten.

Auch ich nutze die Gelegenheit und hole für meinen morgigen Marathon die Unterlagen ab.

Sebastian ist aufgeregt und voller Vorfreude. Mit ihm warten weitere 100 junge Läufer auf den Start der beiden Kinderbewerbe. Kurz vor dem geplanten Start des 800 Meter langen Laufes ziehen leider wieder dunkle Gewitterwolken über Leutschach und der Himmel öffnet abermals seine Schleusen.

Der Veranstalter reagiert sehr verantwortungsbewusst und verschiebt kurzerhand den Start, während wir unter Regenschirmen und Partyzelten zuwarten. Nach einer Viertelstunde macht der Regen eine Pause. Diese Gelegenheit wird genutzt, um beide Kinderläufe gleichzeitig zu starten bzw. auch den Lauf für die größeren Kids auf die 800 Meter lange Schleife zu reduzieren. So werden nach einem stimmgewaltigen Countdown alle 100 Kinder auf den 800 Meter langen Rundkurs entlassen, der von Polizei und freiwilligen Helfern gut abgesichert ist.

Sebastian saust mit der Läuferschar davon. Ich gehe ihm ein Stück entgegen. Vom letzten Jahr weiß ich, dass der erste Teil der Strecke bergab führt und nach einer Kehre der beschwerliche Rückweg zum Ziel wartet. Bald taucht Sebastian auf. Im Vorjahr musste Sebastian hier auf dieser Steigung in den Gehschritt verfallen. Heute hat es den Anschein, als laufe er mit lockerem Laufschritt spielerisch dem Ziel entgegen. Kurze Zeit später überquert Sebastian auch schon die Ziellinie.

Er bekommt die heuer aus Metall gefertigte Finisher-Medaille um den Hals gehängt. Auch eine Urkunde liegt bereit. Sebastian erzählt mir von seinen Eindrücken während des Rennens. Es ist spannend zu hören, wie es ihm auf der Strecke ergangen ist.

Immer wieder regnet es leicht, aber dadurch lassen wir uns den Appetit auf die wohlverdiente Bratwurst nicht verderben. Während dessen findet eine Verlosung von Warenpreisen statt. Wie im Vorjahr geht Sebastian vorerst leer aus. Aber der Veranstalter hat vorgesorgt und so erhalten alle Kinder, die in der regulären Tombola nicht gewonnen haben, einen kleinen Trostpreis.

»Mein Marathon«

Ich starte mit Honigbroten in den Lauftag. Danach geht es über die Südautobahn nach Ehrenhausen. Hier stehen die Busse bereit, die uns Läufer zum Start nach Wies bringen. Im Ortszentrum von Wies herrscht bereits reges Treiben. Spätentschlossene haben noch die Möglichkeit zur Nachnennung. Ich gönne mir einen Kaffee, sitze entspannt auf einer Bank und lausche der unterhaltsamen Moderation bzw. den Tönen der aufspielenden Blasmusikkapelle.

»Riegl aufi, Riegl obi!«, heißt es pünktlich um 10 Uhr und beschreibt das Geländeprofil treffsicher. Denn flache Streckenabschnitte gibt es beim Welschlauf kaum. Die Topografie ist mit 1.000 positiven Höhenmetern anspruchsvoll. Der Großteil der 42 Kilometer langen Strecke von Wies nach Ehrenhausen wird auf asphaltierten Straßen gelaufen.

Ich werde mit weiteren 170 Teilnehmern des Marathons auf die Strecke gelassen. Ich befinde mich in der Vorbereitung für den Mozart 100, einem 105 km langen Ultra-Trail, der mir Mitte Juni ein neuerliches Ticket für die Startplatz-Lotterie des WSER bescheren soll. So habe ich in dieser Woche schon einige Trainingskilometer in den Beinen. Der Welschlauf soll mir als weiterer langer Dauerlauf dienen. Als Ziel setze ich mir eine Endzeit von rund 4:15 Stunden. Zudem verlange ich von mir, sämtliche Steigungen laufend zu meistern. Gehen ist heute tabu!

Das Wetter meint es heute gut mit uns. Ich persönlich bevorzuge zwar Sonnenschein und Wärme, aber vom leistungstechnischen Standpunkt sind der wolkenverhangene Himmel und die mäßigen Temperaturen nicht von Nachteil. Im Verlauf der folgenden Stunden wird auch der eine oder andere Regentropfen für zusätzliche Abkühlung sorgen.

Es braucht heute ein paar Minuten, bis meine Beine in einen Rhythmus finden. Die ersten Kilometer führen moderat aufwärts. Die Ortschaften Kopreinig und St. Ulrich am Greith lasse ich hinter mir. Mal geht es abwärts, dann wieder hoch, um anschließend wieder runter zu laufen. »Riegl aufi, Riegl obi« eben.

Ich habe die Talsohle in Wuggau erreicht und laufe auf einem der wenigen Flachstücke der Ortschaft St. Johann entgegen. Es folgt ein langer Anstieg bis zur Halbmarathonmarke. Trotz teils knackiger Aufstiege habe ich die ersten 21 Kilometer nach gut 2 Stunden in der Tasche.

Bald treffen wir auf die Starter des Halbmarathons. Die haben sich vom Startort Leutschach hier auf den Bergkamm gequält. Fortan teilen wir uns die Laufstrecke auf dem Weg nach Ehrenhausen.

Vor zwei Jahren machten mir Wadenkrämpfe die letzten 15 Kilometer des Welschlaufes zur Hölle. Seither bin ich dagegen gerüstet und beuge mit Salztabletten vor. Auch heute schlucke ich nach der ersten, zweiten und dritten Laufstunde jeweils eine Salzration und bleibe vor lästigen und schmerzhaften Krämpfen verschont. Kohlenhydrate liefern mir meine Energy-Gels. Ich habe vier davon in den Taschen meiner Laufweste, die ich gut verteilt zu mir nehme.

Es rollt. Ich überhole viele Teilnehmer des Halbmarathon-Bewerbs. Die meisten Anstiege meistere ich spielerisch. Viele Kilometerzeiten liegen nun deutlich unter 5:30 Minuten; einige sogar unter 5:00 Minuten.

Das letzte Viertel der Strecke bricht an. Hier in Gamlitz steppt der Bär. Massen von Viertelmarathon-Teilnehmer strömen zum Start und machen großartig Stimmung. Im Bereich der Ortschaften Glanz und Sulz ist ein für die Oberschenkelmuskulatur sehr anspruchsvoller Downhill in das Sulztal hinab zu laufen. Unmittelbar danach führt die Strecke schweißtreibende 160 Höhenmeter bergauf.

In diesem Anstieg verfallen beinahe alle in den Gehschritt. Nicht ich, denn gehen ist heute nicht erlaubt. Nach einigen Minuten ist auch diese Herausforderung geschafft. Schenkt man den Beschilderungen Glauben, befinde ich mich aktuell auf slowenischem Staatsgebiet. Zumindest dann, wenn ich am rechten Wegesrand der Südsteirischen Grenz Straße laufe.

Die letzten 7 Kilometer bis zum Ziel nach Ehrenhausen verlaufen mit wenigen Ausnahmen bergab. Mein Körper zeigt weiterhin keine großen Anzeichen von Müdigkeit. Im Gegenteil. Die Kilometerzeiten pendeln sich auf dem abschüssigen Gelände bei 4:30 Minuten ein. Sollte ich dieses Tempo bis zum Ziel halten können, wäre ein 4-Stunden-Finish dieses sehr selektiven Marathons möglich. Es geht weiterhin abwärts. Aber nur topografisch betrachtet.

Vorbei an voll besetzten Gastgärten laufe ich der Ziellinie entgegen. Der Moderator kündigt meinen Namen an und nach 3 Stunden und 58 Minuten ist der Welschlauf geschafft. Mir wird die Finisher-Medaille um den Hals gehängt und ich bin sehr stolz auf meine gute Leistung, wenngleich ich das Trainingsziel verfehlt habe. Ein lockerer Dauerlauf hätte es werden sollen. Egal! Man soll die Feste feiern, wie sie fallen. Und hier in Ehrenhausen kann man sie im vorbereiteten Festzelt bis spät in die Nacht feiern.

15: Lipizzanerheimat

Kainacher Bergmarathon

Um neuerlich für die Startplatzlotterie des Western States 100 zugelassen zu werden, starte ich abermals beim Mozart 100. Ich bin am Wettkampftag auf den Punkt fit und kann meine Zeit aus dem Vorjahr deutlich verbessern und erreiche nach 15 Stunden und 25 Minuten das Ziel. Die Pflicht ist damit erfüllt.

Ich laufe natürlich nicht nur ultralange Strecken. Die Belastung für den Körper wäre viel zu hoch und folglich die Regenerationszeiten zu lang. Ein wunderbarer Landschaftsmarathon bzw. Bergmarathon, der jährlich in Kainach bei Voitsberg stattfindet, verdient eine Erwähnung.

Voller Vorfreude stehe ich bereits zum 3. Mal am Start des Kainacher Bergmarathon. Die Strecke weist auf einer Distanz von 44,5 Kilometern anspruchsvolle 1.800 Höhenmeter auf und zählt auch auf Grund des hohen Trail-Anteils zu meinen Favoriten.

Heute werden im Zuge dieses Wettkampfes auch die Steirischen Meisterschaften im Bergmarathon ausgetragen. Dank der Unterstützung meines Laufklubs, bin ich zum zweiten Mal in meiner Läuferkarriere für offizielle Meisterschaften genannt.

Die Abholung der Startunterlagen findet in der Volksschule Kainach statt, wo auch Umkleiden und Duschen zur Verfügung stehen. Im Anschluss an den Lauf kann man sich die müden Beine massieren lassen.

Im Startpaket ist das traditionelle Bergmarathon-Laufshirt, lesenswertes Informationsmaterial über die Lipizzanerheimat, eine ermäßigte Eintrittskarte für die Therme Nova in Köflach sowie einige Produktproben enthalten. Die Zeitnehmung erfolgt mittels Chip von Hightech Timing.

Kurz vor 09:00 Uhr nehme ich gemeinsam mit weiteren gut 100 Startern der Bergmarathon-Distanz Aufstellung. Auch der neu geschaffene Bergsprint und die Staffeln sind gut gebucht.

Das hochsommerliche Wetter der letzten Tage macht auch heute vor dem Kainacher Bergmarathon nicht halt. Schwül und sehr warm ist es bereits zur frühen Stunde.

Um ein wenig autark zu sein, trage ich eine Laufweste, die ich mit ein paar Gels, Salztabletten und zwei Softflasks, gefüllt mit Wasser und Iso, bestückt habe.

Nach der Begrüßung durch den Veranstalter folgt der priesterliche Segen. Mein Ziel ist klar definiert. Im Vorjahr habe ich hier in Kainach 5 Stunden und einige Sekunden benötigt. Heuer soll es ein klein wenig schneller sein. Nach knapp unter 5 Stunden im Ziel zu sein, ist der Anspruch an mich selbst.

Schon geht es los! Die ersten zwei Kilometer führen Richtung Norden leicht steigend aus dem Ort Kainach. »Ich hätte mich doch ein wenig warmlaufen sollen!«, schießt es mir durch den Kopf. Denn von Null auf Hundert ist Gift für die Muskulatur. Auch die ersten steileren Anstiege lassen nicht lange auf sich warten. Zuerst geht es auf einem Wiesenpfad, später auf Wald- und Schotterwegen kontinuierlich aufwärts.

Nach 5,5 Kilometer ist der erste Checkpoint erreicht. Das schwüle Wetter lässt den Schweiß in Strömen fließen. Eine Softflask habe ich bereits leer getrunken. Wie auch bei allen weiteren Verpflegestellen trinke ich hier ausreichend Wasser und Iso. Gleichzeitig fülle ich meine Flaschen auf. Mal nehme ich ein Stück Banane, mal drücke ich mir eines meiner Gels in den Mund.

Ich bin überrascht, wie viele Läufer sich einfach nur einen Becher Wasser schnappen und wieder die Wolke sind. Beinahe frustrierend ist es für mich, bergauf Läufer um Läufer einzusammeln, die mir am Checkpoint wieder entwischen.

An einem Steinbruch vorbei geht es stetig hoch zur Gleinalm. Obwohl es erst kurz nach 10 Uhr vormittags ist, sticht die Sonne bereits erbarmungslos vom Himmel. Von den Felswänden strahlt die Wärme ab. Es fühlt sich an, als würde ich geröstet.

Nach 14 Kilometer ist die Zeissmann-Hütte erreicht. 1.000 Höhenmeter sind auf der Haben-Seite verbucht. Hier findet auch der erste Staffel-Wechsel statt.

Entsprechend groß ist der Rummel. Die Speicher werden abermals mit Wasser, Iso und einem Stück Banane aufgefüllt. Der Veranstalter bietet wegen der hohen Temperaturen Magnesium-Sticks an. Ich persönlich traue Magnesium während eines Wettkampfes nicht über den Weg. Salzgebäck wäre für mich die bessere Wahl gewesen. Meinen Kopf kühle ich unter kaltem Alm-Wasser.

Unermüdlich geht es dem höchsten Punkt der Strecke entgegen. Und hier, auf einem ungemein steilen Aufstieg zum Roßbachkogel, krampft gänzlich ohne Vorwarnung mein rechter Unterschenkel. Ich bin irritiert. Nicht der Schmerzen wegen. Die sind ein paar Augenblicke später weggedehnt. Aber über die Tatsache, dass ich so früh im Rennverlauf mit muskulären Problemen zu kämpfen habe, schockt mich. Ich schlucke eine weitere Salztablette und spüle reichlich Wasser nach. Ich steige mit Bedacht dem höchsten Punkt der Strecke entgegen. Ich versuche, meinen Schritt etwas zu verändern und die Muskeln zu lockern. Ein paar hundert Meter später läuft´s wieder halbwegs rund.

Ich befinde mich auf gut 1.700 Meter Seehöhe. Es folgt ein technisch schwieriger Abstieg zum Gleinalm-Schutzhaus. Teils kniehohe Stufen auf ausgewaschenen, schmalen Pfaden erfordern höchste Konzentration. Ein Sturz hier in diesem unwegsamen Gelände kann folgenschwere Verletzungen nach sich ziehen.

Auf abfallendem Terrain geht es meinen Muskeln einigermaßen gut und ich kann diese anspruchsvolle Passage in einem passablen Tempo hinter mich bringen. Über einen stark verwurzelten und mit Steinen übersäten Waldweg führt die Strecke auf die sogenannte Lipizzanerweide.

Die Wadenkrämpfe nerven weiter! Was bergab halbwegs gut ist, verschärft sich in aufwärts führenden Passagen. Es ist frustrierend. Die Kraft ist eigentlich vorhanden, um ordentlich Tempo zu machen. Aber die Muskulatur spielt heute einfach nicht mit. Nach ein paar Dehnübungen überwinde ich die leichte Steigung in schnellen Gehschritten bzw. mit Bedacht gesetzten Trippelschritten.

Großteils führt die Strecke nun talwärts. Hier kann ich wieder halbwegs beschwerdefrei und mit gutem Tempo laufen. Die Halbmarathonmarke ist nach 2 Stunden und 39 Minuten erreicht. Im Vergleich zum Vorjahr habe ich trotz der muskulären Probleme lediglich 2 Minuten eingebüßt. Nach wie vor zwingen mich die Gegenanstiege in den Gehschritt. Wie bergauf der Wadenmuskel zu sehr beansprucht wird, verkrampft er.

Bei Kilometer 26 ist an einer Weggabelung rechts und frontal ein Absperrband angebracht. Obwohl ich es von den Vorjahren besser wissen hätte müssen, biege ich links ab. Der Weg wird unwegsamer und verläuft im Dickicht. Ich bin falsch! Ich kehre um und erkenne, dass ich unter dem Absperrband hindurch talwärts weiterlaufen muss. Der rund 1,5 Kilometer lange Umweg hat mir fast 10 Minuten gekostet. Frustration pur!

Beim Alpengasthof Krautwasch ist die zweite Wechselstation platziert. Bevor es auf das letzte Drittel der Strecke geht, labe ich mich wieder mit ausreichend Flüssigkeit. Moderat fallende Wald- und Schotterwege kann ich weiterhin gut laufen. Jedoch warten auf der Strecke weiterhin giftige Anstiege. In einem flachen Waldstück krampft nun auch der vordere Oberschenkelmuskel. Ich schreie laut auf! Was für ein Schmerz! Im ersten Moment weiß ich kein Rezept gegen die hinterhältigen Krämpfe. Zwei Läufer traben an mir vorbei und mustern mich mitleidsvoll. Einer fragt, ob ich Hilfe benötige. Ich winke mit schmerzverzerrtem Gesicht dankend ab.

Trails sind einer asphaltierten Straße gewichen. Steil abwärts geht es dem Ort Kainach und somit dem Ziel entgegen. Im Talboden angekommen, wartet der letzte Checkpoint vor dem Zieleinlauf. Obwohl das Ziel zum Greifen nahe und in Sichtweite ist, fordert die Streckenführung noch eine Schleife (unter Insidern auch als Sadistenschleife bekannt) mit einigen zusätzlichen Höhenmetern. Ich kühle meinen Kopf mit kaltem Wasser und trinke zwei Becher Cola.

Bringen wir es zu Ende! Selbst auf dem letzten Kilometer halte ich zweimal an, um meine Muskulatur zu lockern. Klar könnte ich voller Schmerz mit krampfenden Muskeln weiterlaufen. Aber die Gefahr einer hartnäckigen Muskelverletzung ist mir zu groß. Da bin ich lieber ein paar Minuten später als erhofft im Ziel.

Nach 5 Stunden und 26 Minuten werde ich vom Moderator namentlich mit Vereinszugehörigkeit angekündigt und laufe (oder wie auch immer man diese Fortbewegungsform nennen möchte) über die Ziellinie. Zum wiederholten

Mal habe ich mich trotz Widrigkeiten ins Ziel gekämpft. Mir ist meine makellose DNF-Quote wichtig. Auch wenn es nicht immer klug ist, den Lauf mit allen Konsequenzen bis zum Schluss durchhalten zu wollen. »Aus diesem Holz sind eben Ultraläufer geschnitzt.«, entschuldige ich meine teils gesundheitlich fahrlässigen Entscheidungen.

Trotz der mäßigen Zeit erreichte ich den 4. Platz in meiner Altersklasse. Auch die anderen Teilnehmer hatten offensichtlich mit den hohen Temperaturen zu kämpfen. Bei den Steirischen Meisterschaften kann ich die Masterklasse AK-M45 unerwartet für mich entscheiden und darf mich ab sofort Steirischer Altersklassen-Meister im Bergmarathon nennen.

Mein persönliches Fazit fällt mäßig aus, denn das Ziel habe ich deutlich verfehlt! Über die Ursache der hartnäckigen Muskelkrämpfe kann ich nur Mutmaßungen anstellen. Vielleicht gönnte ich meinem Körper nach dem Mozart 100 zu wenig Regeneration. Oder ich ging zu hart und vor allem nicht entsprechend aufgewärmt in die ersten steilen Bergpassagen? An Flüssigkeits- bzw. Salzmangel lag es meiner Meinung nach nicht.

16: Unterwegs am Grabenlandtrail

Im Grabenland-Wanderführer steht geschrieben: »*Der Grabenlandtrail ist ein Rundwanderweg mit einem Zugang aus Fernitz für den Grazer Raum. Wenn Sie der Markierung folgen, sind Sie nach 130 km wieder an Ihrem Ausgangspunkt. Die Wegweiser und Markierung sind im Uhrzeigersinn ausgelegt. Auf der Strecke durchwandern Sie 18 Gemeinden und auf 22 Infotafeln werden Ihnen die Gemeinden und Besonderheiten der Gegend nähergebracht. Im Wanderführer sind Land und Leute sowie Naturbesonderheiten beschrieben und die Stempelstellen in den einzelnen Gemeinden genannt.*«

Ich wurde durch einen großen Übersichtsplan im Erzherzog-Johann-Park meiner Wohnsitzgemeinde Fernitz-Mellach auf den Grabenlandtrail aufmerksam. Hier nimmt der Wanderweg seinen Ausgang und führt über die Gemeinden St. Ulrich, Heiligenkreuz am Waasen, Schwarzau-Ursprung, St. Stefan im Rosental, Jagerberg, Weinburg bis nach Mureck sowie über St. Nikolai i.S., Wolfsberg, Glojach, Kirchbach, Frannach und Allerheiligen wieder zum Ausgangspunkt zurück.

Es liegt ein Ultra-Trail direkt vor meiner Haustüre. Ich nehme mir vor, den Grabenlandtrail in zwei Etappen zu laufen. Heute steht die nördliche Schleife des Grabenlandtrails am Programm.

Die gesamte Strecke ist laut Wanderführer mit markanten Holztafeln und dem Schriftzug »Grabenlandtrail« oder mit den Wegschildern 790, 791 bzw. 792 durchgehend beschildert. Für eine zielsichere Orientierung lade ich mir für alle Fälle auch den Track auf meine Uhr.

Zum Unterschied von organisierten Laufevents bin ich auf dem Grabenlandtrail auf mich allein gestellt. Keine Verpflegestellen erwarten mich in regelmäßigen Abständen mit reich gedeckten Tischen. Was ich für die kommenden Stunden benötige, habe ich entweder im Laufrucksack mit dabei oder ich muss es mir unterwegs besorgen.

So packe ich in meine Laufweste eine Trinkblase, gefüllt mit 1,5 Liter Wasser, zwei zusätzliche Softflasks, ein Erste-Hilfe-Set, eine Stirnlampe, ein Ersatz-

Shirt, ein zweites Paar Socken, die Regenjacke, mein Smartphone und natürlich einen Müllsack. Die Ersatzkleidung habe ich in wiederverschließbare Frischhaltebeutel gepackt. Darin bleiben sie trocken und sind vor Verschmutzung geschützt.

Nun zur Nahrung: Ich benötige pro Laufstunde ein Mindesterfordernis von rund 220 Kalorien. Das sind zum einen wichtige 100 Kalorien, um die Fettverbrennung am Laufen zu halten. Die restlichen Kalorien sollen das Defizit ein wenig ausgleichen. Das ergibt bei einer geschätzten Laufzeit von 7 bis 8 Stunden einen Kalorienbedarf von rund 1.700 Kalorien. Zur Abdeckung der Kalorien habe ich einige Gels meines Vertrauens, ein paar Datteln und je eine Semmel mit Käse und Salami und ein Germgebäck (selfmade by mama) in meinem Laufrucksack.

Es ist 3:45 Uhr morgens. Manchmal muss man die Komfortzone verlassen, um den Körper auf zukünftige, anspruchsvollere Vorhaben vorzubereiten. Vor einer knappen Stunde bin ich aufgestanden und habe ein Toastbrot mit Honig gefrühstückt. Nun schlendere ich von der Haustüre zum Erzherzog-Johann-Park. Morgen ist Vollmond, trotzdem ist es sehr dunkel. Das liegt an der dichten Bewölkung. Meine Stirnlampe leuchtet mir den Weg.

Pünktlich zum Start beginnt es heftig zu regnen. Nach hochsommerlichen Wochen hat der Wetterfrosch einen Wetterumsturz prognostiziert und er sollte Recht behalten. Ich streife meine Regenjacke über und nach einem Selfie vor dem Übersichtsplan im Erzherzog-Johann-Park geht es auch schon los. Ich verlasse über einen geschotterten Pfad das mehrfach als schönstes Blumendorf prämierte Fernitz.

Die Dunkelheit macht mir ein wenig zu schaffen. Meine Stirnlampe leistet zwar gewohnt gute Arbeit, aber der anhaltend strömende Regen und die Nebelschwaden trüben meine Sicht.

Auf den ersten Kilometern sind bereits einige kleine Anstiege zu meistern. Rinnsale strömen mir entgegen und durchnässen meine Schuhe und Socken. Bestes Laufwetter sieht anders aus. Über nasse Wiesen mit zum Teil hüfthoher Vegetation laufe ich auf dem Wanderweg Nr. 792 der Kapelle Gnaning entgegen. Nach kurzer Zeit bin ich klatschnass.

Die 5,5 Kilometer-Marke ist erreicht. Hier in der Nähe von St. Ulrich wird der Grabenlandtrail zu einem Rundwanderweg. Umrundet man den Trail komplett, trifft man nach rund 125 Kilometer wieder auf diesen Punkt. Mein Plan ist, den Trail auf Höhe der Gemeinde Zerlach über Kirchbach abzukürzen, sodass ich mit rund 55 Kilometer rechne. Ich laufe den Trail im Uhrzeigersinn. So ist der Weg (ab hier mit der Nr. 791) markiert und beschrieben. Und so habe ich den Track auf meiner Uhr abgespeichert. Asphaltierte Nebenstraßen wechseln sich mit Wiesen- und Waldwegen ab. Auf einer Waldlichtung scheuchen meine vor Wasser »quatschenden« Laufschuhe einen Rehbock auf. Mit beneidenswert lockeren Sprüngen ergreift er die Flucht und quittiert mein Vordringen in sein Revier mit einem tiefen Röhren.

In Heiligenkreuz am Wassen fülle ich am öffentlichen Trinkwasserbrunnen meine Softflasks auf. Entlang von Gemeindestraßen führt mich der Grabenlandtrail über Pirching am Traubenberg einige Höhenmeter nach Edelstauden hinauf. Das steile Wegstück lässt mich in den Gehschritt verfallen.

Der starke Regen hat sich in ein Nieseln verwandelt. Während ich am Sägewerk Neuhold vorbei trabe, werden Erinnerungen an den Stiefingtaler Berglauf wach.

Ich quere die Kirchbacher Straße und laufe auf Gemeindewegen vorbei an der Volksschule Edelstauden und durch Oberedelstauden bis zum Schwarzau-Ursprung. Ein Wegweiser deutet darauf hin, dass in etwa 100 Meter Entfernung im Waldbereich die Schwarzau entspringt. Absolviert man den kompletten Grabenlandtrail, so trifft man in den Auwäldern vor Mureck auch auf die Einmündung der Schwarzau in die Mur. Hier befinde ich mich auf knapp 500 Meter Seehöhe. Das ist der höchste Punkt des Grabenlandtrails. Bei guter Fernsicht reicht der Ausblick bis auf die Riegersburg. Heute genieße ich lediglich Sicht bis zur nächsten Anhöhe.

Auf kupiertem Gelände geht es weiter. Eine wunderbare Waldpassage bietet meinen Läuferbeinen eine willkommene Abwechslung. Ich liebe den Trail-Lauf und so ein Waldboden, übersät mit Wurzelwerk und Steinen, ist Balsam für meine Läuferseele.

Die Orientierung fällt mir dank der GPS-Uhr einfach. Und hat man sich erst an die Wanderwegs-Markierungen gewöhnt, findet man sich damit ebenfalls gut zurecht.

In Weißenbachegg halte ich kurz an und gönne mir eine Salami-Semmel. Es setzt wieder starker Regen ein. Eine Kuh-Herde beäugt mich kritisch. »Riegl aufi, riegl obi«, heißt es nicht nur beim Welschlauf. Jahring liegt hinter mir und ich verlasse für etwa 3 Kilometer den Wanderweg 720 und somit den Grabenlandtrail. Wie geplant, kürze ich meine heutige Tour über Kirchbach ab. Zuvor gilt es, den steilen Jatzberg hinunter zu laufen und die Flüssigkeitsreserven bei einem Supermarkt aufzufüllen. 31 Kilometer habe ich mittlerweile auf der Haben-Seite.

Hinter der Kirchbacher Mehrzweckhalle geht es zuerst einem Wiesenpfad, in weiterer Folge einem Forstweg empor. Ein Waldlehrpfad lädt hier zum Weiterbilden ein. In Kleinfrannach geht es gute 80 Höhenmeter ins Tal. Nach 36 Kilometer habe ich meine Heimatgemeinde Frannach erreicht. Der Grabenlandtrail führt mitten durch den beschaulichen Ort. Als ich an der kleinen Dorfkirche vorbeilaufe, erinnere ich mich an die Taufe meines Sohnes zurück, die vor einigen Jahren hier stattgefunden hat.

Über Langleiten laufe ich auf die Ortschaft Kleinfeiting zu. An der Streckenbeschaffenheit ändert sich wenig. Hauptsächlich sind asphaltierte Straßen zu belaufen, seltener Schotterwege, manchmal Wiesen- oder Waldpfade. Das Gelände bleibt kupiert und auch das Wetter will sich nicht bessern. Seit Stunden sind meine Füße pitschnass. Da ich kein trockenes Schuhwerk im Rucksack habe, macht auch der Wechsel der Socken keinen Sinn.

An der Pfarrkirche von Allerheiligen vorbei führt der Grabenlandtrail nach Mittergrub. Hier verstarb im November 1971 der damalige Landeshauptmann der Steiermark bei der Jagd. Ihm zu Ehren wurde die Josef Krainer Gedenkstätte errichtet. Sie ist ein Rundbau aus Aframer Kalkstein. Die Glasfenster schuf Alfred Wickenburg, die Kreuzigungsgruppe Franz Weiß und das Bronzerelief stammt von Adolf Zilli.

Mannshohes Springkraut stellt sich mir in den Weg. Dem nicht genug, wartet ein dicht und hoch bewachsener Wiesenhang auf die Besteigung. Meine Füße sind nicht mehr »nur nass«. Sie schwimmen in den Schuhen. Mir graut vor dem Anblick, wenn ich zu Hause die Socken ausziehe. Glücklicherweise bilden sich trotz der stundenlang aufgeweichten Haut keine Blasen.

Nach 52 Kilometer erreiche ich in St. Ulrich am Waasen jenen Punkt, an dem ich frühmorgens von Fernitz kommend dem Trail nach Osten gefolgt bin. 40 Minuten später laufe ich in Fernitz ein und beende nach rund 57 Kilometer und 1.700 Höhenmeter einen wunderbaren Tag auf den Spuren des Grabenlandtrails.

»Einige Monate später bin ich zurück auf dem Grabenlandtrail«

Um 04:30 Uhr starte ich mit zwei Tassen Kaffee in den Tag. Ich befülle zwei Softflasks mit Wasser, nehme mir die bereits am Vorabend mit allem Notwendigen bestückte Laufweste und fahre mit dem Auto zum Start und Ziel der heutigen Etappe nach Kirchbach in der Südoststeiermark.

Es ist kalt! Der Wetterfrosch prognostiziert für heute zwar stabiles Hochdruckwetter mit Temperaturen im zweistelligen Plus-Bereich, aber jetzt am frühen Morgen zeigt das Thermometer lediglich ein halbes Grad über den Gefrierpunkt an. Ich laufe trotzdem in Shorts. Die Beine sind nicht allzu kälteempfindlich. Meinen Oberkörper wärmt ein Longsleeve und darüber ein Kurzarm-Shirt. Haube, Handschuhe und ein Schlauchschal um den Hals dürfen auch nicht fehlen. Die Waden werden mit Kompressionsstrümpfe warmgehalten. Es ist noch dunkel! Die Stirnlampe Petzl Nao+ leuchtet mir mit ihren maximal 750 Lumen zuverlässig den Weg.

Gut zwei Kilometer und 100 Höhenmeter sind es als »warm up« bis zu jenem Punkt, wo ich das letzte Mal den Grabenlandtrail verlassen habe.

Heute liegen rund 80 Kilometer mit ungefähr 1.400 Höhenmetern vor mir. Ich laufe nicht gerne planlos, daher definiere ich eine Laufzeit von 10 bis 11 Stunden als Richtwert. Mir scheinen jeweils 10 Kilometer in 1 Stunde und 15 Minuten gut machbar. Brutto wohlgemerkt, also inklusive der Verpflege- und Fotostopps und vermutlich auch kleinerer Umwege.

Im Ziel erwartet mich heute keine Finisher-Medaille, stattdessen habe ich Wandernadeln in Aussicht: Zum einen die Nadel für das erfolgreiche Belaufen des vollständigen Grabenlandtrails, zum anderen die Nadel für den Schwarzautaler Höhenweg, der mit einem Streckenabschnitt des Grabenlandtrails identisch ist.

Exakt um 06:03 Uhr starte ich die Umrundung der südlichen Schleife des Grabenlandtrails. Die ersten Kilometer sind vorwiegend auf Asphalt zu laufen. Es ist ungewohnt, sich im Schein der Stirnlampe mit Hilfe der Wanderwege-Markierungen zu orientieren.

Ich laufe nicht allzu gerne im Dunkeln mir unbekannte Wegstrecken. Als mich im Lichtkegel der Stirnlampe unzählige Augenpaare anstarren, erschrecke ich. »Puh, das ist nur eine Herde Schafe, die mich merkwürdigen Kautz mustert!«, stelle ich erleichtert fest. Nach einer kurzen Unterhaltung darüber, wer von uns das größere Schaf ist, trabe ich weiter.

Ich folge einem Waldpfad, der hinter einem Nebengebäude vorbeiführt. Das mag ich gar nicht, hinterrücks in besiedeltem Gebiet aufzutauchen. Denn groß ist mein Respekt vor freilaufenden Hofhunden. Nach ein paar Kilometer führt mich der Wegweiser auf einen sprichwörtlichen Holzweg. Der endet nämlich nach wenigen Metern im Dickicht. Dank des Tracks auf meiner Uhr finde ich mich kurze Zeit später auf dem richtigen Weg wieder. Im Laufe des Tages werden sich solche »Bonus-Meter« auf rund 3 Kilometer summieren.

St. Stefan im Rosental liegt hinter mir und der erste nennenswerte Anstieg steht unmittelbar bevor. Ich erspähe hoch oben in den Weinbergen eine Kapelle. Ich laufe die Steigung locker und langsam aufwärts. Die Energie will bei einem ultralangen Lauf mit Bedacht eingesetzt werden.

Apropos Energie: Mein Fettverbrennungsmotor benötigt regelmäßig Treibstoff. Nach 8 Kilometer mache ich daher kurz Halt, verstaue bei dieser Gelegenheit die Stirnlampe im Rucksack und spüle mir ein kohlenhydratreiches Gel mit reichlich Wasser in den Magen.

Leider laufe ich nach wie vor fast ausschließlich auf asphaltierten Straßen, sodass ich erste Zweifel an der getroffenen Schuhwahl habe. Ich trage den Inov8 Trailtalon 290, einen für Ultrastrecken konzipierten Trail-Schuh.

Der Sonnenaufgang ist ein großartiges Naturschauspiel. Ein Klapotetz im Vordergrund, aus dem Talboden aufsteigende Nebelschwaden, dazu der blaue Himmel und das Morgenrot verleitet mich zu einem Fotostopp. Zahlreiche weitere werden heute noch folgen. Entlang des Saßtal-Kammweges geht´s sehr wellig dahin. Also Riedel obi, Riedel aufi, wie es so schön im südsteirischen Dialekt heißt. Ich erhasche nach Norden blickend eine wunderbare Sicht auf die Kapelle von Glojach. Der Grabenlandtrail führt direkt an ihr vorbei. Harter Tobak zu wissen, dass es bis dorthin noch rund 63 Kilometer sind. Aber im Moment ich bin guter Dinge. Die Temperaturen steigen, die Aussicht ist berauschend und der Körper signalisiert unbändige Lauffreude.

Nach 15 Kilometer habe ich Jagerberg erreicht. Hier finde ich einen Trinkwasserbrunnen vor und fülle meine Flüssigkeitsvorräte auf. Es geht dem Schlegelberg hoch. Entlang des Kammweges laufe ich weiter südwärts. Immer wieder treffe ich auf eine der 22 Infotafeln, die entlang des Grabenlandtrails über Wissenswertes der jeweiligen Region berichten. Ich kreuze den offenbar ebenfalls gut ausgeschilderten Wein- und Wasser-Weg. Ich bin mit der Aussicht auf ein gutes Glas Weißburgunder kurz verleitet, dem Pfeil Richtung Wein zu folgen. Aber erstens ist es für Alkohol noch viel zu früh und vielleicht treffe ich auch nur auf Wasser. Das habe ich selbst dabei. Nach einem kurzen Zwiegespräch bleibe ich dem Grabenlandtrail treu.

Endlich wird der Anteil an Forst-, Wiesen- und Schotterwegen höher. Auf Waldwegen liegt teils zentimeterhohes Laub, was für einen gedämpften Fußaufsatz sorgt und es herrlich unter den Laufschuhen rascheln lässt. Als ich einen Hohlweg bergab laufe, vernehme ich im Augenwinkel ein Tier mit Fell und buschigem Schwanz. Leider verschwindet es sofort im Unterholz. Ich meine, einen Rotfuchs gesehen zu haben.

Ein emotionales Highlight ist zweifelsohne der Kreuzweg in Höfla. Auf gut zwei Kilometer erzählen entlang eines Waldweges 14 liebevoll gestaltete und penibel gepflegte Stationen den Leidensweg Jesus. Demütig und dankbar dafür, dass meine Familie gesund ist und wir krisensichere Jobs haben, setze ich mit Bedacht meine deutlich verlangsamten Laufschritte.

Ich bin in Weinburg am Saßbach angekommen. Die Strecke führt am Schloss Weinburg vorbei. Urkundlich wurde das auf einer Anhöhe in der Murebene errichtete Schloss erstmals im Jahr 1278 erwähnt.

Auf Wiesen- und Feldwegen nähere ich mich Mureck, dem südlichsten Punkt des heutigen Tages. Gedankenverloren trabe ich dahin. Gut, dass das Vibrieren meiner Uhr mich darauf hinweist, vom richtigen Weg abgekommen zu sein. Nach der Ölmühle Sixt bin ich falsch abgebogen. Ich nutze die Gelegenheit, um meine verschwitzte Oberbekleidung gegen ein Kurzarm-Shirt zu wechseln. Auch die Haube weicht einer Cap. Die durchnässten Klamotten wandern in den Rucksack.

Ich trabe zur falsch genommenen Abzweigung zurück, quere den Saßbach und laufe an einer Teichanlage vorbei. Die Namensgebung der Teiche entlockt mir ein Schmunzeln. Mondteich, Sixtlacke und Apolloteich heißen sie. Mittlerweile liegen 35 Kilometer hinter mir. Meine Beine fühlen sich noch recht frisch an. Zeitlich bin ich mit 4:08 Stunden voll im Plan.

Die Stadtgemeinde Mureck ist erreicht. Unmittelbar an der Strecke liegt die Bäckerei Wisiak. Ich nutze die Gelegenheit zur Einkehr und gönne mir einen »coffee to go run«, dazu ein schmackhaftes Topfentascherl. Auch stilles Mineralwasser ist im Angebot, sodass ich mich nach der kurzen Kaffeepause mit gutgefüllten Softflasks auf den weiteren Weg machen kann. Ich treffe auf den Fluss Mur. Auf der gegenüberliegenden Uferseite ist slowenisches Staatsgebiet. Im Ufergehölz führt der Grabenlandtrail für ungefähr 2,5 Kilometer entgegen der Fließrichtung Richtung Westen. Schotterwege wechseln sich hier im Auwald der Mur mit Singletrails ab. Eine Übersichtstafel informiert über die hier heimischen Gehölze.

Ich bin bei der Einmündung des Schwarzaubaches in die Mur angelangt. Ich erinnere mich zurück, als ich die nördliche Schleife des Grabenlandtrails gelaufen bin und am Schwarzau-Ursprung Halt gemacht habe. In nördlicher Richtung folge ich nun für viele Kilometer den Verlauf des Schwarzaubaches. Eine in die Jahre gekommene Holzbrücke ist zu überlaufen. Einige Bretter sind schon morsch und große Lücken klaffen auf. Eine Infotafel in der Nähe von Murfeld ist dem Schwarzaubach und dem Grabenland gewidmet. Darauf ist unter anderem zu lesen, dass das Grabenland ein uraltes Kulturland und eine jahrhundertealte Bezeichnung für das Gebiet zwischen Grazer Feld und Radkersburg ist, welches zur Mur hin entwässert wird. Auch über die Schwarzau steht allerhand Wissenswertes auf der Schautafel. Nur selten weicht der Grabenlandtrail vom Schwarzaubach ab. Ich kann mich nach wie vor am bunten Blättermeer kaum satt sehen.

Kilometer 50 ist erreicht. Ich bin seit gut 6 Stunden unterwegs. Vor Pichla ist der Wanderweg der Ackernutzung zum Opfer gefallen. Hier muss ich einen kleinen Umweg in Kauf nehmen. Ein Schild gibt zu erkennen, dass grundsätzlich ein Betretungsverbot besteht. Nutzer des Grabenlandtrails haben das Privileg, vom Verbot ausgenommen zu sein. Auch Bewohner der KG Pichla dürfen hier lang. Alle anderen offenbar nicht.

Der Weg führt mich durch Perbersdorf und Lipsch. Mittlerweile sind meine Flüssigkeitsreserven aufgebraucht. Ich weiß zwar, dass mich in Wolfsberg im Schwarzautal ein Lebensmittelmarkt erwartet, aber bis dorthin sind es noch einige Kilometer. Ich erfrage von einer hilfsbereiten Person, dass es - unweit der Strecke - einen Trinkwasserbrunnen gibt. Diese paar hundert Meter Umweg nehme ich gerne in Kauf. Gut hydriert mache ich mich auf, um die verbleibenden 23 Kilometer hinter mich zu bringen.

Was mir in Pichla noch erlaubt war, scheint jetzt verboten zu sein. Seit 60 Kilometer laufe ich auf dem Grabenlandtrail und nun versperrt mir ein großes Eisengittertor den Zutritt auf eine dahinterliegende Wiese, über die aber offensichtlich der Grabenlandtrail weiterführt. Am Tor ist ein Schild mit dem Hinweis »Privatweg! Durchgang verboten!« montiert.

Ich möchte gerne jemanden fragen, wie ich diesen Streckenabschnitt am besten umlaufen kann. Aber niemand ist weit und breit zu sehen. Ich prüfe vorsichtig, ob das Eisentor versperrt ist. Nein, ist es nicht. Das Tor ließe sich öffnen. Aber was tun? Ich bin seit über 7 Stunden auf den Beinen. Mein Gehirn arbeitet im reduzierten Modus. Ich entschließe mich, meinen Lauf auf der Originalstrecke fortzusetzen. Ich nehme mir vor, gleich morgen dem Grundeigentümer eine Nachricht senden, ihm die Situation zu schildern und mich für mein Verhalten zu entschuldigen. Ebenso werde ich der Gemeinde vorschlagen, einen alternativen Weg zu beschildern.

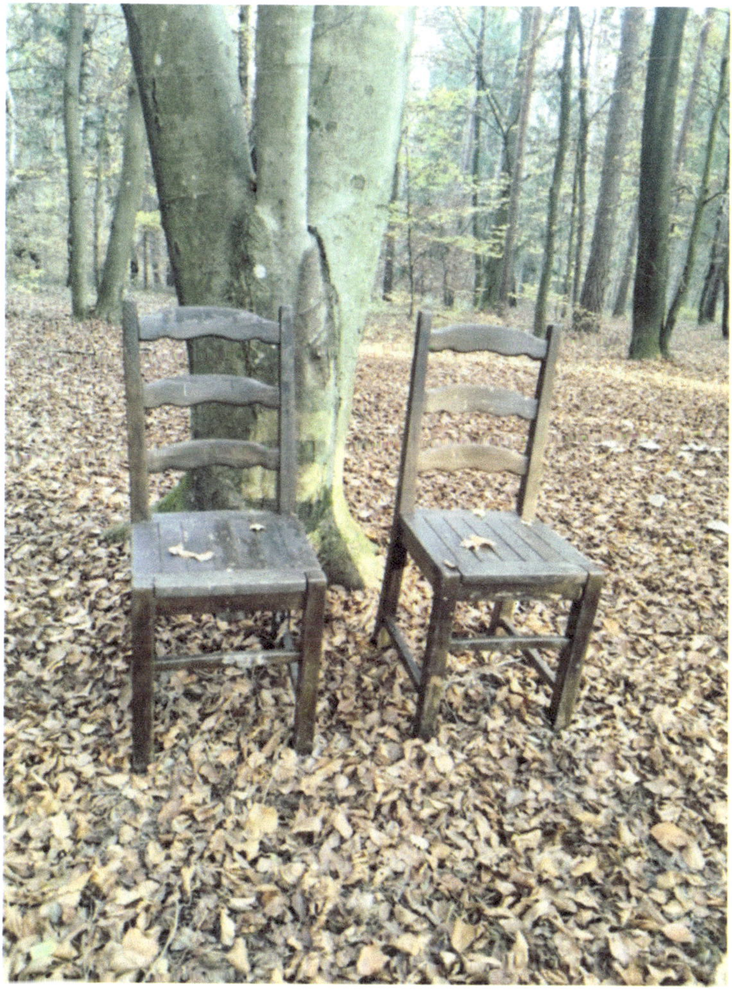

»2 Stühle mitten im Wald«

Ein mäßig steiler Waldpfad führt nach Matzelsdorf hoch. Das Gelände wird zunehmend kupiert und so summieren sich die Höhenmeter. Mitten durch den Wald, aber ganz ausgezeichnet markiert, verläuft der Trail hinab nach Wolfsberg im Schwarzautal. Auf das Lebensmittelgeschäft bzw. auf die Semmel mit Salami und Käse freue ich mich seit geraumer Zeit. Dazu trinke ich eine Cola. Mit stillem Mineralwasser und einem Gatorade fülle ich meine Trinkflaschen. Auch was Süßes darf nicht fehlen.

Nach einer 10-minütigen Verpflegungspause fühle ich mich für den finalen Streckenabschnitt bestens gerüstet.

Steil geht es den Kogelweg nach oben. Am Kamm angelangt, ist es windig und mir wird kalt. Ein neuerlicher Kleiderwechsel ist angesagt. Ich streife mir ein wärmendes Langarmshirt über. Weitere wunderbare Kilometer über Waldwege folgen. Mittendrinnen hat jemand zwei Stühle aufgestellt.

Wer mich kennt weiß jedoch, dass ich es liebe, alleine zu laufen. Daher hätte ein Sessel gereicht. Aber für eine Pause ist jetzt ohnehin nicht die Zeit! Kilometer 72 ist erreicht. Seit 9 Stunden und 22 Minuten bin ich auf den Beinen. Ich habe einen guten Blick auf die Glojacher Kapelle, mein nächstes und zugleich letztes mentales Zwischenziel.

Es geht mir nach wie vor recht gut. Klar zwickt es mal hier und mal da, aber nennenswerte Beschwerden habe ich nicht. Der Weg führt zuerst über Stufen und in weiterer Folge quer über eine Wiese recht steil nach oben. Ich wechsle in den Gehschritt. Ich bin bei der Dreifaltigkeitskapelle in Glojach angekommen. Ich halte kurz inne, genieße die wunderbare Aussicht und laufe dann über Wiesenpfade, Waldwege und Gemeindestraßen in den Talboden von Tagensdorf.

Es wird dämmrig, als ich an einem Wildgatter entlang die letzten Höhenmeter des Tages abwärts trabe. Ich erblicke bereits den Kirchturm von Kirchbach im Sonnenuntergang. Noch 4 Kilometer sind es bis dorthin! Ich mache in Maierhofen einen letzten Stopp, um die Stirnlampe wieder in Betrieb zu nehmen. Es ginge zwar noch ohne künstliches Licht, aber ich will nicht nur selbst gute

Sicht haben, sondern in den Dämmerungsstunden vor allem von Mitmenschen, Auto- und Radfahrern gut gesehen werden! Parallel zum Zerlachbaches laufe ich auf einem breiten Begleitweg auf mein Ziel zu.

Nach 10 Stunden und 57 Minuten bin ich in Kirchbach an jenem Punkt angelangt, an dem ich die nördliche Schleife über Frannach, Allerheiligen bei Wildon nach Fernitz-Mellach fortgesetzt habe. Knapp 83 Kilometer legte ich heute zurück.

In zwei Etappen bin ich den gesamten Grabenlandtrail belaufen und habe damit ein weiteres, mir wichtiges Projekt, erfolgreich abgeschlossen.

17: Who let the dogs out?

Von Hunden und deren Halter

Wer häufig auf Wiesen- und Feldwegen seine Laufkilometer abspult, kommt notgedrungen auch mit Hunden und deren Hundehalter in Kontakt.

Früher hatte ich große Angst vor Hunden. Als kleiner Junge wurde ich von einem Bernhardiner einen Hügel runter gejagt. Klar, er wollte nur spielen. Und ich wollte nur unbehelligt meines Weges gehen. Es dauerte dann doch ein paar Lebensjahrzehnte, bis ich die Angst vor Hunden ablegen konnte. Dabei kam mir mein Job zu Hilfe. Ich hatte oft auf entlegenen Gehöften Erhebungen durchzuführen. Fast immer traf ich auf Hofhunde. Es war eine erfolgreiche Therapie.

Mittlerweile liebe ich die Vierbeiner über alles. Viele tolle Erfahrungen mit ihnen haben mich davon überzeugt, dass Tiere ohnehin die besseren Menschen sind. Und vor allem gehört jedes Tier mit Respekt behandelt.

Zurück zu meinen Begegnungen mit den besten Freunden des Menschen. Sie unterscheiden sich grundlegend. Daher habe ich eine Kategorisierung vorgenommen. Die folgende Auflistung hat keinen einen Anspruch auf Vollständigkeit, spiegelt lediglich meine persönlichen Erfahrungen und meine Interpretationen wieder und darf gerne mit einer gehörigen Portion Humor betrachtet werden.

»abgelenkter Hund«

Wäre ich ein Hund, würde ich mir vermutlich diese Art der Erziehung, basierend auf kulinarische Genüsse, wünschen. Sobald ich aus der Ferne wahrgenommen werde, wird der Hund zur Seite gerufen. Hundehalter und Hund blicken in die mir abgewandte Himmelsrichtung und der Vierbeiner wird in kurzen Intervallen mit allerlei Leckereien abgelenkt.

Nicht selten nehme ich ein »Brav ist er!« wahr. Ich nehme an, der Vierbeiner ist damit gemeint. Der Plan geht auf; ich werde ignoriert. Der Hund selbst wird am Ende des Tages wohl völlig überzuckert sein.

»unsicherer Hundehalter«

Das ist eine Kombination aus Hund und Hundehalter, die mir nach wie vor Sorgen bereitet. Wehe, die Leine entspricht nicht der Qualitätsnorm des TÜV. Hier hängt meine Gesundheit sprichwörtlich am seidenen Faden.

Der Hund, häufig muskulärer als der Hundehalter, wird ohnehin schon an kurzer, straffer Leine geführt. Tauche ich nun in Sichtweite auf, wird die Leine extra noch nachgefasst, weitere zwei-, dreimal um das Handgelenk gewickelt und extrem verkrampft gehalten.

Man muss kein Hellseher sein um zu erahnen, was zeitnah passieren wird. Sobald ich näherkomme, stemmt sich der Hund mit breit gestellten Hinterbeinen gegen die Leine, knurrt, kläfft und fletscht seine Zähne.

Der Hundehalter hält mit aller Kraft dagegen. Er hat einen ähnlich hochroten Kopf wie ich nach einem intensiven Intervalltraining. Auf Smalltalk wird gerne verzichtet. Die Begegnung soll bewusst nicht von langer Dauer sein.

»ausgeglichener Hund«

Zum Glück gibt es auch tiefenentspannte Hunde. Der Vierbeiner ist in diesem Fall ein Spiegelbild seines Hundehalters. Eine freundliche Begrüßung ist selbstverständlich. Der Hund schnuppert völlig stressfrei entlang des Weges und genießt in vollen Zügen sein »Gassi gehen«.

Ich erinnere mich an eine Situation zurück, die ich vor ein paar Jahren erlebt habe. Auf einem schmalen Feldweg rast ein Dobermann auf mich zu. Hundehalter ist weit und breit keiner zu sehen. Ich stehe da wie angewurzelt, das Herz schlägt mir bis zum Hals.

Während ich meinen inneren Frieden schließe, rast der Vierbeiner an mir vorbei, ohne mir einen Funken Beachtung zu schenken. Ich war ihm völlig egal. Der Hund wollte – so wie ich – nur laufen und die Natur genießen. Zudem hat der Hund einen Maulkorb getragen. Meine Panik war also völlig unbegründet. Kurze Zeit später kam auch der Hundehalter des Weges.

»gehörloser Hund«

Ich laufe auf einem Feldweg dem Vierbeiner namens Ferdinand entgegen. Warum ich seinen Namen kenne? Der Hundehalter befiehlt mit strenger Stimme, dass besagter Ferdinand zu ihm kommen soll: »Ferdinand! Komm! Koooooommmmmm! Ferdinand, kommst du jetzt endlich her!«. Jedoch kommt der schlaue Hund just in dem Augenblick, als Herrchen in die Hosentasche greift und nach einem Leckerli sucht. Der Hundehalter hat das Verhalten seines vierbeinigen Freundes nicht so recht durchschaut. Denn im Grunde wird Ferdinand für seinen Ungehorsam belohnt.

Weiter geht es mit der Kommunikation zwischen Hund und Hundehalter. Nun soll der arme Ferdinand auch noch sitzen. »Sitz! Siiiiiitz! Wirst du dich jetzt hinsetzen!«, brüllt der Hundehalter. Ich denke tatsächlich kurz darüber nach, ob ich gemeint bin. Vielleicht soll ja ich mich hinsetzen. Denn Ferdinand fühlt sich nicht angesprochen. Aber der Zaubertrick wirkt auch diesmal. Ein Griff in die Hosentasche und der gehorsame Ferdinand sitzt.

Ich muss schmunzeln. Im Grunde sind alle zufrieden. Ferdinand fühlt sich in seinem Verhalten bestätigt und erntet die Belohnung. Der Hundehalter fühlt sich als ernst genommener Rudelführer. Und ich kann ungehindert meine Wege laufen und habe eine humorvolle Anekdote zu erzählen.

»klischeebehafteter Hund«

Dackel, so heißt es, seien bissig. Diese Behauptung ist nicht mehr als ein Klischee! Da ist dieser schwarze Dackel am Sammamish River Trail. Er marschiert stramm an der Leine seines Frauchens. Als ich im angemessenen Abstand an den Beiden vorbeilaufen möchte, wird plötzlich der Beschützerinstinkt des Vierbeiners geweckt. Der kleine Racker macht an der Leine einen Satz in meine Richtung und beißt zu!

Zum Glück trifft er nur die Sohle meines Laufschuhs. Die Hundehalterin ist geschockt und nimmt instinktiv den Hund mit beiden Händen hoch. Stolz, das Frauchen gerettet zu haben und bestärkt durch die ihm sofort zuteil gewordene Zuneigung starrt er mich feindselig an. Ich selbst bin erleichtert, dass er mir nicht ins Bein gebissen hat. Niemand braucht eine klaffende Wunde samt Tetanus-Spritze und Laufpause, bloß, weil sich ein Dackel eines Klischees bedient.

Abschließend möchte ich noch einmal betonen, dass unangenehme Begegnungen mit Hunden und deren Hundehalter wirklich die große Ausnahme darstellen.

18: Zurück auf Asphalt

Kleine Zeitung Graz Marathon

Der Graz-Marathon steht im Jahr 2018 vor einem Jubiläum! Zum 25. Mal findet der Kleine Zeitung Graz Marathon bereits statt. Grund genug, die Trail-Schuhe gegen Straßenlaufschuhe zu tauschen und beim Marathon in der Landeshauptstadt der Steiermark an den Start zu gehen.

Bereits drei Tage zuvor wirft das Jubiläum seinen Schatten voraus. Denn schon Donnerstag am Abend besteht die Möglichkeit, im Zuge des »Late Night - Shopping beim Traditions-Kaufhaus Kastner&Öhler« seine Startunterlagen abzuholen. Der frühe Vogel fängt nicht nur den Wurm, sondern beim Graz Marathon auch ein Glas Prosecco sowie das Jubiläums-Buff-Schlauchtuch. Diese Boni gibt es allerdings nur am Donnerstag. Aber auch Freitag oder Samstag kann noch nachgenannt bzw. die Startnummer abgeholt werden.

Auch eine kleine Marathon-Messe findet statt. Neben Lauf-Veranstalter haben einige namhafte Sportartikel-Hersteller ihr Zelt aufgeschlagen.

Im Startpaket sind Rabattangebote, einiges Lesenswertes sowie ein paar Produktproben vorhanden. Der Startbeutel selbst dient - mit Namen und Startnummer beschriftet - als Kleiderbeutel. Auch ein offizielles Marathon-Laufshirt gibt es. Der Preis liegt bei 45 Euro. Hat man so wie ich die K&Ö-Kundenkarte, gibt es das Leibchen kostenlos.

Man muss in Graz nicht zwingend Marathon laufen. Neben zahlreichen Kinderläufen und dem Familienlauf stehen ein Viertel-, Halb- oder der Staffelmarathon zur Auswahl. Ein City-Run über 5 Kilometer kann einzeln oder im Team absolviert werden. Auch die Nordic Walker kommen auf ihre Kosten. Außerdem werden in diesem Jahr über die Halbmarathon-Distanz die österreichischen und steirischen Meisterschaften ausgetragen.

Ich werde mit rund 700 weiteren Teilnehmern über die klassische Marathondistanz von 42,195 Kilometer an den Start gehen. Das Zentrum aller Laufbewerbe ist der Innenstadtbereich rund um die Grazer Oper.

Der Transponder für die Zeitnehmung ist in die Startnummer integriert. So erspart man sich einen zusätzlichen Chip. Das Fotoservice übernimmt Foto Viertbauer. Ein paar Tage nach dem Laufevent können die Fotos online vorbegutachtet und bei Gefallen gekauft werden. Mir persönlich ist der Preis von 39 Euro deutlich zu hoch. Zumal an lediglich zwei Abschnitten Fotos »geschossen« werden und leider kaum Wert auf einen markanten, städtebezogenen Hintergrund gelegt wird.

Der City-Run, der Nordic Walk, der Familienlauf und die Kinderbewerbe finden am Vortag des Marathons statt. Beim Odlo-Juniormarathon steht auch mein Sohn Sebastian am Start. Ihm steht eine 1.000 Meter lange Laufstrecke bevor.

Die erste sportliche Entscheidung ist jedoch den Maskottchen vorbehalten. Ferdi Flott fordert Kollegen wie Sparefroh, Obi Biber, s´Börserl oder auch Lollipop zum 60 Meter langen Maskottchen-Sprint heraus. Die Nenngebühr bzw. Spenden der teilnehmenden Unternehmen kommen einem karitativen Zweck zu Gute.

Im Anschluss starten die Kleinsten. Gerade beim Bambini-Sprint ist die Sicherheit das oberste Gebot. Daher erhalten die Kinder als auch die Erziehungsberechtigten dieselbe Startnummer, mit der sie im Anschluss an den 120 Meter langen Lauf ihre Sprösslinge wieder abholen können.

Nun sind die Junioren an der Reihe. Sebastian ist sichtlich aufgeregt. Bei einem so großen Event war er noch nicht am Start. Ein Lauf mitten in der Landeshauptstadt, dazu die Moderation, die vielen Zuschauer und die große Anzahl der teilnehmenden Kinder schüchtern ihn ein wenig ein.

Gemeinsam mit 200 Gleichaltrigen geht es für Sebastian auf die Strecke. Nach 4 Minuten und 59 Sekunden ist er auch schon wieder im Ziel und empfängt sichtlich stolz seine verdiente Erinnerungsmedaille.

Am nächsten Morgen wird es für mich ernst. Es ist schon 3 Jahre her, dass ich an einem flachen Stadtmarathon teilgenommen habe. In den letzten beiden Jahren war ich ausschließlich auf Berg- und Landschaftsmarathons oder Ultra-Trails mit teils vielen hundert Höhenmetern unterwegs. Mein Ziel für heute ist es, deutlich unter 4 Stunden zu laufen.

Ursprünglich spekulierte ich mit einer Zeit um 3:30. Dass dieses Vorhaben unrealistisch ist, haben jedoch die Testläufe der letzten beiden Wochen gezeigt. Ich kann nicht über 40 Kilometer weit jeden Kilometer unter 5 Minuten laufen. Dazu fehlt mir die durch Tempoläufe antrainierte Tempohärte. Eine Endzeit rund um 3:40 Stunden würde mich zufrieden stimmen.

Mein Plan ist dennoch, im Windschatten des Pacemakers für die Endzeit von 3 Stunden und 30 Minuten zu starten. Schlau ist dieses Vorhaben nicht. Ich möchte jedoch austesten, wie lange ich im Stande bin, das Tempo zu halten. Dass diese Strategie schmerzhafter und letztendlich auch langsamer sein wird als eine von Anfang an konstante gelaufene, ein paar Sekunden gedrosselte Geschwindigkeit, ist mir bewusst.

Gefrühstückt wird auf bewährte Weise. Die Startnummer ist zugleich ein Gratis-Ticket für den öffentlichen Verkehr. So reise ich entspannt mit Bus und Straßenbahn in die Grazer Innenstadt. Der Frühnebel lichtet sich und es verspricht ein sonniger, warmer Spätsommertag zu werden.

Ich erledige die letzten Handgriffe und bestücke meine Laufweste mit ein paar Gels, einer Tüte Salztabletten und meinem Smartphone. Dann gebe ich meinen Kleiderbeutel ab und laufe mich ein paar Minuten warm.

Um 09:45 Uhr öffnet der Startblock 1, der den Marathon-Teilnehmern vorbehalten ist. Der Halb- bzw. Viertelmarathon wird zeitverzögert gestartet. Unmittelbar vor Block 1 haben sich die Eliteläufer und die Teilnehmer an den Meisterschaften im Halbmarathon positioniert. Ich habe meinen Platz unmittelbar neben dem Pacemaker, markiert mit einem Luftballon und der Aufschrift 3:30, gefunden. Die Moderation stellt die Eliteläufer vor. Im Anschluss begrüßt ein politischer Vertreter die Teilnehmer und Zuschauer, dankt dem Organisationsteam und gibt den Startschuss.

Wir laufen am Opernring und Joanneumring in Richtung Westen. Rund um den Pacemaker hat sich eine große Gruppe formiert. Ich bin es nicht gewohnt, im Rudel zu laufen. Es erfordert Konzentration, niemanden auf die Füße zu treten. Vorbei an der Stadthalle Graz führt die Strecke zum südlichen Wendepunkt. Die in Führung liegenden Athleten befinden sich bereits auf der Gegengerade.

Faszinierend, mit welch scheinbaren Leichtigkeit diese Läufer förmlich über die Strecke fliegen. Im Bereich der Merkur Arena machen wir kehrt. Hier trägt der Fußballklub SK Sturm Graz seine Heimspiele aus.

Der Pacemaker läuft ein konstant gleichmäßiges Tempo. Ich gewöhne mich an die Situation, inmitten einer Läufertraube zu sein. Nach rund 5 Kilometer ist der erste Checkpoint erreicht. Wasser, isotonisches Getränk und Bananen werden angeboten. Es herrscht ein für mich ungewohntes Gedränge an der Verpflegungsstelle. Solche Situationen kenne ich von Bergmarathons mit vergleichsweise geringer Teilnehmerzahl nicht.

Ich »erringe« mir einen Becher Wasser und trinke ihn im Gehschritt aus. Der Pacemaker ist mir inzwischen entwischt. Wer hier nicht im Laufen trinkt, muss abreißen lassen. Ich habe einige Meter Rückstand. Es kostet überdurchschnittlich viel Energie, aufzuschließen. Ein paar hundert Meter später bin ich wieder dran.

Die Strecke führt über die Schießstatt- und Schönaugasse weiter in die Neuholdaugasse. Linkerhand befindet sich nun der Städtische Augarten. Ich erinnere mich freudig zurück, als die Kleinsten ihre Kinderläufe noch hier im Augartenpark ausgetragen haben und mein Sohn das erste Mal am Start einer Laufveranstaltung gewesen ist. Wie die Zeit vergeht.

Das Publikumsinteresse ist hier mäßig. Entlang der Pestalozzistraße hat man dafür einen wunderbaren Ausblick auf den Schlossberg. Der Kurs quert den Fluss Mur. Über den Grieskai und Lendkai geht es nun dem nördlichen Wendepunkt entgegen. Hier säumen wiederum sehr viele Zuschauer die Laufstrecke. Es ist neben der Sackstraße, Herrengasse und Opernring bestimmt der attraktivste Streckenabschnitt.

Man erhascht Blicke auf das Kunsthaus und auf die Murinsel. Rechter Hand setzt sich wieder das Wahrzeichen der Stadt, der Schlossberg mit dem Uhrturm, gekonnt in Szene. Beim nächsten Checkpoint wiederholt sich die Situation. Ich trinke einen Becher Wasser, nehme eines meiner Gels zu mir und verliere abermals wertvolle Meter auf die Gruppe rund um den Pacemaker.

Gute 50 Meter fehlen mir diesmal auf den Träger des grünen Luftballons. Ich kämpfe mich wieder ran und habe ein paar hundert Meter weiter wieder aufgeschlossen.

Die Durchgangszeit bei Kilometer 10 liegt bei 50 Minuten und 15 Sekunden. Der Pacemaker läuft - so rechne ich hoch – ein klein wenig zu langsam. Und tatsächlich wird er 45 Sekunden zu spät das Ziel erreichen.

Mein Tempomacher hat den Luftballon verloren. Fortan muss ich mich an seiner markanten Kappe orientieren. Es geht über die Keplerbrücke auf die andere Seite der Mur. Hier steppt der Bär! Hunderte Zuschauer stehen rund um die Brücke Spalier. Der Radiosender Antenne Steiermark sorgt für stimmungsvolle Musik und lautstarke Moderation.

Es geht auf der Körösistraße weiter nordwärts. Bei Kilometer 13 ist die nächste Labestelle positioniert. Es ist mittlerweile recht warm und so achte ich weiter auf eine entsprechende Flüssigkeitszufuhr. Teils rücksichtslos wird an den Tischen gerempelt. Eine Läuferin hakt bei meinem Bein ein, strauchelt. Sie und ich können mit Mühe einen Sturz verhindern. Der Schreck ist ihr ins Gesicht geschrieben, als sie sich entschuldigt.

Ich verliere wieder den Anschluss. Ich finde es immer mühevoller, mich wieder ran zu kämpfen. Aber wenigstens bis zur Halbmarathonmarke möchte ich am Tempomacher dranbleiben und so mache ich langsam Meter um Meter gut. Nach 15 Kilometer ist die Wende Nord erreicht. Ich bin wieder am Pulk dran und die Strecke geht der Innenstadt entgegen.

Zuvor stellt sich die schier endlose Gerade der Theodor-Körner-Straße in den Weg. Über die Wickenburggasse führt uns die Laufstrecke wieder zur Keplerbrücke. Diesmal wird aber nicht die Mur gequert, sondern wir laufen parallel den Kaiser-Franz-Josef-Kai entlang. Die Innenstadt ist erreicht. Das Zuschauerinteresse ist enorm.

Mit der Schmiedgasse, dem Hauptplatz und der Herrengasse werden sehenswerte Abschnitte inmitten des Stadtzentrums von Graz belaufen. Nun schallt es aus den Lautsprechern und weisen Markierungen darauf hin, dass wir Marathonteilnehmer uns rechts halten und auf die zweite Schleife müssen.

Die Starter des Halbmarathons verlassen die Strecke und das Läuferfeld lichtet sich. Mein erstes Minimalziel, jedenfalls bis zur Halbzeit im 5er-Schnitt zu laufen, habe ich geschafft. Ich bin Realist genug um zu wissen, dass ich dieses Tempo keine weiteren 21 Kilometer durchhalten kann.

Beim Checkpoint nahe dem Ostbahnhof nehme ein weiteres Gel zu mir. Mittlerweile sind 26 Kilometer gelaufen. Ich schaffe es nicht, noch einmal die Lücke zum Pacemaker zu schließen.

Nun wird es richtig hart. Die Antenne-Bühne auf der Keplerbrücke sorgt zwar für einen Push, der jedoch nicht lange anhält. Ich werde merklich langsamer. Endlich ist die Wendemarke Nord erreicht. Noch 6 lange Kilometer warten auf meine geschundenen Beine. Die lange Gerade der Theodor-Körner-Straße verfluche ich nun innerlich. Dass man hier einen Blick auf den Schlossberg hat, entschädigt mich im Augenblick nicht für die Strapazen. Ein weiteres Gel muss für Energie sorgen. Nach einigen Metern im Gehschritt trabe ich wieder an. Es muss zu Ende gebracht werden. Die Beine schmerzen.

Der Hauptplatz und die Herrengasse sind erreicht. Es kündigt sich ein Krampf im rechten Oberschenkel an. Endlich bin ich auf der Zielgeraden. Scheußlich, wenn man kurz vor dem Zielstrich vom Krampf ausgebremst wird. Ich muss anhalten und mit schmerzverzerrten Gesicht den hinteren Oberschenkelmuskel dehnen. Dann laufe ich nach 3 Stunden, 38 Minuten und 58 Sekunden über die Ziellinie.

Ich erhalte eine schön gefertigte Finisher-Medaille und bin mit der Zeit letztendlich zufrieden. Meine Liebe gilt zwar den Berg- und Landschaftsläufen, dennoch werde ich bestimmt wieder mal beim Graz-Marathon an den Start gehen.

19: Wenn die Wahrscheinlichkeit recht behält

Startplatzlotterie für den WSER 2019

Meine Tickets in der Startplatzlotterie haben sich zwar verdoppelt, nicht aber die Wahrscheinlichkeit, gezogen zu werden. Denn was mathematisch Sinn machen würde, wird durch die Anzahl überdurchschnittlich vieler Teilnehmer zunichtegemacht.

Über 20.000 Tickets von insgesamt 5.862 Teilnehmern aus aller Welt warten in der Los-Trommel auf ihren großen Moment. Diesmal sind auch 12 Österreicher mit dabei.

So wie weitere 1.280 Teilnehmer starte ich in diesem Jahr mit zwei Tickets in die Ziehung. Auch die Zahl der »Ersttäter« erreicht mit der Zahl von 3.113 Personen einen neuen Allzeit-Rekord.

Nüchtern betrachtet war von vorne herein klar, was sich nach der rund zweistündigen Verlosung bewahrheitet. Die Chancen auf einen Startplatz lagen im Bereich eines einzigen, winzigen Prozentes. Natürlich haben es wieder ein paar Glückspilze geschafft, mit lediglich einem einzigen Los den Zutritt zum Western States 100 ermöglicht zu bekommen. In meinem Fall hat die Wahrscheinlichkeit recht behalten.

Aber es besteht kein Zweifel daran, dass ich es weiterhin versuchen muss. Ich kann meinen Traum vom WSER nicht einfach zur Seite legen. Zu tief ist mein inneres Verlangen, mich quer durch die Sierra Nevada auf meinen sportlichen Lebenslauf zu begeben und diese Gürtelschnalle nach Hause zu bringen.

Da ich nun zwei Mal in Salzburg beim Mozart 100 am Start gewesen bin, sollen mir im kommenden Jahr die »100 Miles of Istria« als Qualifikationslauf dienen. Ich erwarte mir von diesem Langstreckenlauf nicht nur das Limit für die Lotterie, sondern viele aufregende Kilometer entlang einer landschaftlich wunderschönen Strecke.

20: Aufstehen, Krone richten, weitermachen

Seit Monaten trainiere ich konsequent und strukturiert mit dem Ziel, die 100 Meilen von Istrien erfolgreich zu finishen. Vor drei Wochen stecke ich einen 9-stündigen Trainingslauf über 70 Kilometer ohne Beschwerden weg. Alles läuft nach Plan.

Zwei Tage nach meiner Teilnahme an den Steirischen Meisterschaften im Crosslauf verspüre ich im rechten Sprunggelenk das erste Mal Schmerzen. Ich schiebe die Ursache auf das ungewohnte Terrain. Zum Teil führte die Strecke über sandigen Untergrund.

Die Schmerzen sind nicht schlimm genug, um an eine Laufpause zu denken. Ein Trainingslauf ist wieder relativ beschwerdefrei, der lange Lauf am Wochenende verursacht nach halber Distanz jedoch arge Probleme. Ich laufe trotz Schmerzen mein geplantes Pensum. Vernunft sieht dann doch ein wenig anders aus.

Die Regenerationswoche kommt mir gerade recht. Tempointensivere Läufe am Vorfuß sind relativ schmerzfrei machbar. Läufe bergab und mit Fersenaufsatz tun arg weh. In mir kommen erste Zweifel auf, ob der geplante Ultratrail in Istrien machbar ist. Vor Sportverletzungen bin ich all die vergangenen Jahre verschont geblieben.

Ich vereinbare einen Termin beim Sportmediziner. Die Wartezeit beträgt einige Tage. Ich pausiere. Ich will es nicht wahrhaben, dass mein Körper strauchelt. Einmal versuche ich es noch. Ich plane eine rund 11 Kilometer lange Runde auf Trails in der näheren Umgebung. Bei Halbzeit breche ich den Lauf ab und humple mit stechenden Schmerzen im rechten Sprunggelenk nach Hause. Ich laufe vorerst keinen weiteren Meter.

Der Sportmediziner meines Vertrauens tastet und klopft den Fuß rund um das Sprunggelenk ab, lokalisiert Schmerzpunkte und überweist mich mit Verdacht auf ein Knochenmarködem zur MRT-Untersuchung.

Die bildgebende Magnetresonanztomographie kann zum Unterschied von Röntgenstrahlung neben den Knochen auch Sehnen, Gewebe und auch Flüssigkeitsansammlungen darstellen.

Ein paar Tage später liege ich in der laut klopfenden und hämmernden Röhre. Tags darauf wird im Befund ein hochgradiges Knochenmarködem im rechten Sprungbein bestätigt. Sinngemäß erklärt man mir die Verletzung folgendermaßen:

»Ein Knochenmarködem ist eine vermehrte Wasseransammlung im Knochen. Knochenmarködeme treten häufig im Bereich des Hüft- und Kniegelenks sowie im Sprunggelenk auf. Schmerzen treten zu Beginn vor allem unter Belastung auf. Im weiteren Verlauf der Krankheit kommt es auch zu Ruhe- oder Nachtschmerz.

Die Ursache ist bislang nicht gänzlich geklärt. So können Stoffwechselstörungen Auslöser sein, aber auch Verletzungen wie auch Überlastungen des Gelenks können zum Knochenmarködem führen.

Die konservative Therapie sieht eine Ruhigstellung des betroffenen Gelenks vor. Insbesondere bei starkem Ruheschmerz kann auch eine stationäre Infusionstherapie ins Auge gefasst werden. Schenkt man dem Knochenmarködem zu wenig Beachtung und Zeit zum Ausheilen, können Komplikationen wie die Osteonekrose (Knocheninfarkt) oder eine Stressfraktur (Ermüdungsbruch) auftreten.«

Der Mediziner spricht Klartext. Er fordert von mir eine 6 Wochen lange konsequente Teilentlastung des rechten Fußes ein! Laufen ist verboten, langes Stehen ist tunlichst zu vermeiden. Alternativ darf ich ein wenig schwimmen oder ohne Last am Ergometer treten.

Nach 6 bis 10 Wochen sollte dann ein schmerzfreies Belasten des Fußes möglich sein. Lockere, kurze Läufe sind laut Aussage von Herrn Doktor nach 10 bis 12 Wochen wieder denkbar. Ein MRT über den Verlauf des Heilungsprozesses wird in 4 Monaten angefertigt. Sind zu diesem Zeitpunkt die »weißen Flecken« im Knochen absorbiert, dürfen die Laufumfänge wieder Richtung Marathontraining gesteigert werden.

Die Prognose lässt mich schwer schlucken. Alles ist für den Langstreckenlauf in Istrien gerichtet. Die Grundlagenausdauer passt, die Packliste wie auch der Rennverlauf sind seit Wochen visualisiert und in meinem Kopf abgespeichert.

Zudem ist Laufen für mich nicht bloß Sport. Das Laufen ist in den letzten Jahren zu einer großen Leidenschaft geworden. Laufen ist inzwischen ein wesentlicher Bestandteil meines Lebens, quasi ein Grundnahrungsmittel meiner Seele. Laufen lässt mich meine innere Mitte finden, lässt mich die Gedanken sortieren und ist für mein allgemeines Wohlbefinden immens wichtig.

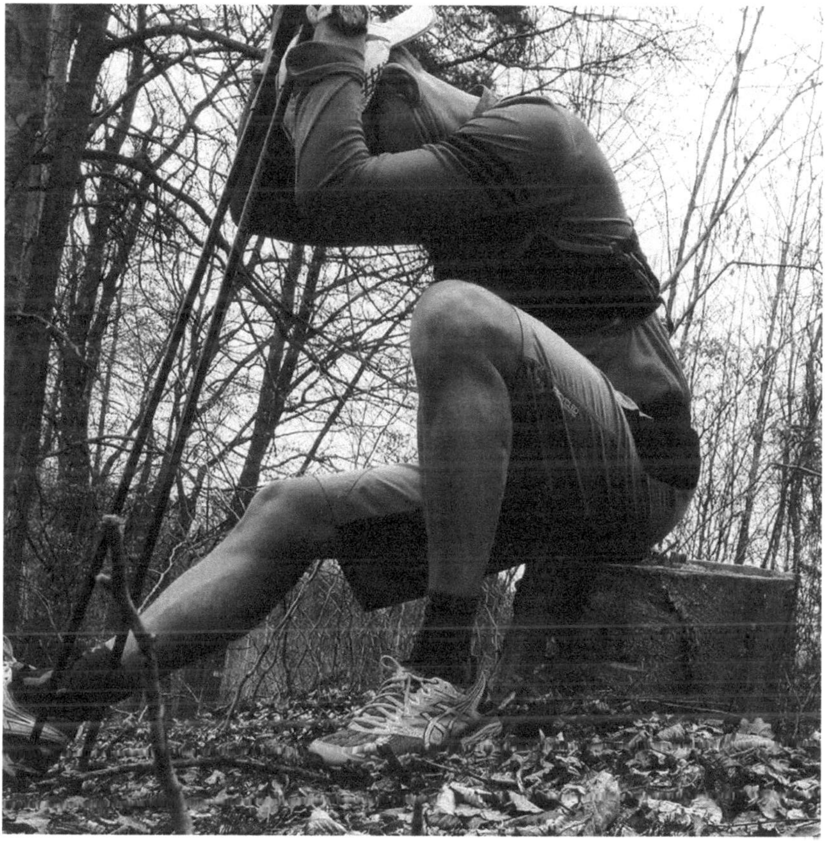

»viele Wochen Laufpause«

Ich akzeptiere mittlerweile die Verletzung. Mit Aquajogging versuche ich, meine Fitness zu konservieren. Die Nennung für die Teilnahme an den 100 Miles of Istria als auch die reservierte Unterkunft ist storniert. Das Wettkampfjahr scheint gelaufen, auch wenn paradoxerweise gar nicht gelaufen werden kann.

Diese verordnete Laufpause beeinflusst leider auch meine Ambitionen, zeitnah für den Start beim Western States 100 zugelassen zu werden. Denn aller Wahrscheinlichkeit nach wird es mir heuer nicht möglich sein, einen Qualifikationslauf ins Ziel zu bringen. Und ohne Qualifikationslauf gibt es auch keine Tickets für die Startplatz-Lotterie.

Zudem gibt es die Regelung, dass die Ticketanzahl bei mehrjährigen Teilnahmen Jahr für Jahr verdoppelt wird. Aktuell halte ich bei 2 Tickets. Bei einer weiteren Teilnahme an der Startplatz-Lotterie verdoppeln sich die Tickets auf 4 Stück. Dadurch erhöht sich von Jahr zu Jahr die Wahrscheinlichkeit, gelost zu werden.

Voraussetzung für eine Verdoppelung der Tickets ist jedoch, dass man ohne jährliche Unterbrechung für die Lotterie zugelassen ist. Versäume ich also die diesjährige Lotterie, verfallen meine bisher gesammelten Tickets und ich muss wieder mit einem einzigen Ticket in den Verlosungsprozess einsteigen.

So kostet mich die Verletzung unter Umständen 3 Jahre auf dem Weg nach Kalifornien.

Mit großer Erleichterung nehme ich im Frühsommer eine Änderung der Teilnahmebedingungen für die Startplatz-Lotterie zur Kenntnis. Es wurde ein sogenannter »Joker« geschaffen. Diesen Trumpf kann man einmalig ausspielen und er schafft die Möglichkeit, ein Jahr zu pausieren, ohne die bisher gesammelten Tickets zu verlieren.

21: Spüre den Berg

Erzberg Run

Die Zeit ohne meine geliebten Läufe rund um den Hühnerberg ist zwar sehr hart, dennoch halte ich die mir aufgetragene Laufpause strikt ein. Zu groß ist die Sorge, dass sich durch einen zu frühen Wiedereinstieg in das Lauftraining das Knochenmarködem hin zum Haarriss oder gar zum Knocheninfarkt verschlimmert. Dann stünde mir nämlich eine noch deutlich längere Abstinenz vom Laufsport bevor.

Damit meine Ausdauer nicht gänzlich den Bach runter geht, bin ich regelmäßig im Schwimmbad zu finden und betreibe sogenanntes »deep water running«. Ich begegne dieser Form der Bewegung sehr voreingenommen. Ich muss jedoch nach wenigen Einheiten eingestehen, dass dieser Sport dem Laufen schon recht nahekommt.

Um mit dem Schwimmgurt um die Hüfte ins Wasser zu steigen, braucht es ein wenig Selbstvertrauen. Denn die Blicke einiger Badegäste sprechen Bände, wenn sich ein erwachsener Mann mit Schwimmhilfe strampelnd statt schwimmend im Becken fortbewegt. Auch am Ergometer verbringe ich viele Stunden und trete ohne Last in die Pedale.

Nach exakt 12 Wochen schnüre ich erstmals wieder die Laufschuhe. Ich laufe rund 3 Kilometer weit. Der Laufschritt ist unsicher und darauf bedacht, den rekonvaleszenten Fuß zu schonen.

Drei Wochen später zeigt ein neuerliches MRT die vollständige Genesung. Vom Sportmediziner erhalte ich grünes Licht, die Umfänge zu steigern. Läufe über zwei, drei und mehr Stunden sind in naher Zukunft wieder möglich. Es dauert jedoch einige Zeit, bis mein Vertrauen in das Sprunggelenk wächst.

Ich bin positiv überrascht, dass ich konditionell nicht allzu viel eingebüßt habe. Bald läuft es wieder so gut, dass ich an einem Wettkampf teilnehmen möchte. Ein nicht alltäglicher Berglauf soll es sein.

Das Event, das sich in den ersten Jahren auf den Erzberglauf beschränkte, bedient mittlerweile ein breites Spektrum von Adrenalinjunkies.

Unter dem Motto »Spüre den Berg!« haben sich die sogenannten Erzberg Adventure Days als größtes Bergsport-Festival Österreichs etabliert.

Bereits am letzten Wochenende kamen die Hindernislauf-Fans auf ihre Kosten. »Dirtruns«, auch als Spartan-Races bekannt, wurden ausgetragen. Auch ein spektakulärer »Vertical Sprint« stand am Programm. Auf einer Streckenlänge von lediglich 180 Metern, waren unfassbare 92 Höhenmeter zu überwinden. Die Strecke wies eine maximale Steigung von 97 Prozent auf. Und auch ein Triathlon der etwas anderen Art lockte unerschrockene Teilnehmer auf den Erzberg. Die Einzeldisziplinen waren Laufen, Klettern und Paragleiten.

Heute geht es nicht ganz so spektakulär zur Sache. Es wird auf den Berg gelaufen, gewalkt oder mit dem Mountainbike hochgefahren.

Schon im Vorfeld wirft die gute Organisation ihren Schatten voraus. So wurden mir vorgestern noch letzte, aktuelle Informationen in meinen Mail-Account zugestellt. Übersichts- und Zeitpläne, aber auch Erklärungen, wie man sich im Notfall zu verhalten hat, habe ich aufmerksam gelesen.

Was die konkrete Streckenführung betrifft, hält sich hier der Veranstalter bedeckt. Es wird lediglich verraten, dass die Streckenlänge rund 13 Kilometer betragen und 600 Höhenmeter aufweisen wird. Eines der Highlights ist das Durchlaufen eines ungefähr 1,2 Kilometer langen, beleuchteten Stollens. Wer mich kennt weiß, dass ich kein Fan von engen Räumen und unterirdischen Gängen bin. Aber spannend klingt es allemal.

Zum Lauf auf den Erzberg reisen wir gemeinsam nach Eisenerz in die Hochsteiermark. Ich finde es großartig, wenn sich meine Wettkämpfe gut mit einem Familienausflug kombinieren lassen.

Während ich Etage um Etage hochlaufe, werden meine Frau und mein Sohn den Erzberg mit dem sogenannten Hauly, einem der größten Schwerlasttransporter der Welt, erkunden.

Der Parkplatz ist am Fuß des Erzberges bei der sogenannten Bohrerschmiede eingerichtet. Lediglich ein paar Minuten Fußweg trennt uns vom Veranstaltungsgelände. Hier findet man alles, was das Läufers Herz begehrt. Umkleiden, Duschen, Toiletten, eine Musikbühne und das Festzelt mit einem großen Speisen- und Getränkeangebot, stehen für die Läufer und Zuschauer bereit.

Flankiert wird der Eingang zum Festivalbereich von zwei riesigen Schwerlasttransportern, die über eine Treppe sogar betreten werden dürfen. Die riesigen Haulys, mit den gut 2,5 Meter hohen Reifen, sind ein begehrter Hintergrund für ein Erinnerungsfoto.

Ich begebe mich zur Abholung der Startunterlagen! Ich sehe es als Privileg, Zugang zum Erzberg zu erhalten. Denn der Erzberg, auf dem seit dem 11. Jahrhundert hauptsächlich Siderit abgebaut und zu Feinerz verarbeitet wird, ist grundsätzlich bergpolizeilich gesperrtes Gebiet. Entsprechend ausformuliert sind die Allgemeinen Geschäftsbedingungen, die unterzeichnet zur Abholung der Startnummer mitzubringen sind. Unter anderem ist in diesem Papier zu lesen, »dass das Aufenthaltsrecht am Berg auf das ausgewiesene Veranstaltungsareal beschränkt ist, der Rücktransport der Läufer vom Berg ausschließlich in den dafür vorgesehenen Shuttle-Bussen zu erfolgen hat und dass eigenmächtiges Betreten des Geländes außerhalb der Veranstaltungszeiten strengstens verboten ist".« Immerhin beläuft oder befährt der Teilnehmer ein aktives Bergbaugebiet, an dem 24 Stunden am Tag, 7 Tage die Woche und 365 Tage im Jahr abgebaut wird. Vorzulegen sind außerdem die Online-Anmeldebestätigung sowie die Kopie eines amtlichen Lichtbildausweises. Für sein Startgeld erhält man neben der Startnummer eine Verpflegung entlang der Strecke, das Ziel-Labepaket, ein Gutscheinheft inklusive Pasta-Bon, eine Finisher-Medaille, einen Kleidersack samt Kleidertransport zum Zielbereich, den Shuttle-Transfer vom Erzberggipfel hinunter zum Festzeltbereich und noch einiges mehr. Die Zeitnehmung erfolgt über den PENTEK-timing Chip.

Spezielle Zielsetzungen habe ich heute keine. Ich erfreue mich daran, wieder laufen zu dürfen. So soll der Erzbergrun ein reiner Genusslauf sein.

Die Temperaturen sind sommerlich warm und die angekündigte Gewitterfront ist noch in weiter Ferne. Daher habe ich im Kleiderbeutel lediglich ein T-Shirt, ein Handtuch und die Windjacke gepackt. Beschriftet mit meiner Startnummer wird der Kleidersack zum Zielbereich gebracht.

Meine Frau und mein Sohn machen sich auf den Weg zum Schaubergwerk, der Sammelstelle für die Hauly-Abenteuerfahrt. Wir werden uns im Anschluss im Festzelt treffen. Insgeheim hoffe ich, meine Familie während ihrer Fahrt am Erzberg zu erspähen. Ich selbst betrete den Startblock und lausche der Moderation. Mit einer standesgemäßen Sprengung erfolgt der Startschuss. Der laute Knall hallt durch das Tal und gemeinsam mit rund 650 weiteren Läufern und etwa 350 Nordic Walkern mache ich mich auf den Weg zum Gipfel des Erzberges.

Auf den ersten 3 Kilometern sind rund 150 Höhenmeter zu überwinden. Den Anstiegen folgen immer wieder flache Trassen, auf denen man sich ein wenig erholen kann. Wunderbare Blicke auf das türkis schimmernde Wasser des sogenannten Schlammteiches belohnen für den vergossenen Schweiß. Es ist eine Freude, hier zu laufen. Ich mache im Laufschritt ein paar Fotos. Auch professionelle Fotografen haben sich am Berg platziert. Zwei Tage später wird man die Fotos im Internet im Kleinformat vorbegutachten und bei Gefallen käuflich erwerben können.

Ich trage Trail-Schuhe, die auf dem meist feinsteinigen Untergrund die richtige Wahl sind. Exponierte Stellen der Strecke sind von Mitarbeiter des Veranstalters abgesichert und verhindern ein »irrtümliches« Verlassen der Strecke. Nach rund 4 Kilometer ist die erste Verpflegestelle eingerichtet. Es sind Wasser, Iso und Bananen zur Labung gerichtet.

Die Laufstrecke führt in einen Stollen. Der Tunnel ist vorerst nicht allzu breit. Leuchtröhren erhellen die Strecke in größeren Abständen. Dazwischen ist die Ausleuchtung jedoch recht dürftig. Teilweise ist es so dunkel, dass man den Untergrund nicht erkennt und in die eine oder andere Schlammpfütze tappt. Mancherorts tropft es von der Decke. Unerwartet taucht ein Skelett im Dunkeln auf und lässt es Angsthasen kalt über den Rücken laufen. Auf den letzten paar hundert Meter ist der Stollen breit ausgebaut und asphaltiert.

Wieder unter freiem Himmel steigt die Strecke nun kontinuierlich an. Immerhin fehlen auf die angekündigten 600 Höhenmeter noch zwei Drittel. Die

Wege werden schmaler und die Serpentinen enger. Die Strapazen werden mit toller Sicht entlohnt. Aus der Ferne sind Kuhglocken zu hören. Zuschauer machen hier nach Schweizer Vorbild damit Stimmung. Sogar mit Livemusik werden wir Läufer wenige Kehren vor dem Gipfel verwöhnt.

Weit ist es nicht mehr! Der Weg wird nun zusehends steiler und mir schwinden allmählich die Kräfte. Aber ich habe auch nur noch zwei Kehren vor mir. Zuschauer säumen den Weg und der Moderator kündigt meine Ankunft an. Schlusssspurt! Steil empor gehen die letzten Meter. Ich mache noch ein paar schnelle Laufschritte und bin nach 1 Stunde und 23 Minuten im Ziel, das sich auf rund 1.450 Meter über dem Meeresspiegel befindet. Ich bin auf der »Etage 26 - 7. Horizont«, wie der Gipfel des Erzberges genannt wird, angelangt und habe mich an 152. Stelle von 659 gestarteten Läufern klassiert.

Laut meiner GPS-Uhr war die Strecke letztendlich 13,5 Kilometer lang und hatte 560 positive Höhenmetern. Ich erhalte die sehr wertig gefertigte Finisher-Medaille um den Hals gehängt. Für den schnellen Durst wird eine Flasche Wasser gereicht. Ich hole mir den Kleiderbeutel und ziehe mir ein frisches Shirt über. Im Ziel-Labesackerl befindet sich ein Müsliriegel, eine Dose Cola, Wasser und ein Apfel. Ich steige in den Shuttle-Bus und 20 Minuten später treffe ich am Festgelände ein.

Im noch sehr leeren Festzelt lade ich mit einer Pasta und einem leckeren Hopfensaft die leeren Speicher auf. »Großartig war´s«, resümiere ich. Auch meine Familie hatte am Erzberg einen erlebnisreichen Tag.

22: Der 3-Gipfel-Lauf in Wald am Schoberpaß

Der 3-Gipfel-Lauf in Wald am Schoberpaß beeindruckt mit sehr respektablen Eckdaten. Auf 27 Kilometer Länge warten 1.500 Höhenmeter auf die Teilnehmer.

Wald ist eine Gemeinde mit etwa 550 Einwohner und liegt im nördlichen Teil der Steiermark, rund 40 km westlich der Bezirkshauptstadt Leoben. Über die A9 ist die beschauliche Ortschaft vom Grazer Süden komfortabel in rund 75 Minuten erreichbar. Da der »Wilde Berg Mautern« direkt auf der Strecke liegt, sitzt meine Familie mit im Auto und wird den Tag bei Braunbär, Wolf und Luchs verbringen. So mache ich einen kurzen Zwischenhalt beim Alpenzoo und wünsche meiner Frau und meinem Sohn viel Freude mit den Tieren. Auch eine Sommerrodelbahn und ein Abenteuerpark warten auf die Beiden.

Bei der Ankunft in Wald sind die Parkplätze gut beschildert und stehen in ausreichender Anzahl zur Verfügung. Der erste Weg führt mich zum Areal der ortsansässigen Freiwilligen Feuerwehr, wo laut Ausschreibung der Start-/Zielbereich eingerichtet ist. Hier stehen ein Festzelt, die Moderatoren- und Musikbühne, eine Schirmbar, ein mobiler Toilettenwagen, Tische und Bänke bereit. Die Abholung der Startunterlagen ist rasch erledigt. Für 50 Euro Nenngebühr erhält man neben der Startnummer und der Verpflegung entlang der Strecke das offizielle 3-Gipfel-Lauf-Shirt, einen Essens-Bon sowie Produktproben und Werbepapier.

Der 3-Gipfel-Lauf kann auch in der Staffel gelaufen werden. In diesem Fall teilen sich 3 Läufer die Strecke. Auch ein Berglauf mit 8 Kilometer Länge und 1.050 Meter Höhenmeter wird angeboten. Bewerbe für Nordic Walker und auch Kinder- und Jugendläufe fehlen ebenfalls nicht.

Es ist Zeit für die letzten Handgriffe. Ich hefte die Startnummer und den Chip für die Zeitnehmung auf das Startnummernband. Die Laufweste bestücke ich mit Gels. Softflasks trage ich keine mit. Ich erwarte mir entlang der Strecke ausreichend Labestellen.

Aktuell sind die Temperaturen niedrig, doch der Wetterfrosch verspricht einen warmen, sonnigen Tag. Ich laufe mich einige Minuten warm und kurze Zeit später geht es auf die Strecke.

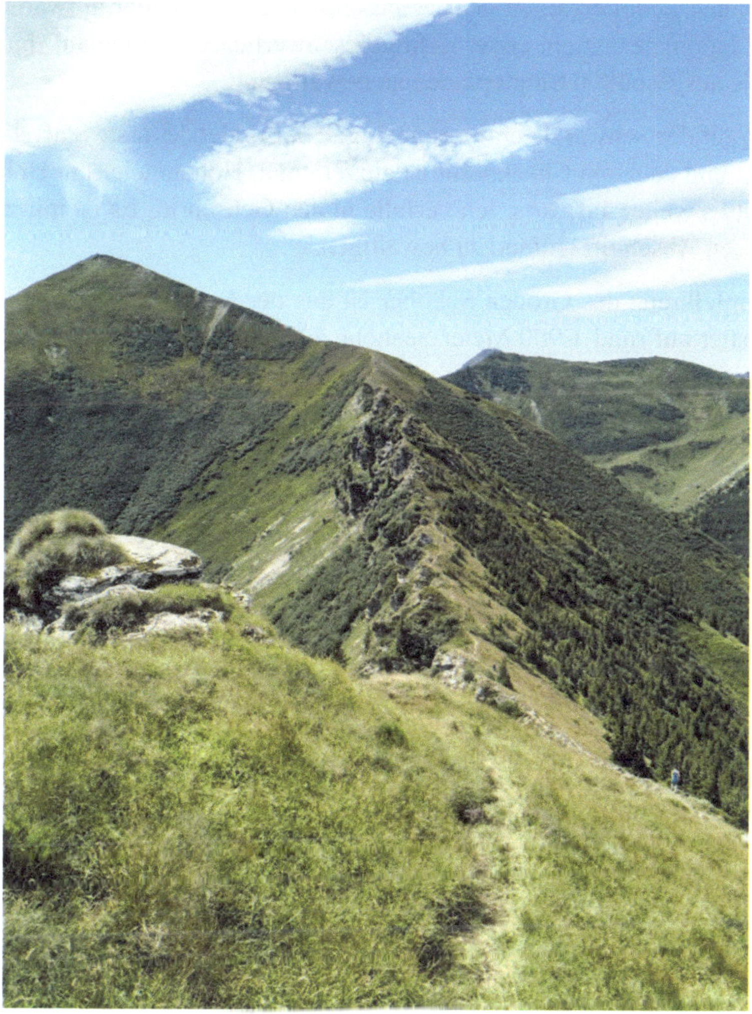

»Trailrunning pur entlang des Kammes«

Das Starterfeld setzt sich sehr zügig in Bewegung. Flach geht es aus dem Ort Wald Richtung Westen. Dass die erste Steigung nicht lange auf sich warten lässt, war vorhersehbar. Denn laut Streckenprofil lauern die alle 1.600 Höhenmeter auf den ersten 13 Kilometern.

Auf breiten Schotterwegen geht es mal moderat, mal steiler aufwärts. Nach rund 5 Kilometer ist ein erster richtig beschwerlicher Anstieg auf durch Regenfälle ausgespülten Singlepfaden zu bewältigen.

Ich bin auf der Schwarzbeeralm angelangt. Hier findet der erste Staffel-Wechsel statt und auch ein Checkpoint ist eingerichtet. Höhenmeter um Höhenmeter geht es weiter aufwärts. Ich verfalle in den Gehschritt. Es ist mir zu steil, um diesen Abschnitt laufend zu bewältigen.

Das Gipfelkreuz des Großen Schober ist aus der Ferne zu sehen und einige Zeit später auf rund 1.900 Meter Seehöhe auch erreicht. Die folgenden 4 Kilometer entlang des Kammes sind ehrlich atemberaubend. Hier auf diesem Singlepfad werden die Mühen des Aufstiegs mit grandioser Fernsicht in das Palten- und Liesingtal mehr als entschädigt.

Auf anspruchsvollem Laufuntergrund geht es über den Leckensattel, den Silberling und das Leistenhorn hoch zum Himmeleck auf über 2.000 Meter Seehöhe. Auffrischender Wind sorgt für merkliche Abkühlung. Eine Windböe weht mir meine Laufkappe vom Kopf. Nur mit Mühe kann ich meine Kopfbedeckung ergreifen, bevor sie über einen Felsvorsprung geweht wird.

Der Abstieg vom Himmeleck ist technisch ungemein anspruchsvoll und kräftezehrend. Zu gerne hätte ich meine Trailrunning-Stöcke zur Hand. Auf zum Teil steilen Forststraßen und Trails geht es der zweiten Wechselzone entgegen.

Der Liesinggraben scheint nicht enden zu wollen. Obwohl der Weg stetig fällt und gut zu laufen ist, komme ich kaum vom Fleck. Mein Tank scheint leer zu sein. Zudem plagt mich ein wieder einmal ein hartnäckiger Krampf. Nach schmerzhaften Minuten kann ich endlich weitertraben. Der Ortsteil Unterwald ist erreicht. Ich erfrische mich mit einem Becher Wasser und begebe mich auf die letzten Kilometer. Wenig später bin ich im Ort Wald angekommen und quere nach 3 Stunden und 40 Minuten die Ziellinie.

Über meine Zielzeit bin ich enttäuscht. Ich habe speziell den Trail entlang des Kammes deutlich unterschätzt und so meine geplante Zeit letztendlich um eine halbe Stunde verpasst.

Nach einer erholsamen Dusche gönne ich mir im Festzeltbereich ein Bier und eine Bratwurst. Dann mache ich mich auf den Weg nach Mautern, um mich mit meiner Familie zu treffen.

23: Das Amphitheater von Ivrea

Morenic Trail

»back in Business« Der Wiedereinstieg nach meiner Verletzung verläuft weit besser als erhofft. Mit den erfolgreichen Teilnahmen am Kainacher Bergmarathon, dem 3-Gipfel-Lauf in Wald am Schoberpaß und zuletzt am Stanzer Trailrun schöpfe ich Hoffnung, schneller als erwartet wieder für einen Ultra-Trail bereit zu sein.

Ich durchforste die Liste der Qualifikationsläufe, um vielleicht doch noch den Eintritt zur Startplatzlotterie des Western States 100 zu schaffen. Bei meinen Recherchen stoße ich auf den Morenic Trail im italienischen Piemont. Die Strecke misst 119 Kilometer und weist 3.000 Höhenmeter auf. Nach einigem Zögern entscheide ich mich letztendlich, an den Start zu gehen. Meine Frau nimmt mir das Versprechen ab, bei auftretenden Schmerzen im Bereich des Sprunggelenkes Vernunft walten zu lassen und den Lauf zum Wohle der Gesundheit vorzeitig zu beenden.

Es ist Donnerstag, am frühen Morgen. Das Auto ist vollgetankt und mit dem Reisekoffer und Taschen voller Laufutensilien beladen. Unseren Sohn wissen wir die kommenden Tage bei den Großeltern gut versorgt, sodass mich erstmalig meine Frau zu einem Ultralauf begleiten wird. Das Ziel unseres Kurztrips ist Ivrea, eine Kleinstadt in der italienischen Region Piemont. Von hier aus wird mich meine Frau Samstag Früh nach Andrate, dem Startort des Morenic Trails, bringen.

Den Namen verdankt der Morenic Trail den geologischen Gegebenheiten. Vor mehreren hunderttausend Jahren wanderten Gletschermassen durch das Aosta-Tal und hinterließen dabei einen Gürtel aus Gesteinsablagerungen rund Ivrea. Diese Ablagerungen ähneln in ihrer Form einem Amphitheater. Der Morenic Trail verläuft halbkreisförmig auf diesem Moränen-Gürtel und trägt daher eben diesen Namen. Der Start erfolgt wie erwähnt in Andrate. Das Ziel ist in Brosso. Beides sind kleine, beschauliche Bergdörfer. Das Streckenprofil zeigt, dass auf der 119 km langen Strecke rund 2.600 positive Höhenmeter warten.

Die erste Streckenhälfte des Morenic Trail führt tendenziell bergab. Auf der zweiten Hälfte warten die positiven Höhenmeter. Am Anspruchsvollsten scheinen die finalen 20 Kilometer mit rund 1.000 Höhenmeter zu sein. Der Morenic Trail kann allein, in einem 2er-Team oder in der Staffel gelaufen werden. Maximal 24 Stunden sind Zeit, um den Lauf erfolgreich zu finishen. Erreicht man unter 22 Stunden die Ziellinie in Brosso, dann gilt das Ergebnis als Qualifikation für die Startplatz-Lotterie des WSER. Das Minimalziel ist somit definiert.

Uns stehen 800 Kilometer Anreise bevor. Wir fahren jedoch nicht direkt nach Ivrea, sondern machen erstmal in Verona halt. Bei sehr angenehmen Temperaturen vertreten wir uns die Beine und genießen den Charme der mittelalterlichen Stadt. Bei unserer Sightseeing-Tour bestaunen wir unter anderem die Arena di Verona, die Piazza della Erbe oder auch die Casa di Giulietta.

Nach einer Nächtigung in einem B&B, nur wenige Meter abseits der Altstadt und einem schmackhaften Frühstück, bummeln wir noch ein wenig durch die Gassen Veronas, bevor wir nach Ivrea weiterreisen. An Mailand und am Gardasee vorbei erreichen wir nach rund 3-stündiger Autofahrt Ivrea. Wir checken im Best Western Hotel Ivrea ein. Unweit des Hotels findet am Areal des Kanu-Clubs Ivrea die Startnummernabholung statt.

Die Abholung des Startpaketes ist unkompliziert, freundlich und familiär. Mein Englisch wird gut verstanden. Kurios ist jedoch die Situation, als der freundliche Helfer meint, ich sei doch gerade eben schon hier gewesen und meine Startnummer abgeholt. Offensichtlich ist heuer ein Doppelgänger von mir am Start. Das Teilnehmerfeld ist mit 137 Einzelstartern recht klein. Vorwiegend sind Italiener am Start. Einige deutsche Läufer und jeweils ein Starter aus Australien, Ungarn, Litauen, Polen, Finnland, Großbritannien, Rumänien, Frankreich und ich aus Österreich vervollständigen das Feld.

Der Morenic Trail findet dieses Jahr zum 10. Mal statt. Je nach Anmeldezeitpunkt kostet die Teilnahme für den Einzelstarter zwischen 70 und 90 Euro. Die Anmeldung habe ich vor einigen Wochen online durchgeführt. Man benötigt ein ärztliches Attest, um in Italien an einer Sportveranstaltung teilnehmen zu dürfen. Auch ein unterzeichneter Haftungsausschluss ist obligatorisch. Für sein Startgeld erhält man die Startnummer, die Verpflegung entlang der

Strecke und im Ziel sowie eine Finisher-Medaille. Dazu gibt es eine Flasche Wein aus der Region und eine Packung Polenta. Zudem bietet der Veranstalter einen Gepäcktransport sowie Bustransfers zwischen Start und Ziel an.

Wir bummeln noch ein wenig durch die Gassen. Zum Abendessen gönne ich mir eine Pizza und treffe im Hotelzimmer letzte Vorkehrungen für den Start. Das Frühstücksbuffet lasse ich fast unangetastet. Nur eine Tasse Kaffee und ein Toastbrot mit Honig nehme ich mir. Vom Hotel zum Start sind es rund 20 Minuten Fahrzeit. Während wir die letzten Kehren zum Bergdorf Andrate hochfahren, macht sich untypische Anspannung bemerkbar. Das große Fragezeichen über meine körperliche Fitness verursacht Unbehagen.

Andrate ist zu klein, um den Startbereich des Morenic Trail nicht auf Anhieb zu finden. Zumal man nur dem Autokonvoi folgen muss, um zielsicher anzukommen. Für die Fahrzeuge steht ein Parkplatz zur Verfügung. Wir sind hier auf knapp 800 Meter Seehöhe. Es hat 8 Grad. Mich fröstelt ein wenig und ich ziehe mir einen warmen Hoodie über.

Der Material-Check ruft! Ich wende mich an eine englisch sprechende Mitarbeiterin. Ich weise die Pflicht-Ausrüstungsgegenstände vor und erhalte das »GO«, in dem meine Startnummer gescannt wird. Nun bin ich für den Start freigegeben. Meine Frau macht eifrig Fotos, während ich meine Mitstreiter beobachte und wie so häufig feststelle, dass alle anderen Teilnehmer vermeintlich fitter und trainierter sind als ich. Unmittelbar vor dem Start gibt es in italienischer und englischer Sprache letzte Informationen zum Wetter, zur Streckenmarkierung etc. Und dann sind da noch diese Steine. Runde, glatte, raue, spitze Steine, 4 bis 5 Zentimeter im Durchmesser, mit roter Farbe bemalt, liegen auf einem Haufen. Ich erfrage, dass man einen Stein auswählen und ihn als Symbol des Morenic Trails in seinen Rucksack packen und mit ins Ziel tragen soll. Also ab mit dem Stein in den Rucksack! Wenn schon Morenic Trail, dann richtig!

Ob tatsächlich jeder Teilnehmer einen Stein im Rucksack hat, wage ich anzuzweifeln.

Der Countdown läuft! »ZERO« Endlich geht es los! Der Morenic Trail ist gestartet. Das Teilnehmerfeld setzt sich flott in Bewegung. Ich verabschiede mich von meiner Frau, die noch immer Foto um Foto schießt und folge der geteerten Straße aufwärts. Obwohl auf dem ersten Kilometer beinahe 100 Höhenmeter an Steigung warten, ist das Tempo hoch.

Nach einem guten Kilometer weicht der Asphaltweg einem Single-Trail. Hier entlang des Kammes der Serra d'Ivrea, auf einer der besterhaltensten Moränen Europas, erhalte ich einen Vorgeschmack auf die Streckenbeschaffenheit der kommenden Stunden. Die Pfade des Morenic Trails sind übersät mit Steinen. »Moräne? Steine? Hätte ich mir zusammenreimen können!«, kritisiere ich meine Gedankenlosigkeit. Eingereiht am Single-Trail, kann ich vorerst nicht mein Wohlfühltempo laufen. Ich bin auf die Geschwindigkeit der Vorderleute eingeschränkt. Denn überholen ist schwierig und kräftezehrend. Die Strecke führt leicht bergab, windet sich eng um Bäume, ist verwurzelt und steinig. Nach rund 4 Kilometer habe ich mich aus dem Pulk befreien können. Es fühlt sich gut an, Platz zu haben und das eigene Tempo laufen zu können.

In Gedanken bin ich bei meiner Frau. Ich hoffe, dass sie wieder gut im Hotel angekommen ist. Wir haben vereinbart, uns beim großen Checkpoint in Mazze bei km 64 zu treffen. Bis dahin ist es jedoch ein weiter, steiniger Weg. Ich rechne für die erste Streckenhälfte mit rund 7 Stunden Laufzeit.

Ich laufe 14 Kilometer durch den Wald. Es ist jedoch kein Wald mit südländischem Flair, sondern ein Mischwald. Laub- und Nadelbäume wie ich sie von zu Hause kenne, langweilen mich. Ich habe auf mehr optischen Reizen gehofft und bin vom ersten Streckenabschnitt enttäuscht. In Magnano ist der erste Checkpoint eingerichtet. Ich entscheide mich für ein Gel aus meinem Laufrucksack. Ich fülle meine Wasserflasche auf, verabschiede mich mit einem knappen »Grazie« und mache mich wieder auf den Weg. Dieser führt zurück in den Wald. An der Beschaffenheit der Strecke geändert sich vorerst nichts. Der Pfad ist weiterhin sehr steinig. Aber meine Beine kennen diese Art von Geläuf vom Kainacher Bergmarathon, vom 3-Gipfel-Lauf in Wald oder vom Stanzer Trailrun und nehmen die Gegebenheiten stillschweigend hin.

Das erste Highlight ist der Blick auf die malerische Kirche von San Grato, bevor es weiter bergab dem Checkpoint und zugleich zur Wechselzone der Staffelläufer, zum Lago di Bertignano, geht. Damit ist das erste mentale Etappenziel erreicht. Wie immer zerpflücke ich ultralange Laufstrecken gedanklich in kleine Happen. Hier herrscht fröhliches, ausgelassenes italienisches Treiben. Meine Startnummer wird gescannt. Für die ersten 25,3 Kilometer habe ich 2 Stunden und 34 Minuten benötigt. Das bedeutet aktuell Position 44. Ich greife zu Cola, Wasser und einem weiteren Gel.

Mal geht es ein paar Höhenmeter hoch, dann wieder bergab. Verwurzelte Waldwege wechseln sich nach wie vor mit steinigen Pfaden ab. Teilstücke sind auf geteerten Straßen und gepflasterten Wegen zu laufen. Den Füßen freut die Abwechslung. Im Mischwald häufen sich Kastanienbäume. So säumen nicht nur runde, flache, grobe, spitze, große und kleine Steine den Weg, sondern auch stachelige Fruchtbecher und leckere Kastanien.

Oh Jubel! Der Morenic Trail hat den Wald verlassen. Ich werde mit einem großartigen Panoramablick über den Lago di Viverone belohnt. An der Verpflegestelle steht unter anderem Bier bereit. Ich trinke zwei Becher. Erst später erfahre ich, dass es alkoholisches Bier war. Egal. Im späteren Verlauf des Rennens wird auch Weißwein und Prosecco im Angebot der Checkpoints sein.

Der Ort Masino ist erreicht! Wieder wird die Startnummer gescannt. Ich habe 6 Plätze gutgemacht und werde aktuell auf Position 38 geführt. Für die ersten 43 Kilometer habe ich 4 Stunden und 42 Minuten benötigt. Die Strecke führt durch das liebliche Dorf Maglione. Nur bellende Hunde stören die Idylle. Das Gekläff der Hofhunde zieht sich wie ein roter Faden über den Morenic Trail. Hier in der Region um Ivrea hat gefühlt jeder Hausbesitzer seinen eigenen Wachhund. Und alle stürmen laut bellend, zähnefletschend und knurrend an die Gartenzäune.

Ich laufe am »Heiligtum der Madonna di Miralta« vorbei. Die kleine Kirche aus dem 10. Jahrhundert ist das einzige erhaltene Bauwerk der mittelalterlichen Stadt Miralta. Im Grunde fühle ich mich gut. Lediglich die rechte Kniekehle vermittelt das Gefühl, nicht ganz rund zu laufen. Ich labe mich regelmäßig an den gut sortierten Checkpoints. Neben Cola, Wasser oder Iso wird mancherorts auch Schokolade, Käse und Weißbrot angeboten.

Auf feinkiesigen Schotterwegen führt die Strecke am Lago di Maglione und am Lago di Moncrivello vorbei. Das mental wichtige Etappenziel, der Checkpoint in Mazze, kommt immer näher. Ich freue mich schon sehr auf das Treffen mit meiner Frau. Zuvor muss die Dora Baltea gequert werden. Für die Überfahrt stehen motorisierte Schlauchboote bereit. Als ich auf der Homepage vom Schiffstransfer gelesen habe, war ich skeptisch. Heute ist es eine willkommene Abwechslung und es macht großen Spaß. Mir wird eine Schwimmweste gereicht und im Nu ist der rund 70 Meter breite Fluss gequert. Das Sitzen im Schlauchboot ist eine Wohltat und gerne hätte ich noch die eine oder andere Überfahrt genossen.

Ein kurzer, steiler Aufstieg folgt. Dann führt der Morenic Trail mäßig fallend in das Ortszentrum von Mazze. »Da ist ja mein Schatz!«, freue ich mich. Bevor es zur Umarmung geht, wird die Startnummer gescannt. 7 Stunden und 32 Minuten bin ich auf den Beinen. Ich habe mich weitere 3 Ränge verbessert und bin auf Position 35 klassiert.

Hier in Mazze verbringe ich rund 15 Minuten. Viele Teilnehmer lassen sich hier von ihren Crews betreuen. Trockene Schuhe und Socken werden gereicht, kleinere Blessuren mit Vereisungsspray behandelt, die Rucksäcke frisch aufgefüllt. Ich kümmere mich selbst um das Notwendigste. Zum einen bin ich mir nicht sicher, ob ein Support offiziell überhaupt erlaubt ist und zum anderen bin ich es gewohnt, auf Ultra-Trails auf mich alleine gestellt zu sein. Die Anwesenheit meiner Frau ist für mich Unterstützung genug. Ich verpflege mich ausgiebig und schildere meinem Schatz die Eindrücke von der ersten Streckenhälfte.

Mental stelle ich mich auf den vermeintlich anspruchsvolleren zweiten Teil des Morenic Trail ein. Wir vereinbaren, uns wieder im Ziel in Brosso zu sehen. Ich verspreche, mich zu beeilen, damit es nicht zu spät wird. Es fällt mir schwer, meine Frau hier allein zurück zu lassen und mich auf den Weg zu machen.

Ein steiler Aufstieg zum Castellazzo di Caluso stimmt auf die weiteren Kilometer ein. Immerhin fehlen noch knapp 2.000 Höhenmeter auf das angegebene Soll des Streckenprofils. Völlig überraschend wartet meine Frau am Anstieg zur Kirche Santo Stefano auf mich. Wie schön! Wir wechseln ein paar Worte, ich posiere für einige Fotos und steige dann weiter aufwärts.

Einige Höhenmeter später treffe ich beim nächsten Checkpoint ein. Hier werden warme Speisen angeboten, aber ich verzichte dankend auf Pasta und Co. Für mich kommen während eines Langstreckenlaufes keine Verpflegungs-Experimente in Frage. So lecker eine Pasta, darüber frisch geriebener Parmesan auch sein mag. Dazu ein Glas Wein? Verlockend, aber jetzt ist leider nicht die Zeit dafür.

Der Scan meiner Startnummer bestätigt, dass mittlerweile 9 Stunden und 17 Minuten seit dem Start heute Morgen vergangen sind. Bedingt durch den ausgedehnten Halt in Mazze habe ich ein paar Positionen verloren und liege nun an 42. Stelle. Ich motiviere mich damit, nur mehr einen einzigen Marathon vor mir zu haben. Schon paradox, wie sich die Grenzen des Möglichen für mich in den letzten Jahren verschoben haben.

Anfangs sorgte ich mich der Nachtstunden wegen. Jetzt bin ich froh, bald in der Dunkelheit den ungetrübten Blick auf den mittlerweile verhassten Wald und die steinigen Wege zu verlieren. Meine obere Wade und die Kniekehle schmerzen zunehmend und meine Stimmung ist im Keller. Die Dämmerung weicht recht schnell der Dunkelheit. Es ist Zeit, die Stirnlampe in Betrieb zu nehmen. Der Weg findet sich durch die reflektierenden Markierungsbänder wie von selbst. Es ist um mich herum sehr ruhig. Lediglich das leidige Hundegebell aus einer tiefer liegenden Ortschaft nehme ich wahr.

Steil nach oben führende Streckenabschnitte werden häufiger, aber auch die Schmerzen in der Wade und Kniekehle werden vehementer. Ich telefoniere mit meiner Frau und deute an, wohl früher als geplant Schluss machen zu müssen. Aber vorerst bleibe ich am Trail. Bis zur Ortschaft Vialfré habe ich wieder 3 Positionen gut gemacht. Ich laufe durch spärlich beleuchtete Gassen der Ortschaft Torre Canavese. An der Verpflegestelle wird mir ein Hot Dog angeboten. Auch dieses kulinarische Angebot lehne ich ab und verspeise stattdessen eines meiner letzten Gels.

Ich nähere mich der Wechselzone Ponte Preti bei Kilometer 100. Die spektakuläre Brücke über den Fluss Chiusella ist mit Fackeln ausgeleuchtet und bietet einen wunderschönen Anblick.

Die letzte Etappe beginnt mit einem sehr steilen Anstieg. Stufe um Stufe geht es beinahe senkrecht nach oben. Aber das stört mich nicht. Kraft ist in den Beinen vorhanden. Und bergauf sind die Schmerzen in der Wade und Kniekehle deutlich leichter zu ertragen als auf abfallenden Streckenabschnitten.

Es geht entlang der Chiusella-Moräne weiter aufwärts. Ich überhole zwei Teilnehmer. Meine Trailrunning-Stöcke leisten in Anstiegen wie immer wertvolle Dienste. Der Trail führt über das Nonani-Plateau und an den beiden kleineren Seen Lago di Alice und Lago di Meugliano vorbei. All das nehme ich in der Dunkelheit jedoch nicht wahr. Der Lichtkegel meiner Stirnlampe ist unmittelbar auf den Trail vor mir gerichtet.

8 Kilometer vor dem Ziel passiere ich den letzten Checkpoint. Ich esse ein paar Stück Schnitten und trinke reichlich Cola. Aufgrund der Schmerzen hätte ich schon längst das Handtuch werfen müssen. Aber ich werde nicht schlauer. Ich kann einfach nicht aufgeben, solange ich mich noch irgendwie vorwärtsbewegen kann. Auch heute nehme ich leichtfertig eine Verletzung in Kauf.

Ich führe auf ultralangen Strecken zwar immer eine Schmerztablette in der Laufweste mit. Aber zu mir genommen habe ich vor, während oder nach einem Lauf noch nie so ein schmerzlinderndes, Sinne trübendes Ding. Die Tabletten sind wirklich nur für den äußersten Notfall gedacht. Wenn ich mir zum Beispiel einen Knochen breche und es dauert, bis mir geholfen werden kann.

Schenkt man den Studien Glauben, zählen Ibuprofen und Co. jedoch zu den Grundnahrungsmitteln von Ultraläufern. Persönlich schockieren mich solche Meldungen. Ich maße mir allerdings nicht an, darüber zu urteilen. Jeder ist seines eigenen Glückes – und seiner Gesundheit – Schmied.

Ich gebe meiner Frau Bescheid, dass ich in rund zwei Stunden in Brosso sein werde. Es ist frustrierend, aber schneller komme ich nicht mehr voran. Es ist schon lange kein laufen oder hiken mehr. Humpelnd schleppe ich mich dem Ziel entgegen. Mit meiner Sturheit, am Trail nicht klein beizugeben, werde ich auch diesen Lauf wieder erfolgreich zu Ende bringen.

Die Rechnung wird mir zwei Tage später präsentiert. Ich muss im Krankenhaus vorstellig werden, denn die Wade ist nach wie vor stark geschwollen und ich habe Sorge, dass es sich um eine Thrombose handelt. Es wird letztendlich ein Muskelfaserriss in der Wade und eine ausgeprägte Baker Zyste diagnostiziert und für die starken Schmerzen verantwortlich gemacht.

Es ist halb drei Uhr am Morgen und Brosso ist in Sichtweite! Aber die Streckenführung verläuft nicht direkt in das Dorfzentrum, wo bereits die Moderation und Musik zu hören sind. Es muss ein Umweg über eine feuchte Wiese gemacht werden und eine Treppe ist hochzusteigen. Etwa 300 Meter vor dem Ziel steht ein Topf mit roter Farbe. Ich bemale mir intuitiv damit die Wangen und hinke der Ziellinie entgegen.

Nach 17 Stunden und 47 Minuten bringe ich den Morenic Trail erfolgreich zu Ende und habe zugleich die Qualifikationsnorm für die WSER-Lotterie in der Tasche. Ich werde sehr herzlich in Brosso willkommen geheißen. Es wird mir die aus Ton gefertigte Finisher-Medaille um den Hals gehängt und ein Ziel-Foto gemacht. Dazu gibt´s noch Gutscheine für Bier und Pasta. Ich trinke das Bier. Hunger habe ich keinen. Ich bekomme Schüttelfrost, und kann mich kaum noch auf den Beinen halten. Mein Schatz fährt uns zurück ins Hotel.

Am nächsten Morgen geht es nach Hause. Ein paar Tage später wird der Veranstalter sehr viele wunderbare Fotos kostenlos zur Verfügung stellen.

Ich habe mich unter den 137 Startern an der 40. Stelle klassiert. 40 Teilnehmer haben es leider nicht bis ins Ziel nach Brosso geschafft. In meiner Altersklasse belege ich den 5. Rang. Nun führe ich sogar die »Ewige Bestenliste« aller österreichischen Teilnehmer beim Morenic Trail an. Noch nie hat ein Österreicher die Strecke von Andrate nach Brosso schneller zurückgelegt. Dass im Lauf der Jahre noch nicht allzu viele Teilnehmer meines Heimatlandes am Start waren, bleibt ein gutgehütetes Geheimnis.

Während des Ultra-Trails war ich enttäuscht, da ich mir vom Morenic Trail wesentlich mehr landschaftliche Highlights versprochen habe. Die Schmerzen waren gegen Ende des Rennens so groß, dass ein vorzeitiges Ende des Laufes eine vernünftige Entscheidung gewesen wäre. Aber es ist nicht mein Naturell, einen Lauf aufzugeben. Ich blicke nun etwas distanziert auf den Morenic Trail zurück und muss meine Meinung ändern. Denn die vielen kostenlos bereitgestellten Fotos zeigen eine erhebliche Anzahl von landschaftlichen Reizen auf. Diese habe ich während des Laufs in dieser Form nicht wahrgenommen. Auch die Querung der Dora Baltea war ein besonderes Erlebnis. Letztendlich bin ich froh, in Andrate am Start gestanden zu sein.

Das Organisationsteam des Morenic Trail möchte ich lobend erwähnen. Für vergleichbar sehr geringes Startgeld wird hier auf den Moränen rund um Ivrea eine lückenlose Streckenmarkierung, gut bestückte Checkpoints, überaus freundliche Helfer, viele kostenlose Fotos, eine spektakuläre Flussquerung, eine ungewöhnliche Finisher-Medaille und noch einiges mehr geboten.

24: Alle Welt will nach Squaw Valley

Nach der Diagnose Knochenmarködem und der damit einhergehenden Laufkarenz, war für mich in diesem Jahr die Startplatz-Lotterie für den Western States 100 eigentlich kein Thema. Ich war froh zu lesen, dass ein sogenannter Joker geschaffen wurde. Mit diesem einmalig ausnutzbaren Joker kann man ein Jahr der Lotterie fernbleiben, ohne die bis hierhin gesammelten Tickets zu verlieren.

Dass nach monatelanger Verletzungspause der Wiedereinstieg unerwartet positiv verlaufen ist und ich es im Herbst tatsächlich über die Ziellinie des Morenic Trail geschafft habe, war bereits zu lesen. Dadurch konnte ich den Joker aufsparen und bin zum bereits dritten Mal hintereinander in der Auslosung mit dabei.

Ich habe meine Tickets neuerlich verdoppelt. 4 Stück sind es mittlerweile. Inmitten der 27.872 Tickets von 6.664 Teilnehmern stehen die Chancen auf einen Startplatz jedoch weiterhin schlecht. In den letzten Jahren hat der Western States 100 sehr viel Publicity bekommen. Daraus resultieren rasant steigende Teilnehmerzahlen. Dieser Umstand lässt mich manchmal daran zweifeln, es jemals an die Startlinie zu schaffen.

Natürlich verfolge ich die Ziehung der Tickets wieder via Livestream. Besonders laut wird es in der Aula der Placer High School in Auburn, wenn der Geloste vor Ort ist und seinen Startplatz persönlich entgegen nehmen kann. Und das passiert gar nicht so selten.

Meine Tickets werden verschmäht. Ich vertröste mich auf das nächste Jahr. Immerhin sind es dann – sofern es das Schicksal weiterhin gut mit mir meint – bereits 8 Tickets und die Wahrscheinlichkeit auf einen Startplatz nähert sich der 10-Prozent-Marke. Man muss schon ein sehr positiv gestimmter Mensch sein, um den Glauben an den Start in Squaw Valley nicht zu verlieren. Aber so schnell gebe ich meinen Traum nicht auf, die Gürtelschnalle nach Hause zu holen.

25: Herr der Ringe

Fastest known time (FKT)

Das Corona-Virus hält uns in Atem. Obwohl wir in unserer Familie zum Glück keine Krankheitsfälle oder gar Todesopfer zu beklagen haben, stellt uns die merkwürdige Zeit vor neue Herausforderungen.

Ausgangsbeschränkungen sind erlassen. Freunde und Familienangehörige dürfen nicht mehr getroffen werden. Einkaufen ist nur mit Schutzmaske gestattet. Unser Sohn hat seine schulischen Aufgaben im Fernunterricht wahrzunehmen.

Läufe auf meinem Home-Trail helfen dabei, den Kopf frei zu bekommen, überbordende Medienberichte nach Gewichtung zu selektieren und mich weiterhin halbwegs fit zu halten. Nun ist es an der Zeit, einen Wettkampf zu bestreiten. Wenn auch nur alleine.

Zum Unterschied von Staaten, die vom Corona-Virus besonders schlimm betroffen sind und eine komplette Ausgangssperre verhängt haben, muss der Laufschuh in Österreich nicht an den Nagel gehängt werden.

Im Gegenteil. Bewegung im Freien ist zur Stärkung des Immunsystems sogar angeraten. Zudem treffe ich auf den von mir bevorzugten Trails kaum Personen. Und wenn doch, mache ich um sie einen großen Bogen.

Das Objekt meiner Laufbegierde ist der **GSR-Außenring** oder wie ich ihn nenne, der **GSR-Rundumadum**. Die Abkürzung GSR steht für GU-SÜD-Rundwanderweg, wobei GU wiederum für den Bezirk Graz-Umgebung steht.

Der GU-SÜD ist ein Zusammenschluss von ursprünglich acht Gemeinden im Süden von Graz, die das GSR-Wanderwegenetz ins Leben gerufen haben. Der GSR besteht aus insgesamt vier Rundwander-Ringen, die nach den Himmelsrichtungen benannt sind. Unter Wanderfreunden sind der **GSR-Südring, der -Nordring, -Ostring und -Westring** weit über die Gemeindegrenzen hinweg bekannt.

Als **Rundumadum** bezeichne ich jene Route, die außen um alle vier Ringe führt. Der **GSR-Rundumadum** hat eine Länge von 45,5 Kilometer und 1.260 Höhenmeter im Anstieg.

Besonders freut es mich, dass die Strecke durch meine Wohnsitzgemeinde Fernitz-Mellach führt, sodass ich meinen Lauf über den GSR Außenring quasi vor der Haustüre starten kann.

Die Rundwanderwege sind grundsätzlich gut markiert. Um jedoch auf dem Außenring nicht die Orientierung zu verlieren, habe ich mir einen Track angefertigt und ihn auf meine Uhr geladen.

»Fastest known time (FKT)« Immer größerer Beliebtheit erfreuen sich sogenannte fastest known time - Läufe (kurz FKT). Hier geht es darum, eine Route auf sich allein gestellt, auf Bestzeit zu laufen. Unterschieden wird, ob man zwecks Unterstützung auf eine Crew zurückgreift, oder ob man gänzlich ohne Support den Lauf meistert. Keine Unterstützung bedeutet, dass lediglich das Trinkwasser aus Quellen, Brunnen, notfalls in Geschäften, beschafft werden darf. Alles andere Notwendige muss vom Start weg mitgeführt werden.

Routen, die dafür in Frage kommen, sind auf diversen Internet-Portalen veröffentlicht. Auch wer die aktuelle Bestzeit hält, ist auf diesen Webseiten abrufbar. Unterbietet man diese Zeit, dann reicht man den Nachweis über die Laufzeit online ein. Nach positiver Prüfung wird man als neuer Bestzeitenhalter geführt.

So sind etwa auf dem Portal »fastestknowntime.com« bereits über 1.500 Routen veröffentlicht. Ich selbst habe zwei Routen eingereicht. Eine davon ist der von mir als **GSR-Rundumadum** bezeichnete Außenring um die vier bekannten GSR-Wanderrouten.

Mir soll die Aussicht auf eine »fastest known time« als Motivation dienen, das Lauftempo so gut es geht hoch zu halten. In unter 5 Stunden möchte ich die 45,5 Kilometer lange Strecke mit 1.260 positiven Höhenmetern hinter mich bringen.

Kein Wettkampf ohne Startnummer und Finisher-Medaille! Obwohl die Durchführung von regulären Wettkämpfen derzeit nicht möglich ist, gibt es viele Anbieter, die sogenannte »social distancing runs« organisieren. Nach der Anmeldung druckt man sich die Startnummer selbst aus und im Anschluss an den durchgeführten Lauf kommt die Finisher-Medaille mit der Post nach Hause. Ich habe meinen Lauf auf der Plattform »Marathon Training Academy« registriert. Nach Übermittlung eines Nachweises über die erfolgreiche Absolvierung des Laufes, wird mir in ein paar Wochen die sehr wertig gefertigte Finisher-Medaille übersendet.

Für meine Laufweste ist es heute der letzte Arbeitstag. Jahrelang war sie mir über viele tausend Kilometer ein verlässlicher Begleiter. Aber der Zahn der Zeit hat an ihr genagt. So sind nicht nur die Reißverschlüsse arg verschlissen, auch Risse im Material mussten schon mehrfach genäht werden. Kurzum, sie hat sich den Ruhestand redlich verdient.

Mein Herz lacht innerlich voller Vorfreude, die Sonne tut es mir gleich. Hier im Erzherzog-Johann-Park, inmitten des wunderbaren Blumendorfes Fernitz-Mellach, starte ich in wenigen Minuten mein Laufprojekt. Ich starte hier am **GSR-Westring** und plane, den **GSR-Rundumadum** gegen den Uhrzeigersinn zu umlaufen. Mit einem kontrollierenden Blick auf meine Laufuhr vergewissere ich mich, dass die Strecke geladen und der GPS-Empfang hergestellt ist. Auch das live-tracking starte ich.

An der Pfarrkirche vorbei, führt mich die Route aus dem Ortskern von Fernitz-Mellach. Ich folge für einige hundert Meter den Gehweg entlang des Ferbersbaches. Dann verlasse ich auch schon den **Westring** und wechsle für die nächsten Kilometer auf den **GSR-Südring**. Die vielen Ringe lassen meine Gedanken in Wortspiele verlieren. Ich brumme das Kinderlied »Ringe - Ringe - Reihe« leise vor mich dahin. Mein Schatz kommt mir in den Sinn. Vor einigen Monaten habe ich der Liebe meines Lebens einen Verlobungs-Ring an den Finger gesteckt. Und mich selbst nach dem heutigen Tag als »Herr der Ringe« zu bezeichnen, scheint angemessen zu sein.

Ein Ring-Ring meines Smartphones reißt mich aus dem Tagtraum. Meine künftige Ehefrau wünscht mir nochmal alles Gute für die kommenden Stunden und meint, dass das live-tracking nicht funktioniert. Die Ursache ist rasch gefunden. Ich habe schlicht vergessen, meine Laufuhr mit dem Smartphone zu koppeln. Ab sofort bin ich als blinkender Punkt auf der Landkarte zu verfolgen.

Rund 900 Trainingskilometer stecken heuer bislang in den Beinen. Die Vorbereitung sollte für einen kurzen Ultra ausreichend sein. Wenn gleich die langen Läufe in den letzten Wochen eher Mangelware gewesen sind.

Der **Südring** ist gut markiert und wartet gleich mit einigen Höhenmetern auf. Es geht dem Buchkogel hoch. Meine Beine fühlen sich bergauf doch schwerer an, als ich erwartet habe. Das liegt wohl am fehlenden Tapering. Denn extra ausgeruht habe ich mich für diesen heutigen Tag nicht. Und die Pollen von Birken und Gräser haben es auch auf mich abgesehen.

Über Waldpfade, Schotterwege und Wiesen führt der Trail nach Enzelsdorf. Hier schickt sich ein Feldhase an, mich zum Duell herauszufordern. Er wartet provokativ am Ackerrand auf mich. Als ich auf gleicher Höhe bin, lässt mir das Langohr mit seinen flotten Hoppelsprüngen jedoch keine Chance. Ich habe da eine Theorie: »Je kürzer das Stummelschwänzchen, desto höher das Lauftempo!«.

An der Jakobikirche vorbei, führt ein steiler Pfad auf den Mellachberg hoch. Ich muss ein umzäuntes Wiesengrundstück queren. Das Hinweisschild »Betreten auf eigene Gefahr!« beschert mir ein mulmiges Gefühl. »Was oder wer wird mich erwarten? Ein zähnefletschender Hofhund, der sein Revier verteidigt? Ein Testosteron geladener Zuchtbulle?« Bevor mein Gehirn weitere irrationale Thesen spinnen kann, habe ich die Wiese auch schon wieder verlassen, schließe das Zauntor hinter mir und laufe weiter Richtung Wutschdorf.

Nach ein paar Kilometern auf Schotterwegen und Asphaltstraßen führt mich die Strecke zuerst wieder auf Waldwegen, dann am Rand von Äckern Richtung Gnaning zu Tal. Wer Zeit und Lust hat, kann hier einen kurzen Abstecher zur Dorfkapelle machen. Ich bleibe heute jedoch auf der offiziellen Route und laufe am Talboden des Jakobsbaches auf breiten Waldwegen Richtung Norden.

Nach rund 14 Kilometer verlasse ich beim Aufstieg zum Hühnerberg den **Südring** und laufe fortan am **Ostring** weiter. Hier bietet sich an, dem Gipfelkreuz des Hühnerbergs seine Aufwartung zu machen. Über 50 Mal habe ich heuer im Gipfelbuch schon mein »Zähl-Stricherl« hinterlassen. Aber heute erspare ich mir den Umweg und bleibe konsequent auf dem Kurs des **GSR-Rundumadum**.

Meine Laufuhr leistet gute Dienste. Trotz vereinzelt missverständlicher Markierungen der unterschiedlichen, sich kreuzenden Wege behalte ich die Orientierung und Umwege bleiben mir erspart.

Rund ein Drittel des **GSR-Rundumadum** habe ich hinter mich gebracht. 500 Höhenmeter stehen auf der Haben-Seite. Ich laufe auf einem schönen Waldweg ins Tal des Ferbersbaches. Auf Asphaltstraßen geht es durch den Ort Ferbersdorf weiter nach Vasoldsberg. Der achteckige Stadl ist immer einen Foto-Stopp wert. Der Trinkwasserbrunnen vor dem Gemeindeamt hat seinen Betrieb aufgenommen. So kann ich meine Flasks auffüllen, denn meine Wasservorräte sind beinahe aufgebraucht.

Ich laufe die Schloßstraße hoch. 150 Höhenmeter gilt es auf den nächsten 3,5 Kilometern nach Tiefernitz zu überwinden. Hier auf rund 510 Meter Seehöhe ist der höchste Punkt der Strecke erreicht. Der **Ostring** führt hier in westlicher Richtung über Dürwagersbach nach Raaba-Grambach zurück. Aber ich will heute um alle Ringe herum. Daher wechsle ich auf den **GSR-Nordring** und laufe auf der Steinbergstraße Richtung Pachern zu Tal. Bevor es abwärtsgeht, erhasche ich noch einen wunderbaren Blick auf den Hausberg der Grazer, dem Schöckl. Völlig unerwartet krampft beim bergab laufen mein linker hinterer Oberschenkelmuskel. Mal bleibe ich vor Krämpfen gänzlich verschont, mal plagen sie mich. Ich konnte bislang noch kein Muster erkennen. Wie auch immer: Ich muss anhalten und meinen Muskel dehnen.

Mit kurzen Schritten tipple ich weiter talwärts. Für eine kurze Wegstrecke belaufe ich einen Autobahnbegleitweg. Am Golfplatz »Modern Golf« vorbei, laufe ich die Rupertistraße weitere 100 Höhenmeter aufwärts. Wie all die anderen Sportstätten, sind auch die Golfplätze zur Verhinderung der Ausbreitung des Corona-Virus gesperrt.

Auch ich habe vor einigen Jahren mal eine Zeit lang den Golfschläger geschwungen. Aber mangels Zeit und Talent habe ich das Golfspiel auf unbestimmte Zeit eingestellt.

Die Temperaturen steigen und der Schweiß fließt. Ich bin in Hart bei Graz angekommen. Hier verlaufe ich mich das erste Mal. Ich quere eine Brücke zu früh den Raababach. Der Vibrationsalarm der Uhr weist mich darauf hin, dass ich die gespeicherte Strecke verlassen habe.

Der Aufstieg über den Rabenkogel steht mir bevor. Auch hier finde ich mich im Wege-wirr-war nicht auf Anhieb zu recht. Aber bald belaufe ich ohne nennenswerten Zeitverlust einen wunderbaren Singletrail und Hohlweg Richtung Grambach.

36 Kilometer sind geschafft. Obwohl ich immer mal wieder kurz anhalten muss, um meine krampfenden Oberschenkel zu dehnen, bin ich noch voll im mir auferlegten Zeitplan. Hier treffe ich wieder auf den **Ostring**, der sich aus dem Wolfsgraben schlängelt. Aber bereits 300 Meter weiter wechsle ich auf den finalen, vierten Ring, den **Westring**. Auf diesem Ring bleibe ich bis zum Start/Ziel in Fernitz-Mellach. Auch die Höhenmeter sind abgehakt. Die verbleibenden knapp 10 Kilometer verlaufen flach zurück nach Hause.

Ich bin auf dem Holzweg. Jetzt nicht im sprichwörtlichen Sinn. Die Straße, die mich zwischen Äcker und Wiesen in Richtung Dörfla führt, heißt tatsächlich so und ist asphaltiert.

Ich streife südlich den Golfclub Grazer Mur-Auen. Auf Höhe des Altstoffzentrums in Gössendorf muss ich für ungefähr 150 Meter dann doch den Original-Kurs verlassen. Die Strecke führt offiziell inmitten durch den öffentlichen Spielplatz. Aber auch Spielplätze sind in dieser merkwürdigen Zeit gesperrt und so muss ich eine geringfügige Streckenabweichung in Kauf nehmen.

Auf Wald- und Schotterwegen laufe ich am sogenannten Reiterweg durch die Mur-Auen. Die Vögel zwitschern mir ein Jubellied! Kurz vor dem Ziel komme ich an der Au-Mühle vorbei. Hier ist ein kleiner, privater Tierpark untergebracht. Es tummeln sich etwa 80 Tierrassen.

Pony, Meerschweinchen & Co. werden sich bestimmt schon gewundert haben, warum sie seit mehreren Wochen keinen Besuch mehr bekommen. Richtig geraten: Gesperrt, auf Grund von Covid!

Es geht auf die Zielgerade und nach 4 Stunden und 53 Minuten erreiche ich meinen Ausgangspunkt. Ich bin zufrieden, den **GSR-Rundumadum** in der geplanten Zeit absolviert zu haben.

Und ab sofort trage ich den mir selbst verliehenen Titel

»HERR DER RINGE«!

Denn Herr des GSR-Süd-, Ost- West- und Nordringes bin ich allemal!

26: (Fast) nichts geht mehr

Der 24-Stunden-Lauf in Bad Blumau

Die Pandemie hat uns weiterhin fest in Geiselhaft. Der WSER wird abgesagt und die Startplätze fairerweise auf das nächste Jahr verschoben. Daher ist auch keine Startplatz-Lotterie notwendig. Eine Teilnahme wäre für mich ohnehin nicht möglich, da in Europa kaum ein Qualifikationslauf stattfinden darf.

Aber nicht alle Bewerbe müssen abgesagt werden. In Bad Blumau erfolgt in wenigen Minuten der Startschuss eines 24-Stunden-Laufes.

Die Gemeinde Bad Blumau liegt geografisch im politischen Bezirk Hartberg-Fürstenfeld und hat rund 1.600 Einwohner. Über die Grenzen des oststeirischen Hügellandes hinaus bekannt geworden ist Blumau im Jahr 1997, als die von Friedensreich Hundertwasser gestaltete Therme eröffnet wurde.

Im Rahmen des Rundenlaufes werden die österreichischen und steirischen Meisterschaften im Ultralauf gekürt. Neben dem 24-Stunden-Lauf findet auch ein 12-Stunden-Lauf statt bzw. wurde bereits gestern die Disziplin »3 Tage - 3 Marathons« gestartet.

Die Suche eines geeigneten Standplatzes gestaltet sich schwierig. Es ist meine erste Teilnahme an einem 24-Stunden-Lauf. Die schattigen Plätze entlang der Laufstrecke sind bei meiner Ankunft bereits besetzt und so bin ich ein wenig unschlüssig, wo ich meine »Homebase« einrichten soll. Letztendlich parke ich mein Fahrzeug ohne Aussicht auf Schatten. Primär will ich hier ja Runden laufen und mich nicht im Schatten niederlassen.

Ich schlendere zur Ausgabe der Startunterlagen. Es sind die üblichen Haftungsausschlüsse zu unterzeichnen und die geltenden Covid-Auflagen zur Kenntnis zu nehmen. Das Startpaket beinhaltet neben der Startnummer und dem Chip für die Zeitmessung auch Lesenswertes über die Tourismusregion Bad Blumau, einige Produktproben, die Finisher-Medaille und das in violett gehaltene Finisher-Polo.

Es ist merkwürdig, die Finisher-Medaille bereits am Start zu erhalten, aber im Grunde ist ein »did not finish« bei einem Stundenlauf nicht möglich. Ich werfe einen kurzen Blick in das großzügig gestaltete Verpflegungszelt. Die offizielle Labestelle bietet nicht nur Energie-Gels und –riegel meiner favorisierten Marke an, sondern wird im Laufe des Wettkampfes auch Kartoffeln, Suppe und Kuchen zur Stärkung bereitstellen. Auch am Getränkeangebot scheint es an nichts zu fehlen.

Während viele Teilnehmer mit ihrem persönlichen Betreuerstab anreisen und riesige Zeltlandschaften aufbauen, halte ich es bescheiden. Ich bin es von Ultra-Trails gewohnt, nur das Nötigste in der Laufweste griffbereit zu haben. Zudem mute ich niemandem zu, mehr als 24 Stunden an der Strecke auszuharren, nur um mich zu supporten. So stelle ich lediglich einen kleinen Klapptisch auf. Ich decke den Tisch zwar nicht, aber den Schatten, den der Tisch wirft, nutze ich als Unterstellplatz für die Kühlbox. Darin habe ich eine Portion Peronin, alkoholfreies Bier und Salzbrezel. Dann knote ich noch einen Müllbeutel seitlich an den Tisch und schon bin ich mit den Vorbereitungsarbeiten fertig.

Zur Einstimmung auf die große körperliche und mentale Herausforderung gehe ich im Kopf meine Strategie noch einmal durch. Es ist mein Ziel, in 24 Stunden Laufzeit 180 Kilometer zurück zu legen. Zum einen halte ich diese Marke nach einer durchaus ansprechenden Trainingsphase bei guter Tagesverfassung für machbar. Zum anderen ist bei den österreichischen Meisterschaften im Ultralauf eine Distanz von 180 Kilometern das Limit, um in meiner Altersklasse eine Medaille zu erhalten.

Nun sind es noch 30 Minuten bis zum Start. Ich entscheide mich für das vermeintlich nicht ganz perfekte Schuhwerk. Ich schnüre an meine Füße einen leichten Trail-Schuh. Die rund 1.200 Meter lange Strecke in Bad Blumau verläuft zu zwei Drittel auf geteerter Straße und zu einem Drittel auf Schotterwegen. Die paar hundert Meter auf Schotter rechtfertigen mir zu diesem Zeitpunkt die Entscheidung. Im Nachhinein wäre ein Straßen-Schuh wohl die klügere Wahl gewesen. Hinterher ist man immer klüger.

Endlich geht es los. Ich nehme gemeinsam mit knapp 100 Teilnehmern Startaufstellung. Punkt 10 Uhr erfolgt der Startschuss.

Die amtlich vermessene und exakt 1.181 Meter lange Strecke ist rasch erklärt. Unmittelbar nach der Startlinie geht es durch das Verpflegungszelt. Hinter dem Zelt stehen im Clubgebäude des ortsansässigen Fußballvereins Toiletten, Umkleiden und Duschen zur Verfügung. Nach einer kurzen Geraden geht es im rechten Winkel in die Bahnhofstraße, die wiederum in die Hauptstraße mündet. Hier sind einige Hofläden, Cafés und Hotels angesiedelt. Auf Höhe des Gemeindeamtes steht eine weitere Toilette für uns Teilnehmer bereit. Ob der guten sanitären Ausstattung gibt es eigentlich keine Notwendigkeit, seine Notdurft inmitten eines gepflegten Touristenortes direkt an der Strecke zu verrichten. Leider zeigt das eine oder andere im Anschluss an den Lauf online gestellte Foto das Gegenteil.

Nach ein paar hundert Meter geht es rechtwinkelig auf einen kurzen Wiesenpfad, bevor die Safen, ein schmales Gewässer, über eine Holzbrücke gequert wird. Die folgenden 300 Meter sind rasch zum Lieblings-Streckenabschnitt erklärt. Denn der Schotterweg parallel zur Safen erfreut die gelangweilte Läuferseele zumindest ein wenig, bevor es wieder zum Start bzw. zum Rundendurchlauf geht. Hier ist eine mobile Multimedia-Tafel installiert, auf der Informationen wie zurückgelegte Runden, die Distanz und die Platzierung abzulesen sind.

Ich finde von Anfang an ein ganz gutes Tempo, das einige Sekunden unter dem geplanten Kilometerschnitt liegt. Der Himmel ist beinahe wolkenlos und die Temperaturen steigen. So labe ich mich von Beginn an regelmäßig mit Wasser oder Iso und nehme ein Stück Banane oder ein Gel zu mir.

Entlang der Strecke feuern die Betreuerteams ihre Schützlinge lautstark an, rennen mit Wasserflaschen nebenher oder unterhalten sie mit Gitarrenspiel. Mir persönlich ist dieses Flair des Rundenlaufes bereits nach kurzer Zeit zu laut. Ich liebe die Abgeschiedenheit in der Natur, die wechselnden Bodenbeschaffenheiten, anspruchsvolle technische Passagen, landschaftliche Highlights. Diese Gedanken sind der heutigen Aufgabe nicht dienlich. So rücke ich den Fokus wieder zurecht und heute gilt es eben, in 24 Stunden möglichst viele Kilometer zu laufen.

Den ersten Marathon absolviere ich nach rund 4 Stunden und 30 Minuten. Um eine viertel Stunde früher als geplant habe ich dieses Zwischenziel erreicht.

Auf eine längere Pause verzichte ich. Nach einem Schluck vom alkoholfreien Bier aus meiner Kühltasche laufe ich in etwas gemäßigtem Tempo weiter.

Die Temperaturen klettern derweil weiter in die Höhe und lassen den Schweiß gehörig fließen. An zwei Stellen der Strecke wartet eine Dusche darauf, mit kühlem Wasser zu erfrischen. Gerne mache ich regelmäßig von dieser Möglichkeit Gebrauch.

Größen der österreichischen Ultralaufszene hautnah zu erleben und mit ihnen denselben Wettkampf zu laufen, ist eine tolle Erfahrung. Es ist sehr beeindruckend, welches Tempo hier über viele, viele Stunden gelaufen werden kann. Entsprechend oft werde ich überrundet. Der österreichische Staatsmeister wird am Ende des Tages 225 Kilometer gelaufen sein.

Die monotone Stecke ist orthopädisch stark belastend und fordert auch bei mir ihren Tribut. Nach rund 50 gelaufenen Kilometern spüre ich erste, aufkommende Schmerzen im Bereich des rechten Sprunggelenkes. Seit ich im Vorjahr wegen eines Knochenmarködems im rechten Sprungbein monatelang pausieren musste, bin ich bei Fußschmerzen besonders hellhörig. In meinem Gehirn rattert es. Mit Belastungsschmerzen, insbesondere Muskelschmerzen, ist bei einem 24-Stunden-Lauf zu rechnen. Aber es ist erst ein Viertel der Zeit von der Uhr. Definitiv ist es viel zu früh, um fortan mit Schmerzen zu laufen. Unterbewusst verändere ich meinen Laufstil, der sich gar nicht mehr rund anfühlt. Verspannungen im Rumpf und Nacken sind die Folge. Ich hadere mit der Situation. Viele hunderte Kilometer Training habe ich auf mich genommen. Stunden um Stunden bin ich auf Asphaltstraßen, statt auf den geliebten Trails gelaufen, um für mein 24-Stunden-Debut bestmöglich vorbereitet zu sein. Die Erreichung meines definierten Zieles ist gerade in weite Ferne gerückt. Aufgeben ist für mich grundsätzlich keine Option. Stolz blicke ich auf meine makellose DNF-Quote, denn kein einziges Mal musste ich bisher vor der Ziellinie die Segel streichen. Dass es bei einem Rundenlauf quasi kein »did not finish« gibt, ist nur ein schwacher Trost.

Die nächsten Runden sind geprägt vom Durchdenken aller möglichen Szenarien. Letztendlich reift in mir die Entscheidung, den 24-Stunden-Lauf in Bad Blumau nach rund 7 Stunden zu beenden.

Ich teile meiner Familie die Entscheidung mit und melde mich bei der Rennleitung ab. Ich packe in Windeseile den Klapptisch und die Kühlbox ins Auto. Ich möchte so rasch als möglich weg von hier. Um die Läufer auf der Strecke nicht zu gefährden, mache ich mich quer über die Wiese »vom Acker«.

Bis spät in die Nacht verfolge ich zu Hause die Ergebnisse im live-timing. Am darauffolgenden Morgen macht sich Wehmut breit, nicht mehr im Wettkampf die Runden zu drehen. Es muss ein erlösendes Gefühl sein, wenn die letzte Stunde des Rundenlaufes anbricht.

Zu Mittag wird die offizielle Ergebnisliste veröffentlicht. Ich staune nicht schlecht, dass ich mich mit lediglich 58 gelaufenen Kilometern steirischer Altersklassen-Meister im Ultralauf nennen darf. Dieser Erfolgt ist jedoch ausschließlich der fehlenden Konkurrenz geschuldet. Wie sportlich wertvoll dieser Titel ist, sei daher dahingestellt. Die Goldmedaille wird mir ein paar Tage später von der Landessportkoordinatorin des steirischen Leichtathletik-Verbandes überreicht.

Für mich wird es vermutlich keine Neuauflage eines 24-Stunden-Laufes geben. Es fehlt mir bei diesem Laufformat die Schönheit, das Abenteuer und das Abwechslungsreiche eines Ultra-Trails. Großer Respekt gebührt allen, die bis zum Zielschluss auf der Strecke geblieben sind.

Vom asphaltierten Rundkurs geht es ein paar Wochen später in die Berge. Aber auch hier ist coronabedingt mit Einschränkungen zu rechnen.

27: Massenstart war gestern

Lipizzanerheimat Berglauf Graden

In den letzten beiden Wochen habe ich mir vermehrt Tempoeinheiten in meinen Trainingsplan geschrieben. Bevor das Hauptaugenmerk wieder auf größere Umfänge als Vorbereitung für die im Herbst stattfindenden Bergmarathons gelegt wird, stehe ich beim anspruchsvollen 5. Internationalen Lipizzanerheimat Berglauf in Graden an der Startlinie.

Graden ist eine Ortschaft der Stadtgemeinde Köflach und liegt in der Weststeiermark. Der Ort war bis 2014 eine eigenständige Gemeinde, die bei ihrer Gründung den Namen Graden-Piber getragen hat. Im Rahmen der Gemeindestrukturreform 2014/2015 wurde Graden mit der Stadtgemeinde Köflach zusammengeschlossen. Die als Lipizzanerheimat weit über ihre Grenzen bekannte Region bietet für Bergläufer nicht nur anspruchsvolles Gelände, sondern auch viele landschaftliche Highlights.

Die Fahrzeit nach Graden beträgt aus dem Süden von Graz eine knappe Stunde. Meine persönliche Klima-Strategie sieht die Einhaltung der selbst auferlegten Formel »Fahrzeit ≤ Laufzeit« vor. Angesichts des Streckenprofils sollte diese Anforderung erfüllt werden, denn auf 8,5 Kilometer Distanz warten 1.000 positive Höhenmeter darauf, belaufen zu werden. Ich spekuliere mit einer Zielzeit von rund 65 Minuten.

Organisiert wird der Internationale Lipizzanerheimat Berglauf Graden vom LTV-Köflach. Neben dem Volkslauf findet auch der sogenannte Hobby- bzw. Jugendbewerb über 4,2 Kilometer mit 310 Höhenmeter statt.

Obwohl die Covid-19-Einschränkungen auch im Breitensport mittlerweile deutlich gelockert sind, hat der Veranstalter ein sehr umsichtiges und strenges Covid-19-Präventivprogramm ausgearbeitet.

Penibel wird im Startbereich am Dorfplatz in Graden auf Hygiene und auf die Einhaltung der Abstandsregelung geachtet. Beim Zugang zur Abholung der Startunterlagen wird sogar Fieber gemessen und die Temperatur auf der Startliste vermerkt.

Obwohl ich zu Beginn der Pandemie die meisten der verordneten Maßnahmen zur Eindämmung der Covid-19-Infektion persönlich für zweckmäßig erachtet habe, kommt mir dieser Vorgang am Start dieser sehr überschaubaren Laufveranstaltung völlig surreal vor. Die Körpertemperatur zählt jetzt vielleicht nicht zu den Datenschutzrelevantesten der persönlichen Gesundheitsdaten. Trotzdem muss hier eine kritische Hinterfragung erlaubt sein, ob das alles in dieser Form notwendig ist. Zumal angeblich ein hoher Prozentsatz der mit Covid-19 infizierten Personen keinerlei Symptome zeigen. Vielmehr sollte meiner Meinung nach auf Bewusstseinsbildung und Verantwortungsgefühl gesetzt werden.

Mit den bei mir festgestellten 36,6 Grad bin ich jedenfalls für den Start zugelassen und nehme mit frisch desinfizierten Händen das Startpaket in Empfang. Für 30 Euro Nenngeld erhält der Teilnehmer neben der Startnummer und dem Zeitchip auch eine Broschüre über die Lipizzanerheimat, eine Postkarte, sonstiges Werbepapier bzw. Zugaben einiger Sponsoren. Auch viele Fotos werden vom Veranstalterteam im Anschluss an den Lauf online zur Verfügung gestellt. Ein Essens-Bon ist ebenfalls beigepackt, der später beim Oskar Schauer Sattelhaus gegen Schweinsbraten, Nudeln und Co. eingetauscht werden kann.

Beim Sattelhaus, eine von den Naturfreunden Österreichs bewirtschaftete Unterkunft, wird am frühen Nachmittag die Siegerehrung stattfinden. Auch ein Kleidertransport wird angeboten, der das Gepäck bei Bedarf vom Startbereich ebenfalls hier hinaufbringt. Und da die Strecke hier vorbei nach oben Richtung Terenbachalm führt, ist zudem eine Verpflegestelle eingerichtet.

Ursprünglich war ein Shuttle-Rücktransport vom Sattelhaus in das Dorfzentrum von Graden geplant. Denn die meisten Teilnehmer stellen ihr Fahrzeug unmittelbar im Startbereich ab. Aber auch hier hinterlässt die Angst vor Corona-Infektionen ihre Spuren. Der Shuttle-Transport entfällt heuer. Viele Teilnehmer reisen daher mit Begleitung an, die dann mit dem Fahrzeug zum auf rund 1.400 Meter Seehöhe liegende Schutzhaus fahren.

Ich komme alleine nach Graden und plane daher, die Strecke ins Dorfzentrum von Graden zurück zu laufen. Daher habe ich alles Notwendige in meine Laufweste gepackt.

Das größte Novum für mich ist jedoch der Einzel-Intervallstart. Die größte Menschenansammlung gäbe es im Startgedränge. So hat der Veranstalter entschieden, die Teilnehmer einzeln und im Abstand von 30 Sekunden auf die Strecke zu schicken.

Mir wird die Startnummer 32 zugewiesen. Ich laufe mich 15 Minuten warm, gebe die Laufweste beim Gepäcktransportservice ab und sehe zu, wie mit Startnummer 1 um Punkt 10:00 Uhr der amtierende österreichische Staatsmeister im Berglauf, Manuel Innerhofer, die Strecke in Angriff nimmt. Er wird seiner Favoritenrolle gerecht und gewinnt den 5. Int. Raiffeisen Lipizzanerheimat Berglauf in Graden in knapp 47 Minuten. Insgesamt gehen 78 Teilnehmer aus 6 Nationen an den Start. Endlich bin ich an der Reihe und werde in den Startkanal gerufen. Kurze Zeit später erhalte ich die Freigabe und laufe los.

Für mich ist die Strecke Neuland. So weiß ich im Vorfeld nicht, dass auf dem ersten Kilometer bereits 164 Höhenmeter zu bewältigen sind. Gut, ich hätte mir das Streckenprofil bewusster ansehen können. Die anfängliche Steigung ist für mich kaum laufbar. Die steile Asphaltstraße geht in noch steilere Wiesen- und Waldpfade über. Zudem bin ich zu schnell gestartet. Bereits nach 500 Meter habe ich das Gefühl, dass die Muskeln übersäuert sind. Die Oberschenkel brennen. Ich verfalle in einen Gehschritt. Es ist sehr frustrierend, bereits nach wenigen hundert Metern vom 30 Sekunden nach mir gestarteten Läufer eingeholt und mühelos überholt zu werden.

Der zweite Kilometer offeriert weitere 185 Höhenmeter. Auf dem sehr steinigen und mit Tannenzapfen übersäten Hohlweg geht es weiterhin steil aufwärts. Gelb besprühte Steine, Wegweiser und Absperrbänder geben Gewissheit, am richtigen Weg zu sein.

Rauer Untergrund, teils üppige Vegetation, wurzelbewachsene Pfade, aber auch tolle Fernsicht in die Lipizzanerheimat, prägen den Laufabschnitt am Kern-Buam-Panoramawanderweg.

Nach gut 3 Kilometer stehen bereits 500 Höhenmeter auf der Haben-Seite. Allerdings bin ich auch schon 30 Minuten unterwegs und sehe mein ambitioniert gestecktes Zeitziel bereits als gescheitert an.

In weiterer Folge ist die Strecke zum Glück gut laufbar. Auf einer Forststraße geht es mäßig steigend zur Verpflegestation, wo ich mich mit einem Gel aus der Hosentasche und zwei Becher Wasser labe. Anfangs sogar leicht abfallend und folglich wieder moderat ansteigend, geht es auf einem breiten Schotterweg weiter bis zum Sattelhaus. Die Verpflegestelle lasse ich hier ungenutzt. Ins Ziel fehlen noch 2,5 Kilometer.

Noch einmal geht es sehr steil nach oben. Beinahe 200 Höhenmeter sind es auf dem nächsten Kilometer. Ich verfalle notgedrungen wieder in den Gehschritt. »Trailrunning-Stöcke würden hier gute Dienste erweisen«, denke ich mir, während ich auf eine Christusstatue hochblicke. Ich kann mir gerade keine Meinung bilden, ob die in weiß gehaltene Statue auf Steinsockel, offensichtlich der Christusstatue auf dem Berg Corcovado in Rio de Janeiro nachempfunden, für mich optisch in die Landschaft passt.

Endlich bin ich am Bergkamm angekommen und das Herz pocht nicht nur angestrengt, sondern jauchzt innerlich ob der landschaftlichen Schönheit. Großartige Ausblicke entschädigen für die Strapazen des Aufstiegs. Sogar Lipizzaner können beim Weiden beobachtet werden. Ich genieße den Lauf hier oben auf dem Kamm der Terenbachalm in vollen Zügen und nach 1 Stunde und 13 Minuten überquere ich die auf 1.675 Meter Seehöhe gelegene Ziellinie.

Die Klamotten sind pitschnass geschwitzt und es weht eine kühle Brise. Der Veranstalter hat vorgesorgt und reicht neben der Finisher-Medaille auch einen Einweg-Poncho, den ich mir gerne überziehe, um nicht stark auszukühlen. Auch Getränke sind bereitgestellt.

Nun muss ich noch den 2,5 Kilometer langen Rückweg zum Sattelhaus angetreten. Ich mache den entgegenkommenden Teilnehmern großzügig Platz und feuere sie an. »Schade, dass ich mein Smartphone nicht dabeihabe«, denke ich mir das eine ums andere Mal. Denn an Fotomotiven mangelt es hier am Berg nicht. Aber das Handy ist in der Laufweste und die ist beim Gepäcktransport.

Zurück beim Sattelhaus nehme ich meine Laufweste in Empfang und ziehe mir ein trockenes Shirt über. Die Nudeln mit frischen Eierschwammerl sehen zwar lecker aus, doch ich habe keinen allzu großen Hunger. Ich gönne mir daher bloß ein Hopfengetränk, ziehe mir meine Weste über und laufe zu Tal.

Am Weg zurück ins Dorfzentrum von Graden mache ich dann doch noch einige Fotos, nehme mir als Andenken einen gelb markierten Stein mit und lasse das heutige Laufabenteuer gedanklich Revue passieren.

Mein persönliches Fazit fällt durchwegs positiv aus. Der Veranstalter hat es geschafft, trotz der strengen behördlichen Vorgaben eine tolle Laufveranstaltung zu organisieren. Die Strecke ist sehr anspruchsvoll und für mich auf den ersten drei Kilometern kaum laufbar. Respekt an die Teilnehmer, die hier eine Laufzeit von deutlich unter einer Stunde in die Wiesen-, Schotterwege und Almpfade gestampft haben. Für die Strapazen des Aufstieges entschädigt traumhafte Fernsicht und die Chance, Lipizzaner beim Weiden beobachten zu können.

28: ÖLV Running Cup

Hundstagelauf, Kilometerfressen und Co.

Der Laufkalender ist weiterhin sehr spärlich befüllt. Denn durch die vielen behördlichen Auflagen wird es den Veranstaltern nicht leichtgemacht, Wettkämpfe zu organisieren. Der Österreichische Leichtathletik Verband möchte hier Abhilfe schaffen und bietet mit seiner virtuellen Laufplattform die Gelegenheit, sich verschiedenen Herausforderungen zu stellen. Ich nehme an drei Cups teil, die unterschiedlicher nicht sein könnten.

»ÖLV Running Cup 7.20«

Im Zeitraum von fünf Wochen wird der ÖLV Running Cup 7.20 mit vier aufeinander folgenden Veranstaltungen über unterschiedlichen Distanzen ausgetragen. Die Streckenführung ist selbst zu wählen. Einige Parameter, wie maximal zulässige negative Höhenmeter, müssen jedoch beachtet werden. Die Teilnahmegebühr beträgt 18 Euro. Die drei Bestplatzierten jeder Altersklasse erhalten gravierte Holzplaketten. Zudem warten auf die Teilnehmer einige schöne Preise, die im Anschluss an den Cup verlost werden.

Die drei besten Ergebnisse, die in den vier Veranstaltungen erzielt werden, fließen in die Cup-Endwertung ein. Bei den einzelnen Veranstaltungen selbst stehen wiederum unterschiedliche Distanzen bzw. Herausforderungen zur Auswahl. Dabei wird die Leistung in Relation zu einem Referenzwert (=100 Punkte) gesetzt. Nur sehr wenige Teilnehmer schaffen es, die Referenzzeiten zu unterbieten und dadurch über 100 Punkte zu erreichen.

Ich werde recht spät auf den Running Summer Cup 7.20 aufmerksam. Die erste Veranstaltung, der sogenannte Kick Off-Run, ist bereits beendet. Aber da ohnehin nur die besten 3 Ergebnisse für die Gesamtwertung herangezogen werden, habe ich mich spontan zur Teilnahme entschlossen.

Die ÖLV Running-Halbmarathon Challenge ist meine erste Veranstaltung. Es kann die Halbmarathon-Distanz gelaufen, oder alternativ ein Lauf über 5 Kilometer bzw. 10 Kilometer in die Wertung gebracht werden.

Ich entscheide mich für die Halbmarathon-Marke, da mein Trainingsplan gerade vorsieht, einen längeren Lauf mit der Marathon-Pace (in meinem Fall sind das 5:00 min/km) zu absolvieren. Es stecken bereits viele Umfang-Kilometer in meinen Beinen, sodass mir die Einhaltung der zeitlichen Vorgabe dann doch recht schwer fällt. Letztendlich steht eine Zeit von 1:44:37 zu Buche. Die meisten Teilnehmer laufen kürzere Distanzen.

Die darauffolgende Veranstaltung ist die sogenannte Dietmar Millonig-Challenge. »Laufe in 30 oder wahlweise 60 Minuten so weit als möglich«, lautet die Aufgabe. Ich entscheide mich für 30 Minuten und laufe in der halben Stunde für mich sehr zufriedenstellende 7.141 Meter. In der Allgemeinen Klasse platziere ich mich mit dieser Distanz auf Rang 8 von 21 Teilnehmern. In der Altersklasse Masters 45 erreiche ich damit den 2. Platz. In der Gesamtwertung nehme ich zwischenzeitlich den 3. Rang in der Altersklasse ein.

Der Hundstagelauf ist die letzte Veranstaltung des ÖSV Running Summer Cup 7.20. Distanzen von 1,5 Kilometer, 7,5 Kilometer oder 10 Kilometer stehen zur Auswahl. Die sogenannten Hundstage stehen für die heißeste Zeit des Sommers. Um der Challenge gerecht zu werden, wähle ich für meinen Lauf die Mittagszeit eines wolkenlosen Sommertages. Deutlich über 30 Grad meldet die Quecksilbersäule des Thermometers.

Ich entscheide mich für den 7,5 Kilometer langen Lauf. Ich verspreche mir von dieser Distanz ein besseres Verhältnis zur Referenzzeit als auf der kurzen Strecke. In der Allgemeinen Klasse bedeuten die 31:53 Minuten Platz 6. Meine Altersklasse gewinne ich mit dieser Laufzeit und übernehme in der Masters 45 - Gesamtwertung die Führung. Es sieht mit dem »Stockerl« gut aus, denn ich werde wohl nur noch von zwei wirklich starken Läufern überholt werden.

Jedoch laden die beiden vermeintlich schnelleren Teilnehmer mit großem Potenzial für den Gesamtsieg keinen weiteren Lauf mehr hoch, sodass ich mit 234,88 Punkten die Masters 45 - Altersklassenwertung gewinne. In der Allgemeinen Klasse platziere ich mich unter 28 Teilnehmern auf Platz 12.

Die Warenpreisverlosung erfolgt im Zuge der Live-Übertragung von den Österreichischen Staatsmeisterschaften aus dem Bundessport- und Freizeitzentrum Südstadt. Meine Freude ist groß, als ich meinen Namen höre. Ich gewinne das offizielle Erima-Shirt der österreichischen Leichtathletik-Nationalmannschaft.

»ÖLV Kilometerfresser - Cup«

Einen Monat lang gilt es, so viele Kilometer als möglich zu sammeln! Für jeden gelaufenen Kilometer gibt es einen Punkt. Wer nach 31 Tagen die meisten Punkte hat, gewinnt die Kilometerfresser-Wertung.

Laut Ausschreibung können pro Tag beliebig viele Läufe auf die Plattform hochgeladen werden. Im Prinzip ist alles erlaubt, was noch annähernd als laufen bezeichnet werden kann. Wenngleich es schwierig ist, hierfür eine Definition festzulegen. Auch Aktivitäten am Laufband werden akzeptiert. Lediglich Spaziergänge sollen mit dem Verweis auf den Fairplay-Gedanken nicht in die Wertung einfließen.

Jeder offizielle Cupteilnehmer erhält bei Erreichen der Mindest-Gesamtdistanz von 50 Kilometern eine personalisierte Holzplakette. Zudem werden unter allen Teilnehmern wieder Warenpreise verlost.

Die Läufer gehen mit sehr unterschiedlichen Strategien an den Kilometerfresser-Cup. Einige laufen täglich zwei, drei kürzere Strecken, manche absolvieren längere Strecken und gönnen sich Regenerationstage.

Der Dezember ist mangels Ultralauf-Wettkämpfen eigentlich einer meiner kilometerarmen Monate. Motiviert durch den Cup entscheide ich mich für ein umfangreiches Training. Grundlagentraining schadet nie, obwohl Tempotraining auch seine Berechtigung hätte. Ich plane pro Woche 5 Lauftage ein.

Die Witterung hat im Dezember so einiges zu bieten. Anfang des Monats ist häufig der Nebel mein Begleiter. So ist an vielen Tagen sprichwörtlich die eigene Hand vor den Augen nicht zu sehen. Schnee darf zu dieser Jahreszeit natürlich auch nicht fehlen. Er verzaubert die Landschaft nicht nur in ein besinnliches Weiß, sondern macht das Laufen im zentimeterhohen Schnee bzw. Schneematsch zugleich sehr kräfteraubend. Sonnenschein gibt es auch. Die

Temperatur klettert zwischendurch auf zweistellige Plusgrade, sodass ich mit kurzer Hose unterwegs bin. Gegen Ende des Monats gibt es nochmals Schnee bzw. überzieht Schneeregen die Straßen mit einer spiegelglatten Eisschicht.

Ich laufe hauptsächlich entlang der Mur. Vereinzelt belaufe ich meinen Hometrail auf und um den Hühnerberg. Im Wesentlichen verzichte ich auf Höhenmeter, da ich anderenfalls für die selbe Distanz deutlich mehr Zeit in den Laufschuhen unterwegs wäre.

Am Ende des Monats stehen für mich unglaubliche 556,53 Kilometer zu Buche. Meine längsten Läufe haben Distanzen von 53,5 und 60 Kilometer. Ich klassiere mich mit hauchdünnem Vorsprung auf dem 3. Platz.

Bei der Verlosung von Warenpreisen habe ich neuerlich Glück und gewinne ein weiteres Shirt der Nationalmannschaft. Auch eine mit Name, Platzierung und Distanz gravierte Holzplakette bekomme ich einige Tage später mit der Post zugestellt.

»ÖLV Combined Events Cup«

Eben noch wurden beim ÖLV Kilometerfresser-Cup massig Umfänge gelaufen, schon haben die Macher vom ÖLV Running Cup für uns Läufer den nächsten virtuellen Lauf-Cup bereitgestellt.

Im Zeitraum von 6 Wochen zählt beim »Combined Events Cup« nicht Quantität, sondern diesmal steht wieder Qualität und Vielseitigkeit im Vordergrund. Es gilt, von 8 geforderten Aufgaben (1,5 km, 3 km, 5 km, 7,5 km, 10 km, 15 km, Halbmarathon und 60 Minuten) zumindest 7 zu erfüllen und die entsprechenden Files auf die Plattform hochzuladen.

Wer am Ende des Veranstaltungszeitraumes die meisten Punkte erlaufen hat, gewinnt die Cup-Wertung. Die Punkte errechnen sich wieder auf Basis von Referenzzeiten, die für jede Streckenlänge definiert sind.

Zur Erreichung von 100 Punkten müssen beispielsweise die 1,5 Kilometer in 4:25 Minuten, die 10 Kilometer in 35:00 Minuten oder die 15 Kilometer in 53:30 Minuten gelaufen werden. Das Laufen am Laufband ist diesmal ausdrücklich nicht erwünscht. Auch die maximale Anzahl der negativen Höhenmeter pro Streckenlänge ist wieder reglementiert.

Die Teilnahme am ÖLV Running Cups ist grundsätzlich kostenlos möglich. Will man am Ende der Veranstaltungsserie jedoch die Holzplakette sein Eigen nennen und an der Verlosung von Warenpreisen teilnehmen, so ist die Teilnahmegebühr zu entrichten.

Da ich selten an Wettkämpfen über 5 oder 10 Kilometer teilnehme, fehlt mir ein wenig die Routine, mit welchem Tempo ich diese Streckenlängen anlaufen kann, um gegen Ende hin nicht einzubrechen. Rückblickend hätte ich wohl beinahe jede Strecke noch ein wenig schneller laufen können. Aber ich Grunde bin ich mit den erzielten Ergebnissen mehr als zufrieden.

Enttäuschend verläuft eigentlich nur der erste Versuch über 15 Kilometer. Denn bereits nach kurzer Zeit merke ich, dass mir die Müdigkeit zu sehr in den Beinen steckt. Ich entscheide mich, diesen Versuch nach lediglich 7,5 Kilometern abzubrechen.

Ich habe mir zur Veranschaulichung meiner Leistungen zwei Diagramme angefertigt. Das eine Mengengerüst zeigt die Entwicklung der Pace über die zunehmenden Distanzen. Die »Verlangsamung« erfolgt recht linear. Die Punktetabelle gibt Auskunft, dass ich auf den kurzen Strecken deutlich mehr auf die Referenzzeiten einbüße, als auf Strecken ab 10 Kilometer. Die 3 Kilometer lange Strecke laufe ich zum Schluss. Hier machen sich bereits positive Entwicklungen der gesetzten Temporeize bemerkbar. Die höchsten Punktezahlen habe ich bei den Läufen über 60 Minuten bzw. über die 10 Kilometer erreicht.

Am Ende des Trainingsblocks habe ich neue persönliche Bestzeiten über sämtliche Unterdistanzen zu Buche stehen. Meine Laufuhr bestätigt mir zudem ein neues Allzeithoch des VO2max-Wertes.

Mit 586,56 Punkten (für die Cup-Wertung werden die besten 7 Ergebnisse herangezogen) platziere ich mich auf dem 7. Platz der Allgemeinen Klasse bzw. auf dem 2. Platz der Altersklassenwertung M45.

Auch das Losglück ist mir ein weiteres Mal hold. Glücksgöttin Fortuna zieht meinen Namen als Gewinner eines Headstart Getränkepulvers. Das Getränkepulver wird mir ebenso wie die Holzplakette in den kommenden Tagen zugestellt. Herzlichen Dank!

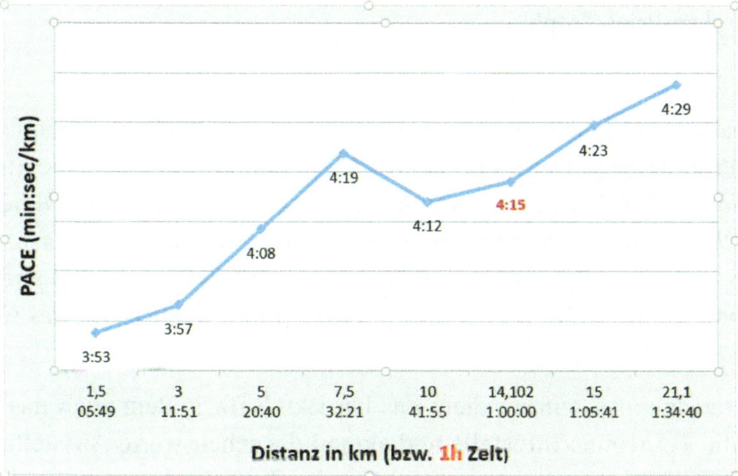

»Pace-Abflachung bei zunehmender Distanz«

Distanz	Referenz-Zeit	gelaufene Zeit	Punkte
1,5	04:25	05:49	75,93
3	09:30	11:51	80,17
5	16:15	20:40	78,63
7,5	25:15	32:21	77,93
10	35:00	41:55	83,50
1h	16,5 km	14,102 km	85,47
15	53:30	01:05:41	81,45
21,1	77:00	01:34:40	81,34

»Punktetabelle«

29: Pflichtausrüstung Schwindelfreiheit

Pyhrn-Priel-Trophy

Das oberösterreichische Spital am Pyhrn ist zum 7. Mal Austragungsort der Pyhrn-Priel-Trophy. Der anspruchsvolle »Marathon-Trail« hat eine Streckenlänge von 46,2 Kilometer. Obendrauf stellen sich 2.575 positive Höhenmeter in den Weg. Auf die gesamte Strecke sind nur 5 Kilometer auf asphaltierte Straßen zu laufen. Rund 14 Kilometer führen auf Schotterwegen und knapp 28 Kilometer auf Wald- und Wiesenpfaden entlang. Trail-Herz, was willst du mehr!

Als Veranstaltungszentrum dient das barocke Stift, in dem auch das JUFA-Hotel, die Tourismus-Infostelle und aktuell die sehenswerte Ausstellung von Gerlinde Kaltenbrunner untergebracht ist. Im Zuge der Veranstaltung werden die steirischen Meisterschaften im Bergmarathon ausgetragen. Dank meines Laufclubs, dem MT-Hausmannstätten, bin ich genannt. Wenngleich ich ob des starken Starterfeldes wohl nur Außenseiterchancen auf eine Altersklassen-Medaille habe.

Wir sind schon einige Tage hier in der Region und wohnen unweit des Stiftes. Ob die mit Wanderungen, Trainingsläufen und mit gutem Essen und Trinken verbrachten Tage meiner Form dienlich waren, wird sich in Kürze weisen.

Die Startnummernausgabe findet am Vorabend statt. Das strenge COVID-Präventivkonzept sieht vor, dass bei der Abholung der Startunterlagen MNS-Pflicht herrscht. Begleitpersonen dürfen das Veranstaltungsgelände nicht betreten. Das Race-Briefing wird am frühen Abend via Facebook live übertragen. Ich sehe es mir online in der Unterkunft an.

Guten Morgen Pyhrn-Priel-Trophy! Ich blicke aus dem Fenster und sehe dunkle Wolken am Himmel. Just als ich mich auf den Weg machen möchte, beginnt es stark zu regnen. Ich ziehe mir die Regenjacke über und trabe locker die paar hundert Meter zum Startbereich.

Zum Glück behält die Schönwetter vorhersagende Prognose recht. Denn pünktlich zum Start hört der Niederschlag auf und es zeigen sich erste Auflockerungen. Beim Zugang zum unmittelbaren Startbereich wird die Pflichtausrüstung kontrolliert. Der Start erfolgt in Intervallen, damit sich die Teilnehmer auf den ersten Metern nicht zu nahekommen. Noch immer herrschen sehr strenge Vorgaben zur Pandemiebekämpfung und diese machen auch vor Sportveranstaltungen nicht halt.

Als Teilnehmer an den Meisterschaften starte ich aus dem ersten Block. Die Strecke führt raus aus Spital und folgt dem Klammbach. Nach rund 2 Kilometer ist die erste nennenswerte Steigung hochzulaufen. Die Wege sind voller Wasserlachen. Die steinigen Trails sind glatt und die Wiesenpfade schlammig. Es gilt, sehr konzentriert zu laufen.

Die Favoriten auf den Sieg der Pyhrn-Priel-Trophy sind mir längst enteilt. Faszinierend, in welchem Tempo die Medaillenanwärter die Anstiege hochlaufen. Doch in welcher Geschwindigkeit auf diesem schwierigen Terrain talwärts geballert wird, ist schier unglaublich.

Es fehlt nicht nur an der Grundgeschwindigkeit, sondern und auch an der Risikobereitschaft. Ich habe nicht den Mumm, ohne Rücksicht auf Verluste bergab zu laufen. Zu groß ist meine Angst, auf dem rutschigen Untergrund zu Sturz zu kommen. Und auch heute habe ich meiner Familie versprochen, gesund nach Hause zu kommen. »Versprochen ist versprochen, daher wird auch nichts gebrochen!«, so oder so ähnlich lautet das Sprichwort.

Nach einigen Kilometern überlaufe ich die Landesgrenze zur Steiermark. Für knapp 30 Minuten befinde ich mich in meinem Heimatbundesland.

Die Strecke führt uns hinunter ins Tal. Das Belaufen des Teilstücks an der stark befahrenen Pyhrnpass-Straße ist kein Genuss. Es folgt der beschwerliche Aufstieg zur Wurzeralm. Obwohl ich erst knapp die Hälfte der Strecke hinter mich gebracht habe, fühle ich mich bereits ausgepowert. Da hilft die regelmäßige Einnahme von Energie-Gels nur bedingt. Die oft zitierte Tagesform ist heute nicht die Beste.

Rinnsale schießen auf den steilen Anstiegen entgegen. Der Boden ist sehr tief und aufgeweicht. Meine Stöcke leisten mir hier gute Dienste. Schritt für

Schritt steige ich der Wurzeralm-Bergstation entgegen. Endlich finde ich gut laufbare Kilometer vor. Zu den Labestationen ist zu erwähnen, dass auch hier Hygiene großgeschrieben wird. Kein Teilnehmer darf sich selbst bedienen, sondern das von ihm Gewünschte wird portioniert und in einer Einweg-Schale gereicht.

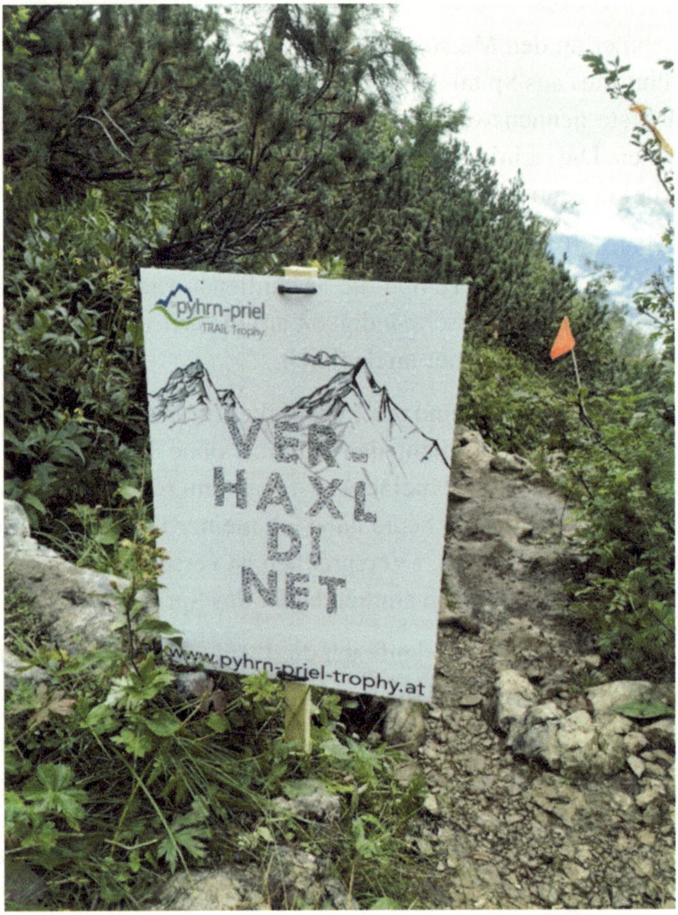

»anspruchsvolle Aufstiege und technische Downhills«

Ab dem Brunnsteinersee geht es steil zum Sattel der Roten Wand auf knapp 1.900 Meter Seehöhe hoch. Anstrengende 400 Höhenmeter sind auf einem einzigen Kilometer Länge zu erklettern. Teils sind die felsigen Stufen so hoch, dass ich mich auf allen Vieren hochziehe. Schwindelfreiheit ist hier vorausgesetzt.

Bergab sind die nächsten Kilometer auf nassem Gestein jedoch mindestens genauso fordernd wie der Aufstieg. Hinweisschilder mit den Aufschriften »Verhaxl di net« oder »Achtung schwieriges Gelände« warnen vor einem allzu übermütigen Downhill. Ich habe es heute körperlich nicht drauf. Umso vorsichtiger steige ich Stufe für Stufe abwärts.

Die Wege rund um Roßleithen sind gut laufbar. Dennoch häufen sich bei mir die Gehpassagen und Fotostopps. Mein gesetztes Ziel habe ich längst verfehlt. Aber trotz all der Strapazen wird auch dieser Bergmarathon in guter Erinnerung bleiben. Ich liebe die Herausforderung, lange und anspruchsvolle Laufstrecken zu meistern.

Ich erspähe die Spitaler Stiftskirche Mariä Himmelfahrt. Noch einmal geht es einige Höhenmeter aufwärts, um über unzählige Stufen den Josefiberg hinunter zu laufen.

Nach 7 Stunden und 13 Minuten bin ich im Ziel. Ich wiederhole mich, aber das Ambiente hier rund um das Stift ist wirklich atemberaubend. Schade, dass ich nicht länger verweilen kann. Denn auch hier macht das Präventivkonzept einen Strich durch die Rechnung und schickt uns Teilnehmer fort vom Veranstaltungsgelände.

Ich platziere mich unter 102 gestarteten Teilnehmern auf den für mich doch enttäuschenden 66. Rang. In der Altersklassenwertung der Steirischen Meisterschaften belege ich den undankbaren 4. Rang.

30: #letsgograz - 7 Summits Extreme

Die Pandemie wirbelt die Lauftermine der Veranstalter weiterhin gehörig durcheinander.

Spannend und erwähnenswert ist ein Projekt der Landeshauptstadt Graz. Unter dem Motto »Let´s Go! Graz« soll die Bevölkerung für den Sport begeistert und das Bewusstsein für den gesundheitlichen Aspekt des Sports gestärkt werden.

Eines der sportlichen Betätigungsfelder von »Let´s Go! Graz« sind die sogenannten 7 Summits. Die Herausforderung ist, die 7 höchsten Gipfel um Graz zu erklimmen. Dazu zählt der Schloßberg, die Satellitenstation auf dem Lustbühel, der Fürstenstand, die Kirche St. Johann und Paul, die Kronprinz-Rudolf-Warte am Buchkogel, die Stephanienwarte auf der Platte und natürlich auch der Hausberg der Grazer, der Schöckl.

Die Checkpoints sind mit »Let´s Go! 7 Summits - Schilder« markiert. Es liegen vor Ort Stempel bereit, um damit seinen Sammelpass zu füllen. Hat man bis November des Jahres alle Stempel gesammelt, erhält man eine Wandernadel samt Urkunde und nimmt an der Verlosung von Preisen teil. Es geht hier nicht um die schnellste Zeit, sondern um das Erlebnis in der Natur.

Für Extremsportler und Bewegungsenthusiasten wurde ein besonderer Wettbewerb ins Leben gerufen, nämlich die **7 Summits Extreme**.

Der Start dieser Challenge erfolgt am Grazer Hauptplatz. Nun gilt es für die Teilnehmer, nonstop alle 7 Gipfel aufzusuchen. Die Reihenfolge bleibt jedem selbst überlassen. Das Ziel ist wiederum der Hauptplatz.

Der Wettkampf wird über die App »MapRun6« gelaufen. Diese App, für den Orientierungslauf konzipiert, registriert die angelaufenen Punkte und speist im Anschluss die Daten in die Ergebnistabelle.

Zwei Klassen kommen in die Wertung. Entweder man bewältigt die Strecke gänzlich zu Fuß oder in einer Kombination aus Rad und Fuß.

Ehrensache, mich der Herausforderung zu stellen. Dank toller Plattformen ist es mittlerweile ein Leichtes, sich Routen am Computer zu designen und anschließend auf die Laufuhr zu laden. Damit ist die Orientierung um ein vielfaches einfacher.

Ich überlege lange, in welcher Reihenfolge ich Gipfel für Gipfel belaufen werde. Letztendlich ist die Strecke meines Vertrauens 62 Kilometer lang und beinhaltet 2.600 Höhenmeter. Der Reihe nach werde ich den Schloßberg, dann Lustbühel, die Platte, den Schöckl, den Fürstenstand, St. Johann und Paul, zu Guter Letzt die Kronprinz-Rudolf-Warte anlaufen.

Mein Ziel definiere ich sehr klar. Die aktuelle Bestzeit liegt bei 8 Stunden und 15 Minuten. Ich möchte diese Zeit unterbieten. Ich brauche konkrete Ziele, denn ohne ein solches würde der Kopf ich im Verlauf eines solchen Langstreckenlaufes alle möglichen Gründe finden, Geh- und Stehpausen einzulegen.

Offizielle Verpflegestellen gibt es keine. Was ich auf der Strecke benötige, muss ich in der Laufweste mitführen. Lediglich Wasser kann ich an den Trinkwasserbrunnen in Mariatrost, Stattegg und St. Martin nachzufüllen.

Es ist Zeit für das beliebte Reisespiel »Ich packe ~~meinen Koffer~~ meine Salomon Laufweste und nehme mit …«. Es sind 2 Softflasks, 8 Energie-Gels meines Vertrauens, einen Notgroschen für alle Fälle, die Regenjacke, ein Ersatz-Shirt, das Smartphone samt Powerbank, Taschentücher, einen MNS, ein kleines Erste-Hilfe-Set und einen Müllbeutel. Trotz eines hohen Anteils an Asphaltstraßen trage ich an den Füßen meine favorisierten Trail-Schuhe.

Noch bevor der Wecker um 05:30 Uhr läutet, bin ich wach. Mein Herz lacht voller Vorfreude, während ich beim Frühstück auf Bewährtes vertraue. Zwei Tassen Kaffee und ein Toastbrot mit Schokocreme wecken meine Lebensgeister.

Ich fahre in die Landeshauptstadt und parke nahe dem Zentrum. Da heute ein Feiertag ist, sind Kurzparkzonen gebührenfrei und ohne Zeitbeschränkung nutzbar. Ich ziehe mir die Laufweste an und starte auf meiner Uhr die Streckenführung. Auch die App am Handy starte ich.

Eine kuriose Szene erlebe ich auf dem Weg zum Hauptplatz. Unmittelbar neben mir hält ein Auto, ein im Jogginganzug gekleideter Mann springt aus dem Wagen und läuft mit dem Smartphone in der Hand Richtung des Erzherzog-Johann-Brunnens. Dann trabt er wieder zum Fahrzeug zurück und braust davon. Ich versuche mir den Hergang plausibel zu erklären, mache mir Gedanken um das Fairplay solcher Wettbewerbe. Aber vermutlich interpretiere ich die Situation gänzlich falsch. Meine Hirngespinste werden ohnehin jäh unterbrochen, denn mein Smartphone meldet ein akustisches Signal und vibriert. Die App hat registriert, dass ich mich am Startpunkt der **7 Summits Extreme** befinde. Die Zeit läuft!

Es hat in den letzten Stunden geregnet. Aktuell ist der Himmel bewölkt, hält aber seine Schleusen geschlossen. Die Temperaturen werden sich im Lauf des Tages zwischen 10 und 15 Grad bewegen und auch die Sonne soll sich laut Wetterfrosch gelegentlich zeigen. Alles in allem sind es gute Bedingungen für die heutige Herausforderung, sofern die unbefestigten Pfade von den Regenfällen der letzten Stunden nicht zu sehr aufgeweicht sind.

Ich trabe locker los und folge der Sackstraße bis zum Schloßbergplatz. Stufe für Stufe steige ich den sogenannten Kriegssteig empor. Ich lasse es ruhig angehen, will nicht schon auf den ersten Metern wichtige Körner vergeuden. Nach knapp 10 Minuten stehe ich vor dem Hackher-Löwen und die App registriert den ersten Gipfel.

Die Strecke führt mich an der Grazer Burg vorbei. Im Burghof gibt es die einzigartige spätgotische Doppelwendeltreppe zu bestaunen. Über die Waltendorfer Hauptstraße laufe ich dem zweiten Gipfel, der Satellitenanlage am Lustbühel, entgegen. »vipp, vipp« macht das Smartphone und der zweite Kontrollpunkt ist registriert.

Auf Gemeindestraßen geht es talwärts. Ich quere den Ragnitzbach und laufe einen kurzen Abschnitt die Ragnitzstraße entlang. Auf dem Weg ins Stiftingtal verlaufe ich mich das erste Mal. Ein auf der Uhr angezeigter Pfad existiert in der Natur nicht. Ich finde erst nach langem Suchen einen geeigneten Weg, um trocken über den Stiftingbach zu gelangen.

Ich bin ein wenig frustriert. Um mein ambitioniertes Zeitziel zu erreichen, müssen solche Bonusmeilen die Ausnahme bleiben. Jedoch folge ich nur wenig später an einer Weggabelung wiederum dem falschen Pfad. Einige Höhenmeter später erkenne ich den Irrtum und sehe auf Grund der schwierigen Topografie keine andere Möglichkeit als umzukehren, um wieder auf die korrekte Strecke zu gelangen.

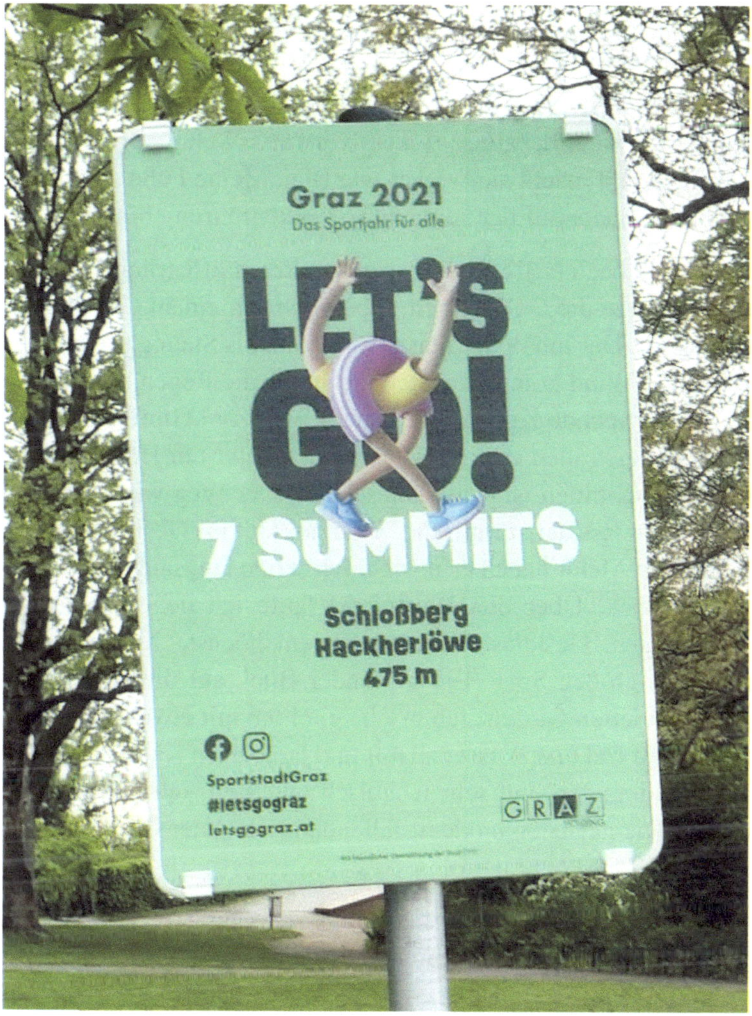

In Mariatrost angekommen, laufe ich den Janischhofweg hoch. Bereits 15 Kilometer liegen hinter mir. Ich bin hier nicht ortskundig und daher sehr überrascht, als ich plötzlich vor der Stephanienwarte stehe. So schnell habe ich den dritten Gipfel nicht erwartet. Aber prima! Einen öffentlichen Trinkwasserbrunnen gibt es hier auch.

Ich befülle meine Flasks und laufe schnurstracks zu Tal. Vor mir liegen herrlich laufbare Wiesen- und Waldwege. Ich quere den Weizbach und kann im Dickicht dem angezeigten Track auf der Uhr abermals nicht folgen. Umfriedete Einfamilienhäuser versperren mir den Zugang zur Radegunder Straße. Ich muss einen weiteren Umweg in Kauf nehmen und schinde mich in der Furche eines kürzlich bebauten Ackers vorwärts. Lehm verklebt die Sohlen meiner Schuhe und macht sie schwer wie Blei. Meine Füße sind klatschnass, als ich endlich wieder auf der geplanten Streckenführung bin.

Hier am Schöcklbach treffe ich auf einen weiteren öffentlichen Trinkwasserbrunnen. Ich nutze die Gelegenheit, labe mich mit einem Gel und trinke ordentlich Wasser. Der Inhalt der Flasks muss nun bis Stattegg reichen. Ein kalter, stürmischer Wind kommt auf. Ich ziehe mir die Regenjacke über. Es stehen mir 7 anstrengende Kilometer auf dem Weg zum Gipfel des Schöckl bevor. Auf Schotterstraßen erklimme ich Höhenmeter um Höhenmeter. In den bewaldeten Abschnitten ist es windgeschützt. Der Weg wird steiler, das Gelände offener, sodass der stürmische Wind mir kalt ins Gesicht bläst. Die letzten paar hundert Meter haben es in sich. Ich steige langsam die steile, unwegsame Wiese hoch. Über den Westgipfel laufe ich dem Alpengasthof am Schöckl entgegen. Gesteinsbrocken erfordern höchste Konzentration, dennoch macht es großen Spaß. Ein prüfender Blick auf die App bestätigt das Erreichen des vierten Gipfels. Ich mache ein Foto mit etwas trübem Blick auf Graz, nehme ein Gel und Wasser zu mir und laufe nach Kalkleiten zurück. Die ersten zwei Kilometer sind sehr technisch und steil. Ich laufe langsam und konzentriert. Die nächsten moderat fallenden Kilometer lassen sich in gutem Tempo laufen.

In Kalkleiten versäume ich abermals eine Abzweigung. Es klingt beinahe ironisch, dass ich mich im sogenannten »Falschgraben« verlaufen habe. Immer größer wird die angezeigte Abweichung auf meiner Uhr zur geplanten Wegstrecke, sodass mir nichts Anderes übrigbleibt, als über einen sehr steilen Hang abzusteigen. Windbruchholz und rutschiges Terrain erschweren zusätzlich das Vorankommen.

Endlich habe ich wieder festen Boden unter den Füßen. Kurze Zeit später treffe ich in Stattegg ein. Auf Asphaltstraßen laufe ich nach St. Veit bei Graz weiter. Ein Mountainbiker strampelt langsam eine Anhöhe empor. Ich überlege, den Radfahrer mit einem Zwischensprint zu überholen. Gedankenverloren verpasse ich abermals eine Abzweigung. Die Uhr greift korrigierend ein, aber die überflüssigen Meter summieren sich. Der Leser mag meinen »Was raunzt der Schreiberling andauernd? Dann ist er eben ein paar Minuten langsamer!«. Ganz so einfach ist es aber nicht. Denn überlässt man auf ultralangen Strecken dem Kopf die Regie, dann hat er im Zusammenspiel mit dem schon ermüdeten Körper hunderte Gründe, um fortwährend in den Gehschritt zu verfallen. Aus den geplanten 8 Stunden werden dann nicht 8 Stunden und 10 Minuten, sondern durch immer häufigere Geh- und Stehpausen 9, 10 oder 11 Stunden. Auch dieser Umstand mag vielen egal sein. Aber mein Zugang ist eben, Strecken wie diese in einer für mich möglichst schnellen Zeit zu belaufen. Und da zählt dazu, mich mit Zielen unter Druck zu setzen, um in Bewegung zu bleiben.

Am Golfplatz in Andritz werden eifrig Bälle abgeschlagen. Mich hindert eine rote Ampel an der Wienerstraße, meinen Weg fortzusetzen. Ich muss gestehen, fremdgesteuerte Stopps sind dann doch eine willkommene Verschnaufpause Ich laufe über den Fluss Mur weiter nach Gösting.

Beinahe in der vertikalen Falllinie geht es hoch zur Fürstenstandwarte. »Es gibt bestimmt laufbarere Wege hier hinauf!", ärgere ich mich über den unachtsam gewählten Weg. Nicht immer ist der direkte Weg der Schnellste. Ich ziehe mich an Bäumen dem rutschigen Steilhang nach oben. Teils auf allen Vieren überwinde ich auf dem 1,4 Kilometer langen Abschnitt rund 360 Höhenmeter. Nach 25 schweißtreibenden Minuten habe ich die Aussichtplattform auf dem Plabutsch und somit den fünften Gipfel erreicht. Ich schließe das Smartphone an die Powerbank um sicherzustellen, dass die Akkuleistung bis zum Ziel ausreicht. Auch für einen Energieriegel muss Zeit sein.

Mittlerweile bin ich 49 Kilometer weit gelaufen. Laut meinem Track müsste es hier einen Pfad geben, den ich in der Natur jedoch nicht finde. Ich laufe hin und her, verliere wieder wertvolle Minuten und bin am Rande der Verzweiflung. Letztendlich entscheide ich mich, über einen steilen Pfad abzusteigen. Nasses, mannshohes Strauchwerk klatscht mir ins Gesicht. Die Uhr ist außer sich, fordert lautstark eine andere Richtung ein. Aber ich muss auf schnellstem Weg hinunter nach Eggenberg.

Am Talboden angekommen habe ich Sorge, den sechsten Gipfel verpasst zu haben. Aber rasch wird klar, dass die Kirche St. Johann und Paul noch vor mir liegen muss. Entlang der Baiernstraße kann ich ein paar schnellere Kilometer laufen, obwohl ich bereits 53 Kilometer in den Beinen habe und seit 6 Stunden und 45 Minuten unterwegs bin. Der Aufstieg nach St. Johann und Paul bietet einige Abwechslung. Erst führt die Strecke auf Asphaltstraßen, dann über Holzstufen und zu guter Letzt über einen felsigen Waldweg hoch. Die App signalisiert, einen weiteren Kontrollpunkt korrekt passiert zu haben.

Zur Kronprinz-Rudolf-Warte führt ein durch Forstarbeiten aufgeweichter, tief verschlammter Waldweg. Der Abschnitt zum letzten Gipfel will nicht enden. Unter mir führt der Plabutschtunnel, der die Pyhrn Autobahn an Graz vorbeiführt. Ich zwinge mich, im Laufschritt zu bleiben. Die Uhr tickt erbarmungslos. Nach einigen Kehren und Höhenmetern habe ich es geschafft. Ich habe den siebenten Gipfel der »7 Summits« erklommen. Nun muss ich zurück in die Grazer Innenstadt.

Ich laufe einen steilen Waldweg hinunter und rutsche auf dem weichen, tiefen Untergrund aus. Eine leicht blutende, verdreckte Schürfwunde am rechten Unterschenkel ist die Folge. Und eine Panier aus Matsch ziert mich von Kopf bis Fuß. Eine Versorgung der Wunde scheint mir nicht erforderlich. Mit Bedacht gesetzten Schritten laufe ich an der Schlosskirche St. Martin vorbei zu Tal. 6 Kilometer trennen mich vom Ziel. Über die Peter-Rosegger-Straße nähere ich mich dem Stadtzentrum. Eine Hochrechnung lässt mich durchatmen. So darf ich für jeden verbleibenden Kilometer 8 Minuten benötigen, um dennoch mein Zeitziel zu erreichen. Als ich über Don Bosco in die Kärntnerstraße laufe wird klar, dass ich mir die Butter nicht mehr vom Brot nehmen lasse.

Auch nicht, als ich am Eggenberger Gürtel durch die Ampelschaltung eine weitere Minute verliere. Auf den letzten beiden Kilometern scheint die Erschöpfung wie weggeblasen zu sein. Ich blicke vom Südtiroler Platz zum Schlossberg hoch und denke mit Gänsehaut an den heutigen Morgen zurück, als ich hier vor 8 Stunden die Herausforderung angenommen habe.

Ich quere den Fluss Mur, durchlaufe die schmale Murgasse und beende nach 8 Stunden und 8 Minuten meine persönlichen **7 Summits Extreme** am Erzherzog-Johann-Brunnen, inmitten des Grazer Hauptplatzes.

Die App signalisiert, dass ich alle Kontrollpunkte ordnungsgemäß passiert habe und lädt meine Laufzeit in die Ergebnisliste hoch. Geschafft! Ich bin überglücklich!

Ein paar Tage später wird das offizielle Endergebnis veröffentlicht. Ich habe die Altersklassenwertung Masters Ü45 gewonnen.

Die geplante Siegerehrung im Zuge der Galanacht des Sports kann laut Veranstalter Corona bedingt nicht stattfinden. So werden die Medaille und eine Urkunde Wochen später per Post übermittelt.

Da ich die Strecke ohne Support und ausschließlich mit Leitungswasser aus öffentlichen Trinkwasserbrunnen bestritten habe, werde ich auf der Plattform »fastestknowntime« bis auf Weiteres als Bestzeitenhalter der **7 Summits Extreme** in der Disziplin »unsupported« geführt.

31: HAGE Zirbitzkogel-Berglauf

Ich bin auf dem Weg nach St. Anna am Lavantegg, einem Ortsteil der Gemeinde Obdach. Hier erfolgt in rund zwei Stunden der Startschuss zum 25. HAGE Zirbitzkogel-Berglauf.

Es erwartet mich eine 11,2 Kilometer lange Laufstrecke, garniert mit 1.106 Höhenmetern. Das Ziel des Berglaufs befindet sich wenige Höhenmeter unterhalb des Gipfelkreuzes auf knapp 2.400 Meter Seehöhe. Der Zirbitzkogel ist damit die höchste Erhebung der Lavanttaler und Seetaler Alpen.

Organisiert wird der Berglauf auf den Zirbitzkogel vom SC Obdach. Für den Organisationsbeitrag, der je nach Nennzeitpunkt zwischen 30 und 80 Euro beträgt, erhält man ein Verpflegungspaket, ein Berglauf-Menü, ein Zielfoto, Tee am Berg, einen Gepäcktransport zum Gipfel, eine hölzerne Finisher-Medaille, bei Bedarf einen Rücktransport, ein T-Shirt und eine große Warenpreisverlosung. Für die Tagesschnellsten gibt es Pokale und Geschenkkörbe.

Den Kleidertransport nehme ich gerne in Anspruch. Ich schicke eine Haube, die Regenjacke und ein wärmendes Langarmshirt auf den Berg. Ich will gewappnet sein, wenn es im Ziel windig und kalt ist. Zudem packe ich meine Laufweste mit in den Kleiderbeutel. Ich möchte auf den Shuttle-Dienst verzichten und plane, die Strecke retour nach St. Anna ebenfalls zu laufen.

Auch die Steirischen Meister im Berglauf werden heute gekürt. Mein Laufclub MT-Hausmannstätten hat mich genannt und ich erhoffe mir in der Altersklasse zumindest die Bronze-Medaille. Ein Blick in die Nennliste verrät, dass das Starterfeld sehr stark besetzt ist und es von mir eine überdurchschnittlich gute Leistung braucht.

Es ist kurz nach 10 Uhr. Ich laufe mich einige Minuten warm. Der Körper soll auf Betriebstemperatur sein, wenn es vom Start weg zügig nach oben geht.

Wir Teilnehmer der Meisterschaften nehmen an der Startlinie Aufstellung und dürfen zuerst auf die Strecke. Zwei Minuten später starten die übrigen Berglaufbegeisterten.

Startschuss! Die Favoriten übernehmen die Spitze und laufen zügig aufwärts. Ich versuche, mich dadurch in meiner eigenen Tempogestaltung nicht beeinflussen zu lassen. Bald habe ich meine Position im Läuferfeld gefunden.

Die Strecke verläuft anfangs über Hohlwege. Diese sind mit Steinen und Tannenzapfen übersät. Mancherorts sorgt ein Teppich aus Tannennadeln für eine komfortable Dämpfung. Auch riesige Ameisenhügel stechen mir ins Auge. Unglaublich, was zu leisten diese kleinen Tiere im Stande sind.

Zirben, auch Zirbelkiefer genannt, sind hier ebenfalls weit verbreitet und besiedeln als höchstvorkommender Baum die Gebirgsketten bis über 2.000 Meter Seehöhe.

Auf einem flachen Single-Trail geht es weiter Richtung Waldheimhütte. Hier erwartet uns eine erste Verpflegestelle. Gleich darauf folgt ein sehr steiler Streckenabschnitt. Aber bereits nach einigen hundert Metern wird der Pfad wieder laufbarer. Bald ist die Baumgrenze erreicht und man kann bis zur Schutzhütte hochblicken. Es ist ein imposanter Anblick, wie sich in weiter Ferne die Serpentinen den steilen Schlussanstieg empor winden.

Ich bin von der Strecke sehr angetan, denn trotz der vielen Höhenmeter lassen sich die allermeisten Passagen gut laufen. Zudem entschädigen die Blicke auf den Zirbitzkogel und auf die umliegenden Schneefelder und Gipfel der Seetaler Alpen für die Strapazen.

Der Pfad ist einem Schotterweg gewichen. Und es wird richtig steil. Ich bin in einen schnellen Gehschritt verfallen. Richtung Süden blicke ich auf den Lavantsee hinunter, während ich Meter um Meter dem Ziel entgegen steige. Hinweisschilder am Streckenrand informieren über die noch verbleibende Streckenlänge. Die Kehren wecken Erinnerungen an den Schlussanstieg beim Lauf auf den steirischen Erzberg.

Geschafft! In einer für mich sehr zufriedenstellenden Zeit von 1 Stunde, 28 Minuten und 44 Sekunden überlaufe ich die Ziellinie. Mit dieser Zeit klassiere ich mich auf Rang 35 von 88 gestarteten Teilnehmern. In meiner Altersklasse belege ich den guten, aber undankbaren 4. Platz. Auch bei den steirischen Meisterschaften bleibt für mich leider nur »Blech«.

Ich erhalte eine Finisher-Medaille aus Holz und gönne mir ein alkoholfreies Bier. Ich tausche meine verschwitzten Klamotten gegen ein warmes Shirt, die Windjacke und eine Haube. Ich steige für ein Foto die letzten Höhenmeter zum Gipfelkreuz hoch. Die Wettervorhersage prognostiziert leider aufziehende Gewitter, sodass ich nicht lange am Gipfel verharre und mich auf den Rückweg nach St. Anna mache.

Die Siegerehrung gerät aus meiner Sicht zu einer Farce. Obwohl ich laut der online gestellten offiziellen Ergebnisliste bei den steirischen Meisterschaften auf Platz 4 ausgewiesen bin, werde ich dennoch als Gewinner der Bronzemedaille auf das Siegertreppchen gerufen. Ich weise den Moderator auf die Ergebnisliste hin und beteuere, dass ich wohl nur Vierter geworden bin. Man will mir keinen Glauben schenken und hängt mir die Medaille um den Hals. Es lässt natürlich nicht lange auf sich warten, bis der wahre Dritt-Platzierte den Medaillengewinn für sich reklamiert.

Es wird mir angeboten, die Medaille zu behalten. »Auf keinen Fall!«, entgegne ich genervt und reiche die Medaille weiter. Dennoch werde ich gebeten, für Fotos bei der Siegerehrung zu bleiben. Alles in allem ist diese Situation für mich nicht sehr angenehm. Nichts desto trotz ist der Berglauf auf den Zirbitzkogel allemal eine Reise wert.

32: Alle guten Dinge sind drei

Mozart 100

Ich habe knapp 85 Kilometer hinter mich gebracht und lasse es mir an der Verpflegestelle Hof richtig gut gehen. Während ich ein Stück Schwarzbrot, eine Trockenwurst und gesalzene Tomaten esse, dazu eine Flasche alkoholfreies Bier trinke, bin ich in Vorfreude, den Mozart 100 ein drittes Mal erfolgreich zu Ende zu bringen. Ich bin routiniert genug um zu wissen, dass mir auch heute die sprichwörtliche Butter vom Brot - deutlich vor Zielschluss - kaum mehr zu nehmen ist.

Aber von vorne. Ich reise am Freitag gegen Mittag mit dem Zug von Graz nach Salzburg. Eine Strecke kostet im Tarif der ÖBB-Sparschiene knapp 20 Euro. Der Preis ist ein Schnäppchen, zudem ist die Bahnfahrt bequem und stressfrei. Die nächsten zwei Nächte verbringe ich im Austria Trend Hotel Europa, direkt am Hauptbahnhof Salzburg gelegen. Ich kann das Haus vorbehaltlos weiterempfehlen. Das Einzelzimmer ist sehr geräumig, und das Frühstücksbuffet bietet eine große Auswahl und schmeckt lecker. Zudem genießt man vom im 15. Stock gelegenen Restaurant eine tolle Sicht auf Salzburg.

Ich weiß, was mich mit dem Mozart 100 erwartet. Denn ich stehe bereits zum 3. Mal am Start dieses anspruchsvollen, aber landschaftlich wunderschönen Ultratrails. Der Unterschied zu meinen bisherigen Teilnahmen ist der Termin. Bislang hat der Mozart 100 immer im Juni stattgefunden. Heuer muss der Lauf pandemiebedingt im September ausgetragen werden.

Das hat zur Konsequenz, dass die erste Stunde am Morgen mit Stirnlampe zu laufen ist und dass ich am Abend ebenfalls in der Dunkelheit und mit künstlichem Licht den Nockstein und Kapuzinerberg zu meistern haben werde. Zum anderen ändert sich auch die Streckenführung geringfügig, da nun im Spätsommer einige Passagen auf Grund der Hirschbrunft nicht belaufen werden dürfen. Ich finde diese Entscheidung zu Gunsten der Natur sehr sympathisch und finde diese Rücksichtnahme absolut notwendig.

Nach dem Hotel Check-in fahre ich mit dem Bus Richtung Kapitelplatz, wo schon reges Treiben herrscht. Der 3-G-Status wird überprüft, bevor ich Zutritt zum Veranstaltungsbereich erhalte. Ich nehme die Startnummer 123 und den Startersack entgegen, der mit dem einen oder anderen Gimmick befüllt ist. Die Startnummer finde ich übrigens sehr passend. Denn ich bin ja nicht das erste, nicht das zweite, sondern das dritte Mal hier in der Mozartstadt, also 123!

Nach der Vorstellung der Eliteathleten und dem Race-Briefing fahre ich ins Hotel zurück und treffe die letzten Vorbereitungen für den kommenden Lauftag.

Ich schlafe unerwartet gut und werde um 03:30 Uhr vom Wecker aus dem Schlaf geholt. Wenn um diese schlaftrunkene Zeit die Kontaktlinsen am rechten Fleck sitzen, ist die größte Hürde gemeistert. Mein Frühstück besteht lediglich aus einem Schokoriegel. Denn Kaffee ist hier im Hotel um diese Uhrzeit leider noch keiner zu kriegen. Das gestern von der Rezeption vorbestellte Taxi holt mich pünktlich um 04:15 Uhr ab.

Beim Einlass zum Startbereich wird die Pflichtausrüstung stichprobenartig kontrolliert. Nach einer kurzen Begrüßung durch den Veranstalter sind die Stirnlampen einzuschalten und schon geht es pünktlich um 05:00 Uhr auf die Strecke.

Mein grober Plan sieht vor, in rund 17 Stunden zurück in Salzburg zu sein. Für eine schnellere Zeit wird es kaum reichen, denn die Vorbereitung war durch eine Borriolose samt Antibiotika-Therapie unterbrochen. Zudem habe ich im Sommer zu viel Zeit am Tennisplatz und zu wenige Stunden in Laufschuhen verbracht. Das Minimal-Ziel sind 22 Stunden. Denn das ist das Limit, um für die Startplatz-Lotterie des Western States 100 zugelassen zu werden.

Mein persönliches Lauferlebnis entwickelt sich wie erwartet. Die ersten 40 Kilometer laufen richtig rund. Der Abschnitt zwischen den Kilometermarkierungen 35 und 65 ist generell sehr anspruchsvoll. Durch die heuer notwendig gewordene Anpassung des Streckenverlaufs finde ich diesen Mittelteil des Mozart 100 noch fordernder als bei meinen ersten beiden Starts in Salzburg.

Zuerst führt die Strecke bis zum Gipfelkreuz des Zwölferhorns hoch. Der folgende, teils sehr technische und lange Abstieg hinunter nach St. Gilgen quält meine Zehen und auch die vorderen Oberschenkelmuskeln. Nach einer Labe geht es in den schweißtreibenden Aufstieg zur Schafbergalm. Der anspruchsvolle Downhill zurück ins Tal nach St. Gilgen verlangt konzentriertes Laufen und gönnt den Beinen weiterhin keine Verschnaufpause. Am Ufer des Wolfgangsees angekommen, muss abermals das Zwölferhorn bis zur Sausteigalm hochgestiegen werden.

Aber auch der technisch anspruchsvolle Trail über den Nockstein gestaltet sich in der Dunkelheit wesentlich schwieriger als bei Tageslicht.

Ich habe auf den letzten Kilometern deutlich an Tempo eingebüßt. Zum einen laufe ich im Lichtkegel der Stirnlampe vorsichtiger. Zum anderen wird mir die Rechnung für die suboptimale Vorbereitung präsentiert.

Letztendlich benötige ich bei meiner dritten Teilnahme in der Mozartstadt 17 Stunden und 54 Minuten. Es war ein schöner Tag, den ich auf den Trails des Salzburger Landes verbringen durfte. An der Organisation gibt es auch diesmal nichts zu bemängeln. Die Strecke selbst braucht ohnehin keine Vergleiche mit konkurrierenden Ultra-Trails zu scheuen. Und auch das primäre Ziel, die Qualifikationszeit für eine erneute zur Startplatz-Lotterie des Western States 100 zu unterbieten, habe ich ganz klar erreicht.

33: Die Startplatzlotterie 2021

Ich habe ein eigenartiges Gefühl, als ich die Live-Übertragung aus Auburn auf dem Notebook starte. An meinem Körper nagt der Zahn der Zeit. Der Knorpelschaden im Knie ist nicht zu verleugnen. Auch der Sportmediziner meines Vertrauens rät, ein wenig kürzer zu treten. Was in meinem Fall bedeutet, mich doch mit Strecken bis zur Marathondistanz zu begnügen. Die Startplatzlotterie verläuft ähnlich wie die Lotterien der Jahre zuvor. Los um Los wird gezogen. Ein Glücklicher aus Österreich ist nicht dabei. Es ist kein Wunder, denn die Zahl der Tickets hat sich abermals erhöht. 29.724 Tickets von 6.208 Teilnehmern, darunter 18 Österreicher, befinden sich in der Los-Trommel. Ich habe, wie weitere 513 Teilnehmer, 8 Lose im Rennen um einen der begehrten Startplätze.

Alle 220 Startplätze sind ausgelost. Mehr gibt es heuer nicht. Denn im heurigen Sommer konnte aus Europa nur erschwert in die USA eingereist werden. Daher wurden diese Startplätze in das nächste Jahr übertragen. Mein Sohn umarmt mich tröstend. Auch meine Frau ist enttäuscht, dass wir nicht nach Kalifornien reisen. Ich selbst trage es mit Fassung, wieder nicht dabei zu sein. Denn die Wahrscheinlichkeit von unter 10 Prozent lässt einem Realisten keine großen Hoffnungen. Ein wenig trübselig drehen sich meine Gedanken darum, ob ich die Jagd nach meinem sportlichen Traum im nächsten Jahr fortsetzen werde. Wird mein Körper es zulassen, wieder große Umfänge zu trainieren, um einen Qualifikationslauf erfolgreich zu Ende bringen zu können? Wie lange kann ich meine Motivation hochhalten, sehr viel meiner Freizeit diesem scheinbar unerreichbaren Ziel unterzuordnen? Tief in meinem Inneren spüre ich allerdings, dass dieser Traum vom Western States 100 nicht so einfach begraben werden kann. Es würde eine zu große Leere bleiben.

Immer wieder müssen sich Läufer auf Grund von Verletzungen oder aus anderen, persönlichen Gründen aus dem Rennen zurückziehen. Um keine ungenutzten Startplätze zu haben, wird daher seit einigen Jahren eine Warteliste gelost. Gibt dann jemand seinen Startplatz frei, rückt der nächste der Warteliste in das offizielle Starterfeld.

Ich verfolge nur mehr beiläufig die Ziehung der Plätze für die Warteliste. Dann spitzen wir jedoch die Ohren: **»First runner from Austria«, »from Fernitz-Mellach«!** Hat der Moderator tatsächlich gesagt, dass am Zettel, den er in der Hand hält, der Name eines Läufers aus Österreich, konkret aus Fernitz-Mellach, steht? Er nennt meinen Namen! Zwar nicht korrekt ausgesprochen, denn das »ö« scheint ihm sichtlich Probleme zu machen. Aber es ist eben wahr geworden. Wolfgang Kölli aus Fernitz-Mellach wurde auf Platz 9 der Warteliste für den Western States 100 gezogen.

Meine hochemotionale Frau kreischt. Mein Sohn fällt mir um den Hals und hat Tränen vor Freude in den Augen. Ich selbst sitze beinahe stoisch vor dem Bildschirm. Ich bin fassungslos. Ich kann nicht glauben, was ich soeben gehört habe. Ein Platz so weit vorne auf der Warteliste ist im Grunde ein Garant dafür, es tatsächlich ins Teilnehmerfeld zu schaffen.

Später als erwartet ist es dann Gewissheit. Erst am 16. April stehe ich als offizieller Teilnehmer auf der Startliste des Western States 100 Endurance Run. Die Erfüllung meines sportlichen Lebenstraumes ist in greifbare Nähe gerückt.

Die folgenden Wochen sind sehr nervenaufreibend. Denn neben einer sportlichen Vorbereitung bedarf ein solches Mammutprojekt einiges an Organisation. Leider ist auch Corona weiterhin ein leidiges Thema. Sich kurzfristig ändernde Einreisebestimmungen, umfangreiche Testpflichten, zusätzliche erforderliche Formblätter sind nur einige der Folgen. Und das Damoklesschwert einer möglichen Erkrankung ist ebenfalls gegenwärtig.

34: Ich kann auch schnell

Vulkanland Frühlingslauf Leitersdorf

Nach zwei Jahren Pause wird in Leitersdorf im Raabtal der Frühling endlich wieder standesgemäß mit dem Vulkanland-Frühlingslauf willkommen geheißen. Veranstaltet wird das steirische Laufopening vom ASKÖ Rad- und Kulturverein Leitersdorf. Die Zeitnehmung erfolgt durch einen Zeitchip von PENTEK-timing. Das Fotoservice wird von Foto Viertbauer übernommen. Aber auch der Veranstalter selbst macht unermüdlich Fotos und stellt diese ein paar Tage später unentgeltlich auf seiner Homepage zur Verfügung.

Parkplätze sind etwas außerhalb vom Ortskern zur Genüge vorhanden. Das Startersackerl ist mit Warenproben und Werbepapieren prall gefüllt. Auch ein Los für die Tombola, bei der es Geschenkkörbe und ein Mountainbike zu gewinnen gibt, wird mit der Startnummer ausgegeben. Zudem gibt es für alle Finisher eine schöne Medaille.

Was mir als Läufer wichtig ist, finde ich im »Komm Zentrum Leitersdorf«. Die Mehrzweckhalle im unmittelbaren Start- und Zielbereich bietet neben dem Schutz vor schlechtem Wetter auch Dusch- und Umkleidemöglichkeiten, Toiletten, die Ausschank von Speisen und Getränken sowie Tische und Bänke, um sich zu laben oder der Siegerehrung und der Warenpreisverlosung zu lauschen.

Auch für musikalische Umrahmung ist gesorgt. Zum einen bringt die internationale Percussion-Band »Batala Austria« brasilianisches Flair nach Leitersdorf, zum anderen heizen mehrere DJ´s entlang der Strecke den Läufern und Nordic Walkern mit lässigen Sounds ordentlich ein. Dem nicht genug, unterhält das Duo »2KW« mit live gesungenem Austropop und verkürzt die Wartezeit bis zur Siegerehrung.

Wer hier an den Start gehen möchte, hat die Qual der Wahl. Die Laufbegeisterten müssen sich entscheiden, ob sie am Hobbylauf mit 4,219 km Länge, am Volkslauf mit 8,438 km Länge oder am Halbmarathon über die klassische Distanz von 21,095 Kilometer an den Start gehen wollen.

Wer den Halbmarathon nicht alleine bewältigen möchte, kann das im Team tun. Der sportliche Nachwuchs kann sich bei den Kinderläufen messen. Je nach Altersgruppe sind Distanzen zwischen 500 und 1500 Meter zu absolvieren. Auch Nordic Walker kommen auf ihre Kosten. Mit Ausnahme der Kinderläufe führen alle Laufbewerbe über eine 4,219 Kilometer lange Runde durch das Ortsgebiet von Leitersdorf. Je nach Bewerb hat man die Runde zwischen ein und fünf Mal zu durchlaufen.

»Mein persönliches Laufgeschehen«

Ich bin für den Volkslauf gemeldet. Eigentlich mag ich ja lieber die langen Kanten. Und gerade für meine Vorbereitung auf den Western States 100 sind primär Einheiten über größere Distanzen von Nöten. Aber trotz all dem Ausdauertraining dürfen schnelle Einheiten nicht ganz vernachlässigt werden. Immerhin schulen diese flott gelaufenen Kilometer den Laufstil und dienen der Erlangung von mehr Tempohärte.

So stehe ich kurz vor 13 Uhr gut aufgewärmt an der Seite von weiteren 230 Teilnehmern am Start des 8,4 km langen Laufes. Die Teilnehmer des Hobbylaufes und des Halbmarathons starten zeitgleich. Der Start wird von der Stadtwache Feldbach traditionell mit einem lauten Schuss aus einer Kanone freigegeben.

Der Großteil des Rundkurses ist asphaltiert. Der erste Kilometer führt ein paar Höhenmeter abwärts und verleitet dadurch zum überpacen. Zu Beginn des zweiten Kilometers wird es matschig. Durch die Regenfälle der letzten Nacht ist der Boden aufgeweicht und das Laufen ist nicht nur wegen des Anstiegs kräftezehrend. Nach einem weiteren Abschnitt auf Asphalt ist es nun ein nasses, rutschiges Wiesenstück, was ein konzentriertes Laufen einfordert. Schließlich geht es weitere 35 Höhenmeter zum höchsten Punkt der Strecke aufwärts. Es folgt eine 180°-Wende. Der vierte Kilometer verläuft parallel zum eben gelaufenen Anstieg zum Ortszentrum hinunter. Diesen Abschnitt nutze ich, ein wenig zu regenerieren und den Puls aus dem tiefroten Bereich zu senken. Je nach Bewerb läuft man ins Ziel oder es geht weiter auf die nächste Runde. Die Strecke weist in Summe 45 Höhenmeter auf und ist meist breit genug, um gut und ungehindert laufen und auch überholen zu können.

Auf der ersten Runde kann ich ein richtig gutes Tempo laufen und benötige für die 4,2 Kilometer lange Schleife 16:37 Minuten.

Die folgenden Kilometer werden wie erwartet sehr hart. Insbesondere auf dem Anstieg zur Wende verliere ich im Vergleich zum ersten Umlauf doch einiges an Zeit. Aber letztendlich ist es Jammern auf hohem Niveau. Denn eigentlich trainiere ich kaum Intervalle, sondern spule im Wohlfühltempo auf Trails rund um den Hühnerberg meine Trainingskilometer ab. Dafür ist meine heutige Performance mehr als zufriedenstellend.

So benötige für die zweite Runde 17:28 Minuten und überlaufe nach 34 Minuten und 6 Sekunden die Ziellinie. Das entspricht einer Pace von 4:02 Minuten je Kilometer. In meiner Altersklasse klassiere ich mich auf Rang 2 und werde mit einem Pokal geehrt. Gesamt belege ich unter 231 Startern des Volkslaufes den 29. Platz.

In den kommenden Wochen ist wieder Masse statt Klasse angesagt. Denn immerhin wartet bereits in wenigen Monaten inmitten der kalifornischen Wildnis die ultimative Ausdauerprüfung auf mich.

35: Der Lindkogeltrail

Obwohl ich nach wie vor auf der Warteliste stehe, läute ich die wettkampfspezifische Trainingsphase für den WSER ein. Lange Läufe, wie der heute im Zuge meiner Teilnahme am Lindkogeltrail, dienen der Erlangung von körperlicher Grundlagenausdauer für ultralange Strecken. Immerhin warten in wenigen Wochen satte 161 Kilometer inmitten der kalifornischen Wildnis auf mich. So habe ich in dieser Woche bereits drei Trainingseinheiten mit insgesamt 40 Kilometer auf der Haben-Seite zu Buche stehen. In Kombination mit der nächtlichen Umstellung auf die Sommerzeit, die mir eine Stunde Schlaf geraubt hat, fahre ich um 5 Uhr Früh muskulär und auch geistig recht vorermüdet nach Niederösterreich.

90 Minuten später erreiche ich Bad Vöslau. Ich parke in unmittelbarer Nähe zum Veranstaltungszentrum. Hier am Vorplatz des Thermalbades sind bereits alle Vorkehrungen für ein gelungenes Trailrunning-Fest getroffen.

So sind hier der Start- und Zielbogen aufgebaut sowie die Kleiderabgabe und Startnummernausgabe eingerichtet. WC-Anlagen sind installiert. Auch Tische und Bänke für die Labung nach dem Zieleinlauf sind bereits aufgestellt. Nur eine Duschmöglichkeit fehlt. Hier scheint es wohl keine Kooperationsmöglichkeit mit dem Thermalbad zu geben. Aber das ist Jammern auf hohem Niveau. Im Grunde lässt die Veranstaltung, die heuer zum bereits 6. Mal stattfindet, keine Wünsche offen. Auch das Wetter lässt sich nicht lumpen. Bereits jetzt früh morgens hat es angenehme 8 Grad Celsius. Es werden für die kommenden Stunden ein wolkenloser Himmel und frühsommerliche Temperaturen prognostiziert.

Ich bin für den sogenannten Ultra Trail genannt. Die Strecke misst 54,5 Kilometer und hat rund 2.400 Höhenmeter. Das Nenngeld beträgt je nach Anmeldezeitpunkt zwischen 50 und 70 Euro. Dafür erhält man die Startnummer mit integriertem Transponder für die Zeitnehmung, ein Goodie-Bag, die Finisher-Medaille, eine lückenlose Streckenmarkierung und ausreichend Verpflegestellen im Verlauf der Strecke.

Die Abholung der Startunterlagen ist rasch erledigt. Ich nehme die Startnummer 42 in Empfang. Und kurze Zeit später ist sie auch schon wieder weg. Verloren auf dem Weg zur Toilette. Zum Glück finde ich sie kurze Zeit später unbeschädigt wieder.

Die Pflichtausrüstung ist geringgehalten. Seitens des Veranstalters wird das Mitführen von zumindest 500 ml Flüssigkeit, eines Trinkbechers und eines Smartphones gefordert. In meiner Laufweste führe ich zudem Gels und ein kurzes T-Shirt mit. Ein Müllsack sowie ein Notgroschen dürfen ebenfalls nicht fehlen.

Ich erwarte mir eine Laufzeit von knapp 7 Stunden. Bereits im Vorjahr war ich hier am Start. Damals - gut getapert - erreichte ich nach 6 Stunden und 27 Minuten das Ziel. Diesmal soll es ein langer, lockerer Trainingslauf werden. Kurz vor 07:30 Uhr nehme ich mit weiteren 100 Teilnehmern Startaufstellung. Einige Fotos werden gemacht und schon verabschiedet uns der Veranstalter auf die Strecke.

Startschuss! Es geht los. Und auch gleich aufwärts. Durch den Kurpark hinweg werden erste Höhenmeter gesammelt. Auf gut zu laufenden Waldpfaden geht es in weiterer Folge zum Jubiläumskreuz Bad Vöslau hoch. Die Natur, die aus ihrem Winterschlaf erwacht, empfängt mich mit einem herrlich satten Grün. Ich halte für einen ersten Foto-Stopp, bevor ich den Aufstieg zum Sooßer Lindkogel fortsetze. Die erste von vier markanten Erhebungen ist nach rund 7 Kilometer bezwungen.

Auf den kommenden Kilometern wechseln sich technisch anspruchsvolle Singletrails mit breiten Waldwegen ab. Es erfordert Achtsamkeit, denn die üppige Blätterauflage ist rutschig. Zudem lauern darunter mit Wurzeln, Erdlöchern und großen Steinen potenzielle Stolperfallen.

Ich habe meine Position im Läuferfeld gefunden und kann ungestört mein eigenes Tempo laufen. Nach rund 10 Kilometer führt die Strecke raus aus dem Wald und ich laufe auf einer Asphaltstraße zügig talwärts. Es folgt der langgezogene Anstieg zur Sina-Warte bzw. zum Schutzhaus Eisernes Tor.

Hier ist ein Checkpoint eingerichtet. Ich stärke mich mit einem Gel und fülle meine Soft-Flasks auf, bevor es auf Schotterwegen wieder moderat abschüssig hinab ins Tal geht.

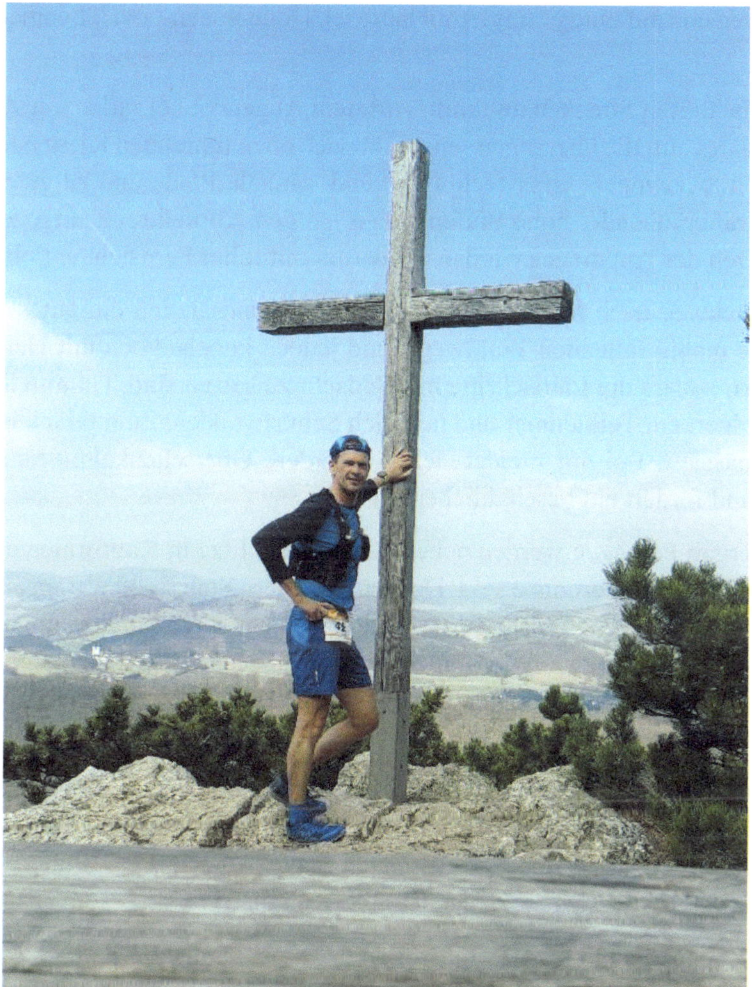

»Gipfelkreuz am Peilstein«

Passagen auf geteerten Straßen sind beim Lindkogeltrail die Ausnahme. Ich mag die Strecke hier rund um Bad Vöslau. Sie lässt sich für mich gut laufen und bietet vielerorts tolle Aussichten.

Im Ort Maria Raisenmarkt ist der Talboden erreicht. Es ist nun eine Schleife auf den Peilstein zu laufen. Über eine asphaltierte Straße, später über einen Hohlweg und auf einem Singletrail laufe ich Höhenmeter um Höhenmeter empor.

Ich liebe diesen Streckenabschnitt. Aus dem Augenwinkel fallen mir Adrenalin-Junkies auf, die über einen senkrecht nach oben führenden Klettersteig den Peilstein bezwingen. Über technische und schmale Pfade und zu guter Letzt über kräfteraubende, hohe Stufen steige ich dem Gipfelkreuz entgegen. Die Strapazen des Aufstieges werden wiederum mit toller Fernsicht entlohnt.

Der Rückweg nach Maria Raisenmarkt lässt grundsätzlich ein gutes Tempo zu. Die mäßig fallenden Waldwege sind jedoch knöchelhoch mit Herbstlauf bedeckt, sodass die Laufschritte mit Bedacht zu setzen sind. Unmittelbar vor mir stolpert ein Teilnehmer und holt sich Schürfwunden. Zum Glück ist nicht mehr passiert. Bei mir meldet sich die vordere Oberschenkelmuskulatur zu Wort und fordert ein beschaulicheres Tempo ein.

Die Bergab-Passagen werden neben der großen Hitze in Kalifornien eine der großen Herausforderungen sein. Denn am Western States 100 warten auf mich 7.000 negative Höhenmeter auf teils zerklüfteten, steilen und schmalen Pfaden. Aber aus diesem Grund braucht es eben eine adäquate, wettkampfspezifische Vorbereitung. Mit Hitze kann Österreich im März noch nicht dienen, dafür lassen sich Downhills gut trainieren.

Ein letzter nennenswerter Aufstieg wartet auf mich, jedoch sind meine Batterien leer. Ich muss immer öfter in den Gehschritt wechseln. Nun spüre ich deutlich die Trainingseinheiten der letzten Tage. Auch das gewählte Anfangstempo war zu hoch. Es rächt sich jetzt. Ich bin platt!

Ich versuche meinen Körper mit weiteren Gels bei Laune zu halten. Nach wie vor geht es stetig aufwärts. Hier bei Kilometer 38 werde ich vom späteren Sieger meiner Altersklasse überholt. Gerne würde ich mich an die Fersen heften, aber ich komme einfach nicht schnell genug bergwärts.

Die Trailrunning-Stöcke wären hier eine große Hilfe. Fast alle Teilnehmer verwenden sie. Für mich sind die Stöcke während der Vorbereitungszeit tabu. Denn auch am Western States Trail sind Trailrunning-Stöcke nicht erlaubt.

Die letzte markante Anhöhe ist erreicht. Von nun an geht es meist fallend nach Bad Vöslau zurück. Auf diesem Streckenabschnitt konnte ich im Vorjahr ein hohes Tempo laufen. Heute quäle ich mich dem Ziel entgegen. Ich ertappe mich dabei, die Sinnhaftigkeit meines Antretens beim Western States 100 in Frage zu stellen. Aber jeder Ultraläufer kennt die Hochs und Tiefs eines ultralangen Wettkampfes. Bereits heute Abend werde ich wieder ganz euphorisch an ein erfolgreiches Finish in Kalifornien glauben. Auf einem flachen Schotterweg trabe ich auf den letzten Checkpoint zu. Der Muskelschmerz kommt und geht in Wellen. Momentan laufe ich beinahe schmerzfrei. Wenig später signalisiert der Körper, dass es für heute genug ist. Es ist schon erstaunlich, wie Körper und Geist mit solchen Belastungen umzugehen vermögen.

Wenige Kilometer liegen noch vor mir. Ein Polizist ermöglicht das gefahrlose Queren einer stark befahrenen Straße. Inmitten von Weinhängen geht es – am Kilometerschild 50 vorbei - einen Schotterweg hoch. Beifall spendende Spaziergänger motivieren, im Laufschritt zu bleiben. Vorbei am idyllisch gelegenen Waldtennis-Club und dem Pavillon im Kurpark laufe ich Richtung Ziel. Ich höre bereits die Moderatorenstimme, als ich die letzten paar hundert Meter auf Pflastersteinen abwärts trabe.

Nach 6 Stunden und 45 Minuten ist es dann vollbracht. Ich überquere als insgesamt 43. von knapp 100 Teilnehmern die Ziellinie. In meiner Altersklasse platziere ich mich auf dem 7. Platz. Ich erhalte eine Finisher-Medaille und kann mir das Goodie-Bag abholen. Darin befinden sich Produktproben und allerhand Werbepapier. Der Muskelkater wird mich noch zwei Tage begleiten. Aber der Lindkogeltrail hat seinen Zweck auf jeden Fall erfüllt. Ich habe für mein sportliches Lebensziel wieder einige Kilometer gesammelt und inmitten der Natur rund um Bad Vöslau einen schönen Lauftag verbracht.

36: Semmering Adventure Runs: 6h-Trail

Grundsätzlich bin ich kein Freund von Stundenläufen! Stunde um Stunde dieselbe - meist kaum mehr als 1.000 Meter lange und asphaltierte - Runde im Kreis zu laufen, ist nicht mein Ding. Ich liebe die Läufe auf Trails, weil es mir Abwechslung bereitet und mich die Natur spüren lässt.

Aber der 6-Stunden-Trailrun im Rahmen der Semmering Adventure Runs ist anders. Wie die Bezeichnung der Veranstaltung schon verrät, handelt es sich dabei um einen Lauf im Gelände. Die zu belaufende Schleife ist etwas über 6 Kilometer lang und hat zudem rund 320 Höhenmeter zu bieten. Für sein Startgeld bekommt man eine gut organisierte Veranstaltung mit ordentlichen Zugaben. Zum einen gibt es die Startnummer. Für die Zeitnehmung wird ein Chip mit Neopren-Band zur Anbringung am Fuß verwendet. Auch eine Gepäckabgabe fehlt nicht. Die Streckenmarkierung ist auf meiner Schleife lückenlos. Die Labestelle etwa bei Halbzeit der Runde ist für mein Empfinden gut platziert und bietet mit Wasser, Iso sowie Früchten ausreichend Verpflegung. Wobei ich mir in den späteren Stunden eines langen Laufes einen Schluck alkoholfreies Bier oder ein Stück Kuchen gewünscht hätte. Aber das sind persönliche Befindlichkeiten. Im Grunde bin ich sowieso autark und verpflege mich meist mit Gels meines Vertrauens.

Im Ziel gibt es eine wirklich schicke Finisher-Medaille. Ein Funktionsshirt fehlt ebenso wenig wie eine ermäßigte Bergfahrt hoch zum Liechtensteinhaus. Auch die Moderation muss ich positiv erwähnen. Zudem wird bereits im Vorfeld regelmäßig über Aktuelles informiert und auch die Homepage des Veranstalters bietet allerhand Wissenswertes.

Will man nicht 6 Stunden lang »im Kreis laufen«, bietet der Veranstalter eine Vielzahl weiterer Bewerbe an. Drei Distanzen können sogar gemeinsam mit seinem liebsten Vierbeiner beim sogenannten Dog-Trailrun in Angriff genommen werden.

Die Anreise aus dem Süden von Graz ist über die Brucker bzw. Semmering Schnellstraße recht komfortabel. Auch ein Parkplatz bei der Talstation des Zauberbergs ist schnell gefunden.

Mit dem ermäßigen Ticket geht es in der Gondel zur Bergstation hoch. Hier beim Liechtensteinhaus befindet sich der Start- und Zielbereich.

Es ist recht kühl und windig. Ich friere, während ich auf das Startsignal warte. Endlich geht es los. Wir starten auf einer steilen Wiese, aber nach wenigen Metern ist eine breite Schotterstraße erreicht. Für rund 400 Meter fällt der Weg, bevor er sich für weitere rund 3 Kilometer in Serpentinen und moderat, aber stetig steigend, bis zum Checkpoint empor schlängelt Gut gelabt geht es auf die zweite Streckenhälfte, die überwiegend auf Singletrails gelaufen wird. Ein kurzer, aber recht knackiger Anstieg führt zum Gipfelkreuz Erzkogel hoch. Entlang des Kammes ist man dem Wind, der zeitweilig sehr stark und kalt bläst, ausgesetzt. Teils technische Abschnitte auf dem mit starken Wurzeln und großen, spitzen Steinen übersäten Pfad verlangen ein konzentriertes Laufen. Nach einem Downhill geht es einen weiteren Anstieg zum Spielplatz Hirschenkogel bzw. zur Milleniumswarte hinauf. Nun folgt noch eine kurze Abwärtspassage und der Start-/Zieldurchlauf ist erreicht.

Ich persönlich finde die Runde sehr abwechslungsreich und unterhaltsam. Da nur vollständig gelaufene Runden in die Wertung gelangen, setze ich mir zum Ziel, 7 Runden zu absolvieren. Und diese Vorgabe halte ich auch ein.

Letztendlich beende ich nach 5 Stunden und 38 Minuten den 7. Umlauf und auch den Bewerb. In Summe habe ich 43 Kilometer mit rund 2.300 Höhenmeter zurückgelegt. Mit diesem Ergebnis klassiere ich mich in der Gesamtwertung auf dem 3. Rang und werde zur Siegerehrung gerufen. So erhalte ich neben der Finisher-Medaille auch die »Adventure Run - Bronze-Medaille« um den Hals gehängt.

Ich gönne mir zum Abschluss dieses erfolgreichen Laufes, der zugleich auch einen weiteren wertvollen Trainingsbaustein für meine Teilnahme am WSER darstellt, eine Flasche Hopfengetränk. Zum Parkplatz hinunter geht es nicht mit der Gondel, sondern zu Fuß, direkt in der Falllinie über die alpine Ski-Weltcup-Piste.

37: Western States 100 Endurance Run

Ein Lebenstraum geht in Erfüllung

Donnerstag, der 23. Juni 2022 - Mit der Landung auf dem Flughafen in San Francisco hat die Mission

»**WIR** (meine Frau, mein Sohn und ich) **RENNEN DEN WSER**«

so richtig Fahrt aufgenommen. Ich bin zwar derjenige mit der Startnummer, aber im Grunde ist es ein Familienprojekt, das in den kommenden Tagen zu einem glücklichen Ende gebracht werden soll. Jeder von uns hat in den letzten Jahren, Monaten und Tagen einen wertvollen Beitrag geleistet, damit mein sportlicher Lebenstraum in Erfüllung gehen kann.

Den Jetlag haben wir einigermaßen überwunden, da wir schon seit ein paar Tagen in den USA sind und bereits eine erste schöne Zeit bei den Schwiegereltern in der Nähe von Seattle verbracht haben.

So spannend San Francisco auch sein mag, das Sightseeing muss warten. Für die Golden Gate Bridge, Fisherman´s Wharf & Co. haben wir vor unserem Rückflug Zeit eingeplant.

Im angemieteten Wagen machen wir uns auf den Weg nach Squaw Valley, wo in zwei Tagen der Start des Western States 100 erfolgt. Wer sich nicht durch den Versicherungsdschungel der Mietwagenverleiher lesen möchte, dem empfehle ich eine Reservierung über die Plattform des ÖAMTC.

Hier an der »Pacific Coast« ist der Himmel leicht bewölkt und das Thermometer zeigt 20 Grad Celsius an. Je weiter wir nach Osten fahren, desto höher klettert die Quecksilbersäule. Bei einem kurzen Zwischenhalt in der Nähe von Sacramento zeigt das Thermometer bereits 106 Grad Fahrenheit an, was rund 41 Grad Celsius entspricht. Die Luft ist so heiß, dass das Atmen schwerfällt. Es soll ein Vorgeschmack dessen sein, was mich in den Canyons der Sierra Nevada erwarten wird.

Für mich ist die Teilnahme am Western States 100 Endurance Run die Erfüllung meines sportlichen Lebenstraumes. Viele Jahre habe ich darauf hingearbeitet, eines Tages an der Startlinie des wohl geschichtsträchtigsten Langstreckenlaufes stehen zu dürfen. Jahr für Jahr erfüllte ich auf ultralangen Strecken wie beim Mozart 100 im Salzburger Land oder beim Morenic Trail im italienischen Piemont die Qualifikationsnormen zum Eintritt in die Startplatzlotterien.

Und dann war dieser 4. Dezember 2021, als mein Name auf Platz 9 der Warteliste gelost wurde. Einige Monate später, konkret am 16. April 2022, war es dann Gewissheit. Ich rückte von der Warteliste in das offizielle Starterfeld vor.

Nach einer rund 5-stündigen Autofahrt kommen wir in Olympic Valley, einem Ortsteil von Squaw Valley, an. Olympic Valley bzw. Palisades Tahoe, wie der Ort seit 2021 korrekterweise heißt, liegt auf rund 1.900 Meter Seehöhe und ist von Bergriesen umgeben. Wir sind an einem Platz, an dem im Jahr 1960 die olympischen Winterspiele stattgefunden haben. Eine imposante Holztafel mit den Flaggen der teilnehmenden Nationen, die olympischen Ringe und das noch immer lodernde olympische Feuer bewahren die Erinnerung an dieses Ereignis.

Wir beziehen das Appartement unweit des Startbereichs und vertreten uns ein wenig die Beine. Aufgeregte, angespannte Teilnehmer und ihre Crews lassen erahnen, dass hier etwas sehr Spezielles bevorsteht.

Erinnerungsfotos unter dem bereits installierten Start-Tor sowie vor einer überdimensionalen Holz-Gürtelschnalle des Hauptsponsors HOKA werden gemacht. Immer wieder schweift mein Blick auf die umliegenden Granit-Gipfel. Es ist ein imposanter Anblick zu beobachten, wie die Gondeln an dicken Stahlseilen steil nach oben gezogen werden. Und irgendwo da oben ist auch der Emigrant Pass, der höchste Punkt des WSER. Da müssen wir hoch!

Ich schlafe unerwartet gut. Das ist auch wichtig, denn die kommende Nacht wird kurz. Wir holen uns einen Kaffee und gehen Richtung Olympic Plaza, dem Zentrum der Rennleitung. Auf dem Weg zur Race-Registration ist ein Plakat aufgelegt. Die Teilnehmer sind eingeladen, sich darauf mit der Unterschrift zu verewigen.

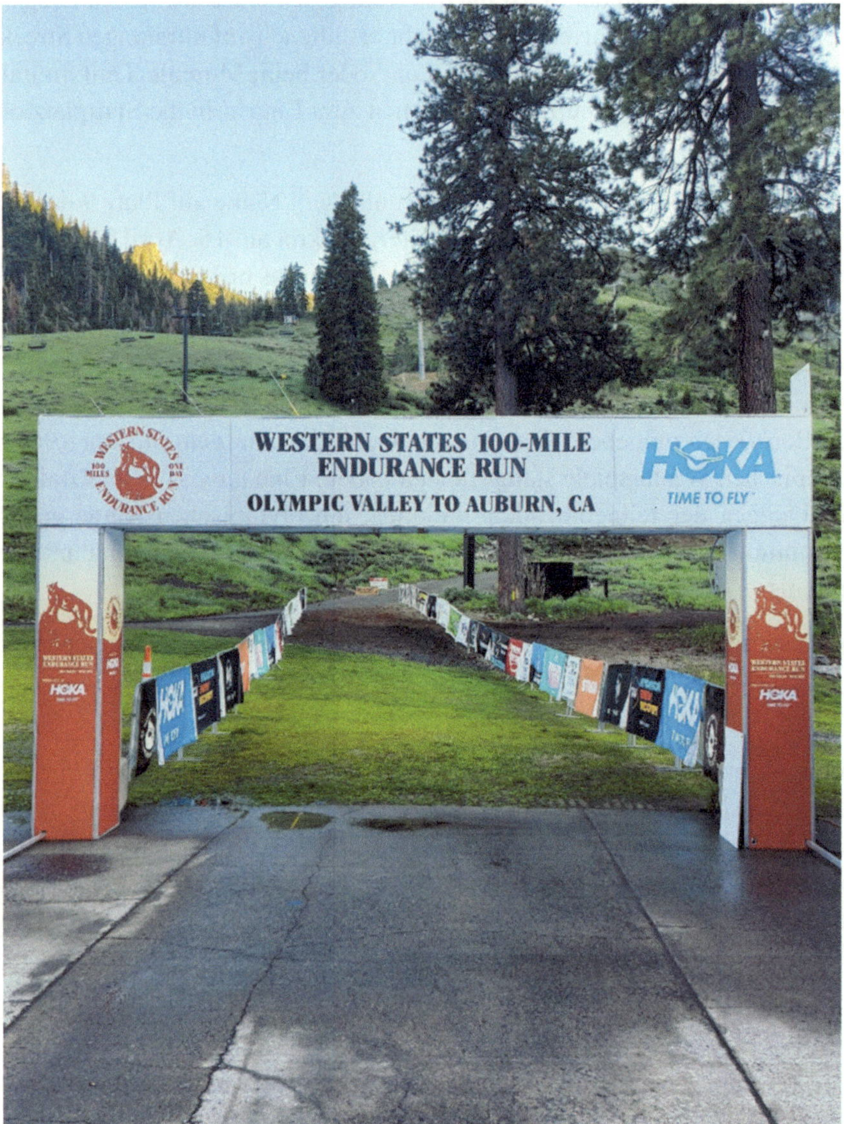

»Die Ruhe vor dem Sturm!«

Als erstes registrieren wir unseren Sohn Sebastian offiziell als Pacer. Pacer sind Begleitläufer und dürfen ab Meile 62 (Checkpoint Foresthill) in Anspruch genommen werden. Außer man verlässt erst nach 20:00 Uhr den Checkpoint Michigan Bluff. Dann darf man sich bereits ab Michigan Bluff begleiten lassen. Grundsätzlich ist dafür ein Alter von zumindest 18 Jahren erforderlich, aber ich habe im Vorfeld bei der Rennleitung eine Ausnahme beantragt. Da mich Sebastian ohnehin nur auf dem letzten Kilometer begleiten wird und ab dem Checkpoint Robie Point (1,2 Meilen vor dem Ziel) zudem die Begleitung durch mehr als einen Pacer erlaubt ist, war die Genehmigung reine Formsache und Sebastian darf stolz seine eigene offizielle Pacer-Nummer in Empfang nehmen. Mit Robert habe ich einen weiteren Pacer, der mich ab Foresthill durch die Nacht begleiten wird. Aber dazu später mehr.

Ich schleppe zwei fertig gepackte Drop-Bags mit mir herum, die ich nun an den Sammelstellen für die Checkpoints Robinson Flat bzw. Rucky Chucky ablege. In Rucky Chucky wird der Middle Fork des American River gequert. Da ist man teils hüfttief im eiskalten Wasser. In das Drop-Bag für diesen Checkpoint habe ich daher ein Paar Schuhe und Socken, dazu noch einige Energie-Gels gepackt. Auch vor dem Checkpoint Robinson Flat kann man sich bei der Querung des Duncan Creek und beim Durchqueren einiger Rinnsale die Füße nass machen. Daher sind auch in diesem Drop-Bag ein Paar Schuhe und Socken, dazu noch eine Sahara-Cap und ein paar Energie-Gels. Ob ich meine Schuhe und Socken tatsächlich wechsle, entscheide ich spontan.

Nun folgt meine Registrierung als Läufer! Nach Vorlage eines Lichtbildausweises und der Unterzeichnung des Haftungsausschlusses wird mir die Startnummer 164 ausgefolgt. Dass ich die Startnummer 164 trage, ist kein Zufall. Im Vorfeld durfte man seine Wunschnummer bekannt geben, die dann nach Möglichkeit auch zugewiesen wurde.

Warum ich gerade die Nummer 164 gewählt habe? Nicht nur, dass ich am 16. April von der Warteliste offiziell in das Hauptfeld gerutscht bin, feiert auch meine Frau an diesem Tag ihren Geburtstag. Es lag also auf der Hand, sich für diese Nummer zu entscheiden.

Wir scherzen, dass jetzt noch ich die Zeit meines eigenen Geburtstages laufen müsse, was eine Laufzeit von 27 Stunden und 11 Minuten erforderlich macht.

Im Grunde ist es nicht gänzlich abwegig, denn eine Zielankunft nach 25 bis 28 Stunden halte ich für realistisch. Neben der Starnummer erhalte ich ein gelbes Band um das Handgelenk gebunden. Darauf stehen die persönlichen Daten wie Name, Herkunftsland und Startnummer. Dann wird das offizielle Teilnehmer-Foto gemacht und ich darf mir die Startgeschenke holen. Die können sich wirklich sehen lassen. So gibt es einen WSER-gebrandeten Rucksack, ein Funktionsshirt, die Hoka Ora Recovery Slides im streng limitierten WSER-Design, einen Schlauchschal, hochwertige Nahrungsergänzungsmittel von GU Energy, einen faltbaren Trinkbecher, eine Gel-Softflask, eine lässige Sonnenbrille, Funktionssocken und das offizielle WSER-Heft samt WSER-Sticker mit allen wertvollen Informationen rund um das Rennen.

Während ich den Registrierungs-Prozess durchlaufe, ist das Side-Event »HOKA High Camp« bereits voll im Gang. Hier hat man die Möglichkeit, die ersten 3 Meilen des offiziellen Western States Endurance Run vom Base-Camp zum High-Camp hoch zu laufen. Viele Crew-Mitglieder, Pacer und auch vereinzelt WSER-Teilnehmer nutzen diesen Bewerb, um sich ein wenig die Aufregung aus den Beinen zu laufen und/oder einen Vorgeschmack auf den darauffolgenden Tag zu bekommen.

Um 14 Uhr startet das offizielle und verpflichtende Race-Briefing. Auf einer großen Wiese nehmen die knapp 400 Teilnehmer mit ihren Familien Platz. Die Sonne sticht vom Himmel. Es ist an diesem Wochenende trotz der Höhenlage sehr heiß. Die Top-Läufer werden ebenso wie verdiente Volontäre und Sponsoren vorgestellt. Dazu gibt es letzte Informationen rund um das morgige Rennen sowie die aktuelle Wettervorhersage, die in Auburn Temperaturen um die 100 Grad Fahrenheit prognostiziert. Auch der Läufer, der es erst gestern noch von der Warteliste hin zur Startlinie geschafft hat, wird erwähnt.

Wir machen am späteren Nachmittag einen Abstecher zum nahegelegenen Lake Tahoe, um uns ein wenig abzulenken. Das ist hier ein atemberaubend schöner Fleck Erde. Nebenbei hat es die Region um den Lake Tahoe in den letzten Wochen immer wieder mit Bären-Sichtungen in die Medien geschafft. Am Abend richte ich mein Outfit zurecht und bestücke die Laufweste.

Eine Pflichtausrüstung gibt es nicht, was ich persönlich als sehr smart empfinde. Denn ich bin ein Fan von Selbständigkeit und Verantwortungsbewusstsein. Für die Nacht braucht es eine gut funktionierende Stirnlampe. Dazu habe ich Softflasks und eine Handflasche für ausreichend Flüssigkeit, einen Faltbecher und ein paar Gels als Notration. Ein Müllsack darf ebenso wenig fehlen wie mein Smartphone und die Powerbank samt Ladekabel.

Auch die vorbereitete Zeit-Tabelle bespreche ich mit meiner Frau. Wir planen nämlich, uns in Michigan Bluff (bei Meile 55) kurz zu sehen. Michigan Bluff ist neben Foresthill einer der wenigen Checkpoints, die halbwegs gut mit dem Fahrzeug erreichbar sind. Und für grobe Anhaltspunkte meiner Ankunftszeiten in den Checkpoints habe ich eben diese Zeit-Tabelle erstellt. Die Höhenmeter und den Ermüdungsfaktor habe ich berücksichtigt. Laut dieser Hochrechnung bin ich um 19 Uhr in Michigan Bluff. Eine Zielankunft ist nach rund 27 Stunden plausibel. Natürlich gibt es dann noch den immens großen Faktor »Unvorhergesehenes«. Der Veranstalter selbst bietet ein »live-timing« und auch einen über 30 Stunden langen Livestream an. So können meine Frau bzw. Freunde und Bekannte online mitverfolgen, an welchen Checkpoints ich bereits eingecheckt habe.

Sofern es auf den Bergkämmen und später in den Canyons Mobilempfang gibt, können wir auch miteinander telefonieren. Denn gleich nach der Ankunft in den USA haben wir uns jeweils eine Prepaid-SIM-Karte besorgt. Für insgesamt 100 Dollar haben wir nun befristet auf 30 Tage unlimitiertes Datenvolumen und landesinternes Gesprächsguthaben. Das Datenpaket eignet sich auch hervorragend zur Navigation mit z.B. Google Maps. Dadurch kann man sich beim Mietwagen die in der Regel sehr hohe Gebühr für das Navigationssystem sparen.

Der Wecker holt uns um 03:15 Uhr aus dem Bett. Ich habe - eigentlich unerwartet - ein paar Stunden Schlaf gefunden und fühle mich den Umständen entsprechen gut ausgeruht. Die Checkliste ist am frühen Morgen rasch abgearbeitet. Ich bin zwar nicht abergläubisch, aber die linke Socke muss immer vor der rechten angezogen werden. »Bloß nicht auf die Sonnencreme vergessen«, ermahne ich mich. Auch Sebastian springt ohne groß zu Murren aus dem Bett und ist richtig gut drauf.

Mein Sohn spürt, dass heute Papa´s großer Tag gekommen ist. Hat er doch die letzten Jahre wahrgenommen, wie wichtig mir eine Teilnahme am Western States 100 ist. Ich denke, er sorgt sich auch ein wenig. Immerhin ist die Strecke nicht einfach. Dazu kommt die Abgeschiedenheit des Trails. Aber er ist auch voller Freude, dass es endlich losgeht und er morgen die letzten paar hundert Meter an meiner Seite Richtung Ziel laufen wird.

Als wir um 04:15 Richtung Startlinie gehen, bin ich positiv gestimmt und voller Vorfreude. Von meinen Schultern fällt eine große Last. Die letzten Wochen waren durch die Pandemie, die uns noch immer in Geißelhaft hält, voller Ungewissheit. Die Gefahr, dass meine Frau, mein Sohn oder ich selbst kurz vor dem Abflug oder gar hier in Kalifornien noch erkranke, hat mir große Sorgen bereitet. Nicht auszudenken, wäre ich wegen einer Erkrankung innerhalb der Familie vor der Entscheidung gestanden, den gesamten Trip in die USA abzusagen oder mich gar alleine auf den Weg zu machen. Aber es ist im Vorfeld alles gutgegangen, wofür ich unserem Schutzengel sehr dankbar bin.

Es ist noch dunkel und die Luft ist kühl. Ich ziehe mir eine Windjacke über, die ich dann bei meiner Familie lassen werde. Auf dem Weg nach Auburn braucht´s keine Windjacke. Selbst in der Nacht wird es nicht so stark abkühlen, dass eine Jacke erforderlich ist. Unbedingt notwendig sind Wasserflaschen und für die Nacht eine gut funktionierende Stirnlampe. Aus allen Richtungen strömen Läufer mit ihren Familien- und Crewmitgliedern zum Startbereich. Der Veranstalter stellt für alle ein Frühstück bereit. Ein Becher schwarzer Kaffee tut gut und auch ein paar Bissen eines Apfel-Muffins gönne ich mir.

Nur noch wenige Minuten sind es bis zum Start. Es folgen noch herzliche Umarmungen, viele Glückwünsche und dann stehe ich auf mich alleine gestellt im Startbereich. Ich visualisiere zum wiederholten Mal, wie ich diese große Herausforderung positiv zu Ende bringen und wie ich mit Sebastian den Zieleinlauf genießen werde. Der Kopf ist heute topfit, dessen bin ich mir bewusst. Ist es der Körper auch? Die nächsten Stunden werden zeigen, ob das Training ausreichend war. Wie in Trance nehme ich die Worte der Moderation wahr und wenige Augenblicke später wird das schier unmöglich geglaubte tatsächliche Realität.

Der Startschuss ist gefallen! Es ist 5 Uhr morgens und ich laufe den Western States 100! Ich höre meinen Namen rufen! Da sind sie ja! Ich erblicke in der Dunkelheit meine Frau und meinen Sohn am Streckenrand stehen. Beide wünschen mir noch einmal alles Gute und halten den Moment auf Video fest.

Einen solch langen Ultralauf erlegt man nicht in einem Stück. Für den Geist ist es immens wichtig, sich Zwischenziele zu setzen. Daher zerteile ich solche schier unmöglichen Herausforderungen in kleine Happen. Auch den Erlebnisbericht untergliedere ich in Meilensteine.

»DIE GRANIT CHIEF WILDNIS«

Im Grunde geht es für uns 384 Teilnehmer hier auf einem Schotterweg beinahe in der Direttissima die Skipisten des Wintersportressorts Palisades Tahoe hoch. Ich laufe bzw. trabe in einem bewusst reduzierten Tempo nach oben. Auf diesen ersten 4 Meilen mit knapp 800 Höhenmeter ist das Gebot der Stunde, Körner zu sparen. Am Anfang eines 161 Kilometer langen Ultra-Trails kann jeder schnell sein. Aber das Ziel ist nicht der Gipfel des Emigrant Passes, sondern liegt weitere 155 Kilometer entfernt in Auburn. Wir unterlaufen einige Liftanlagen, während es Meter für Meter weiter den Berg hochgeht. Ab und zu drehe ich mich um und blicke zurück auf das schon sehr zerstreute Teilnehmerfeld.

Obwohl es noch sehr früh am Morgen ist, säumen viele Zuschauer den Weg und feuern uns lautstark an. Einige davon sind kostümiert. Am Emigrant Pass auf rund 2.600 Meter Seehöhe angekommen, blicke ich mich noch einmal um und genieße den Blick hinunter nach Palisades Tahoe, wo ich vor 54 Minuten gestartet bin. Oft habe ich diese Szenen in diversen Videos von Teilnehmern gesehen. Nun stehe ich selbst hier und kann es nach wie vor nicht glauben, dass ich mich mitten drinnen in meinem sportlichen Lebenstraum befinde.

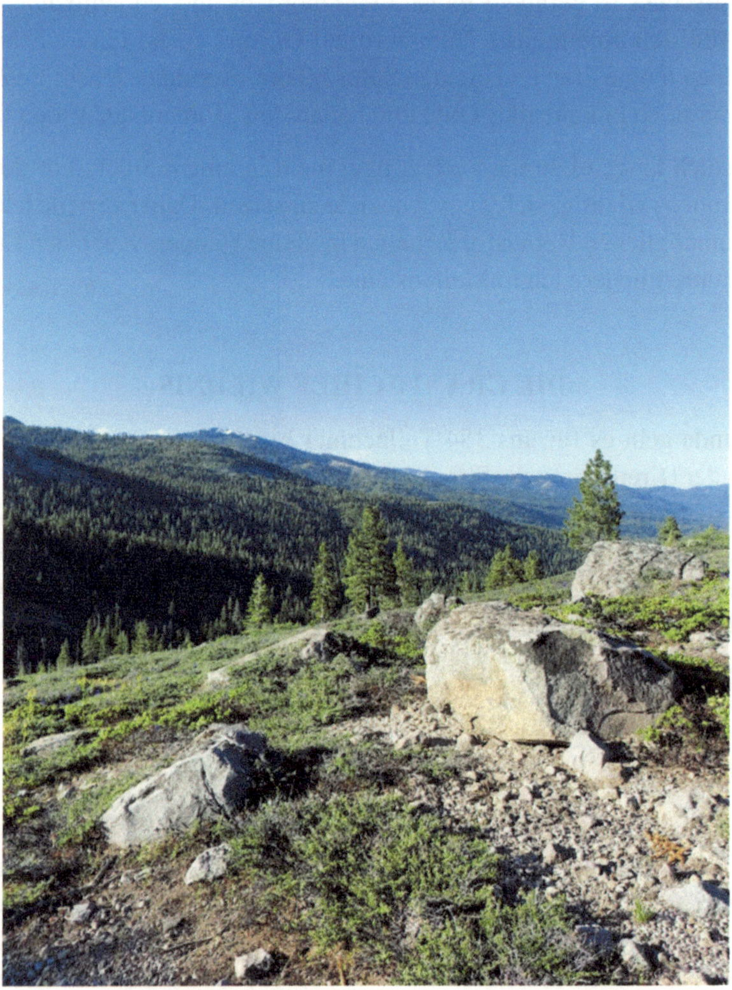

»Kalifornische Wildnis, soweit das Auge reicht!«

Mit der aufgehenden Sonne im Rücken folge ich dem schönen, aber sehr schroffen Red Star Grat durch die Granit Chief Wildnis. Die Pfade sind schmal, sandig und steinig. Das Gelände ist kupiert. Gelegentlich sind kleine Rinnsale zu durchqueren bzw. in ihnen langzulaufen.

Ich habe meinen Platz im Teilnehmerfeld gefunden. Überholmanöver sind die Ausnahme und auf den Singletrails ohnehin schwierig zu bewerkstelligen. Obwohl die nächsten rund 30 Kilometer auf über 2.200 Meter Seehöhe verlaufen, ist Schnee im heurigen Jahr kein Thema. Zwei schmale Schneefelder sind zu überlaufen, aber die beiden kleinen Schneehäuflein sind der Rede nicht wert. Auch die ungewohnte Meereshöhe macht mir nichts aus. An der Landschaft kann ich mich nicht satt sehen: Kiefern, Buschwerk, Gesteinsbrocken, sandige Pfade und Wildnis, soweit das Auge reicht.

Nach 2:24 Stunden Laufzeit erreiche ich den ersten Checkpoint namens *Lyon Ridge*. Im Grunde gilt für alle Checkpoints: Mitten in der Wildnis der Sierra Nevada taucht aus dem Nichts eine Oase mit freundlichen, hilfsbereiten Menschen auf. Ein paar Partyzelte sind aufgebaut, die Stimmung ist ausgelassen und man kann am reichgedeckten Buffet seine Energie- und Flüssigkeitsspeicher auffüllen.

Trifft man am Checkpoint ein, wird man bejubelt und bekommt sofort Hilfe angeboten. Beim Verlassen des Checkpoints wird man mit den allerbesten Wünschen für den nächsten Streckenabschnitt verabschiedet.

Die Checkpoints werden von Laufclubs betrieben. Die vielen Helfer machen diesen »Job« ehrenamtlich. Das Mindeste ist, ihnen ein Lächeln zu schenken und sich zu bedanken. Hinweisschilder geben genaue Auskunft über die Bezeichnung des Checkpoints, die bisher zurückgelegte Distanz, die Entfernung zum nächsten Checkpoint, die relativen Durchgangszeiten der 24h-Finisher und der 30h-Finisher sowie die offizielle Cut-off-Zeit. Pünktlich muss der Checkpoint verlassen sein, anderenfalls wird ohne Ausnahme die Startnummer eingezogen und das war´s dann mit dem erfolgreichen Finish. Ich habe ein Gel zu mir genommen und meine beiden Softflasks mit Wasser und einem isotonischen Getränk aufgefüllt. Eiswürfel gibt es auch an allen Checkpoints in Hülle und Fülle. Derweilen ich sehe noch keine Notwendigkeit, mich zu kühlen. Weiter folge ich den staubigen und sandigen Pfaden des Western States Trail.

Ich jauchze innerlich über das Naturjuwel, das ich hier und heute belaufen darf. Aber ich habe im Vorfeld gelesen, dass es auf dem Trail nicht ganz ungefährlich ist. In dieser Region werden immer wieder Wildtiere wie Schwarzbären oder Pumas gesichtet. Angst oder Panik habe ich deswegen aber nicht. Ich vertraue darauf, nicht in das Beuteschema der hiesigen Fauna zu passen. Auch Klapperschlangen soll es geben, dann im weiteren Verlauf der Strecke, wenn es in die Canyons hinabgeht.

Gelegentlich raschelt es im Buschwerk. Aber ich richte meinen Blick auf den Trail und versuche, mich nicht verrückt zu machen. Das sind bestimmt nur Eidechsen oder Vögel oder Kojoten oder Stinktiere oder Waschbären oder ...

Mir sticht der sogenannte Cougar Rock ins Auge. Dabei handelt es sich um einen markant geformten, einige Meter hohen, zerklüfteten Felsen. Hier wird eines der offiziellen Fotos gemacht. Die Fotografen nehmen teils lange, beschwerliche Fußwege auf sich, um von uns Teilnehmern an exponierten Stellen tolle Erinnerungsfotos zu schießen. Die gesamte Foto-Flatrate in hochauflösender Qualität wird einige Tage später für knapp 100 Dollar zum Download angeboten.

Ein paar Kilometer vor dem Checkpoint *Red Star Ridge* schließen zwei Läufer auf und folgen mir eine Zeit lang dicht auf den Fersen. **AUTSCH!** Was ist passiert? Der Läufer hinter mir kickt im Laufschritt - unabsichtlich - einen Stein und trifft mich damit haargenau an der Achillessehne. Ein stechender Schmerz durchfährt mein linkes Bein. Ich humple ein paar Schritte und trete zur Seite. Kurz kommt Panik in mir hoch. »Was, wenn da an der Sehne etwas Gröberes passiert ist?« Zum Glück lässt der Schmerz bald nach und wenige Minuten später läuft es wieder einigermaßen rund. Diese Situation ruft in Erinnerung, dass jeder Zieldurchlauf ein Geschenk ist. So schön dieser Sport ist, birgt doch jeder Schritt auch das Risiko, zu stolpern oder zu überknöcheln. Nur ein einziger falsch gesetzter Schritt kann den Traum vom Finish beim Western States 100 wie eine Seifenblase zerplatzen lassen.

Nach rund 35 Kilometer erhalte ich atemberaubende Blicke auf das einige hundert Höhenmeter tiefer liegende French Meadows Reservoir. Dieser künstliche See liegt auf 1.600 Meter Seehöhe, hat eine Länge von knapp 5 Kilometer und wird vom American River gespeist. Ich mache kurz halt und mache ein Foto.

Der Trail geht in den Duncan Canyon hinab und der Laufuntergrund wird feinsandiger. Ich ziehe eine riesige Staubwolke hinter mir her. Leider auch die beiden Mitläufer, denen ich vor wenigen Augenblicken den Vortritt gelassen habe. Meine Sonnenbrille leistet mir großartige Dienste. Sie schützt meine Augen nicht nur vor der Sonneneinstrahlung, sondern auch vor Sandkörnchen, was insbesondere für mich als Kontaktlinsenträger sehr wichtig ist.

Die Temperaturen klettern unaufhaltsam nach oben. Hier am Checkpoint bei Meile 24,4 bediene ich mich erstmals am Eiswürfel-Buffet. Spontan verknote ich einen Schlauchschal an einem Ende und befülle ihn wie einen Sack. Damit kühle ich meinen Kopf und die Oberschenkel, während ich weitere Höhenmeter talwärts laufe. Die Abkühlung tut gut, wenngleich die Eiswürfel in kurzer Zeit geschmolzen sind.

In den Checkpoints genießt man auf Grund der geringen Teilnehmerzahl höchste Aufmerksamkeit. Oftmals ist man der einzige Läufer vor Ort und eine Vielzahl von helfenden Händen sind um einen bemüht. Selten habe ich mich bei einer Laufveranstaltung so willkommen gefühlt. Aber wie kommt es eigentlich zur maximalen Starterzahl von 369 Teilnehmern? Im Jahr 1984 hat der Kongress einen Teil der Wildnis der Sierra Nevada - über die auch der Western States Trail führt - unter Naturschutz gestellt. Im Grunde sind seit diesem Zeitpunkt Sportveranstaltungen in diesem Naturschutzgebiet untersagt. Da der Western States 100 jedoch eine bereits etablierte Laufveranstaltung war, genießt dieser Ultralauf eine Ausnahmestellung und darf weiterhin stattfinden. Eingefroren wurde allerdings die maximale Zahl der Teilnehmer. Die musste sich an der Anzahl der Teilnehmer des letzten Laufes orientieren. Und 1984 waren es eben diese 369 Starter. Aber gerade auch diese Reglementierung der Startplätze machen neben der Hitze und der Wildnis den WSER so besonders.

Der Vollständigkeit halber muss ich anmerken, dass heuer ausnahmsweise 385 Starter zugelassen sind, da im Vorjahr auf Grund der Corona-Pandemie das Starterfeld nicht vollends ausgeschöpft wurde.

Der Duncan Creek ist erreicht. Ein Läufer vor mir nutzt das kalte Wasser, um sich abzukühlen und setzt sich ins frische Nass. Ich will meine Füße trocken halten und balanciere über die im Gewässer liegenden Steine über den Bach.

Auf zerklüfteten und verwurzelten Pfaden führt der Western States Trail zunächst nur moderat, in weiterer Folge steiler, fordernder aufwärts. Ich liebe die Abgeschiedenheit, die mich hier in der Wildnis erwartet.

Kurz vor Mittag erreiche ich Robinson Flat! 49 Kilometer habe ich hinter mich gebracht. Seit 6 Stunden und 50 Minuten bin ich unterwegs. Der Vorsprung auf die Cut-off-Zeit ist recht komfortabel auf etwas über 2 Stunden angewachsen.

Robinson Flat ist der erste große Checkpoint und mit dem Fahrzeug relativ gut erreichbar. Daher warten viele Crews auf ihre Läufer und haben ihnen Verpflegung gerichtet und Stühle bereitgestellt.

Ich wollte meiner Familie die Fahrt nach Robinson Flat jedoch nicht zumuten. »Relativ gut erreichbar« bedeutet hier in der Sierra Nevada nämlich lediglich, dass eine geschotterte Straße vorhanden ist. Nichts desto trotz müssen viele Meilen auf steilen, kurvenreichen Straßen gefahren werden, um hier her zu gelangen. Das hätte mir Sorgen bereitet. Daher bediene ich mich an den Verpflegungsständen des Veranstalters, die ohnehin keine Wünsche offenlassen. Und eine Sitzgelegenheit brauche ich bei Laufveranstaltungen grundsätzlich nicht. Ich setze mich nie hin. Hunderte Argumente würde im Verlauf eines ultralangen Rennens der Geist liefern, um noch ein paar Minuten sitzen zu bleiben oder gar nicht mehr aufzustehen.

Ein freundlicher Helfer bringt mir mein Drop-Bag. Ich nehme mir Gels und die Sahara-Cap aus dem Beutel. Auf einen Schuh- und Sockenwechsel verzichte ich. Die Drop-Bags werden nach Zielschluss der Checkpoints nach Auburn gebracht und liegen dann dort zur Abholung bereit. Ich verpflege mich ausreichend, fülle meine Flaschen auf und befülle den Schlauchschal mit jeder Menge Eis. Dann verlasse ich den Checkpoint.

»DIE CANYONS«

Eben war ich noch auf einer großen Party, nun laufe ich wieder alleine auf dem Trail gegen Westen. Ich genieße die wiedergewonnene Ruhe. Die Strecke steigt zum Gipfel des Little Bald Mountain an, bevor eine recht breite Forststraße moderat bergab führt. Mein Handy hat Empfang und so telefoniere ich kurz mit meiner Familie. Sie haben eben in Squaw Valley das Appartement geräumt und sind nun im Auto auf dem Weg nach Auburn. Es ist ein tolles Gefühl, die Stimmen meiner Frau und meines Sohnes zu hören. Ich freue mich sehr auf unser Treffen in Michigan Bluff.

Eigentlich läuft alles gut. Eine Ausnahme gibt es jedoch. Mir drückt seit einiger Zeit die linke Softflask auf die Rippen und der Druckpunkt wird zunehmend schmerzhafter. Auf ultralangen Strecken muss auf solche Situationen sofort reagiert werden, da sich Kleinigkeiten rasch zu ernsthaften Problemen entwickeln können. Ich entscheide mich, den Inhalt der einen Softflask in meine Handflasche umzufüllen. Platsch! Ich verschütte bei diesem Manöver beinahe den gesamten Inhalt der Flasche.

Ich bin kurz perplex, denn hier auf dem Western States Trail ist es essentiell, ausreichend Flüssigkeitsvorrat im Gepäck zu haben. Ein Blick auf die Streckentabelle (die habe ich auf meinem Smartphone gespeichert) zeigt mir, dass der nächste Checkpoint *Miller's Defeat* zum Glück in wenigen und offensichtlich gut laufbaren Kilometern erreicht ist.

Endlich bin ich in *Miller's Defeat* angekommen. Einige Becher Wasser und Iso finden den Weg in meinen Rachen. Ich bin überrascht, wie schnell man bei diesen Temperaturen in ein Flüssigkeitsdefizit kommt. Mit einer frischen Portion Eiswürfel im Schlauchschal geht es auf weiterhin moderat fallenden und nach wie vor breiten Waldwegen, gesäumt von Kiefern weiter. Meine Frau hätte mit den riesigen Kiefernzapfen, die hier üppig am Boden liegen, eine Freude und bestimmt unzählige kreative Bastelideen parat.

Der Checkpoint *Dusty Corners* ist erreicht. Ich bin seit 61 Kilometer bzw. 8:30 Stunden auf den Beinen und aktuell auf Platz 150 klassiert. »Nur mehr hundert Kilometer!« Eine absurde Idee, sich damit motivieren zu wollen. Wie bei allen anderen Checkpoints sind auch hier wieder viele hilfsbereite, bestens gelaunte Menschen um mich bemüht. Neben den Gels sind Kartoffelchips und Melonen eine willkommene Abwechslung. Mir wird gesagt, dass es nun tief in die staubigen, stickigen und heißen Schluchten geht. Ich solle mich kühlen. So halte ich meinen Kopf unter eine Kaltwasserdusche! Boah kalt! Ich fühle mich schockgefroren. Das Angebot, an meinen freien Schultern und Armen den Sonnenschutz aufzufrischen, nehme ich dankbar an. Auf ausreichend Eis im Schlauchschal darf auch nicht vergessen werden.

Mittlerweile habe ich die Verwendung der Eiswürfel perfektioniert. Den mit Eiswürfel befüllten Schlauchschal verknote ich an beiden Enden und stecke dann diesen Eisbeutel in meinen anderen Schal, den ich um den Hals trage. So bleibt der Beutel am vorgesehenen Platz und kühlt meinen Nacken. Ich bedanke mich für den großartigen Support. Mit einem »I love your smile, good luck«, werde ich verabschiedet. Mir scheint dieses unfassbare Glücksgefühl tatsächlich ins Gesicht geschrieben zu sein.

Mental reite ich weiterhin ganz oben auf der Glückswelle dahin. Körperlich zwickt´s seit ein paar Kilometer im Sprunggelenk des linken Fußes.

An der Optik der Laufstrecke ändert sich vorerst nicht allzu viel. Die Wege werden zwar ein wenig schmaler, sind aber weiterhin feinsandig, steinig und häufig mit Kieferzapfen übersät. Verkohlte Wurzelstöcke und Baumstümpfe zeigen von vergangenen Waldbränden.

Während ich meine Erinnerungen an den Western States 100 niederschreibe, erfahre ich über die mediale Berichterstattung, dass abermals ein Waldbrand wütet. Das Feuer hat nicht nur rund 190 Quadratkilometer Land niedergebrannt, sondern auch 78 Gebäude, viele davon in der Gegend von Michigan Bluff, zerstört. Es tut einem das Herz weh, lesen zu müssen, wie das Hab und Gut der Menschen und die Natur ein Raub der Flammen geworden sind. Noch viel persönlicher und emotionaler wird es, wenn man erst vor wenigen Wochen diesen Streckenabschnitt belaufen und die Menschen kennenlernen durfte. Laut Information auf der Homepage des WSER sind rund 16 Meilen des Western States Trail direkt vom Feuer betroffen. Viel Arbeit steht bevor, um die Schäden am Trail zu beheben.

Im nächsten Checkpoint *Last Chance* werde ich meinen Pacer Robert das erste Mal treffen. Den Kontakt zu Robert stellte ich vor wenigen Wochen über die Funktion »Pacer Request« des WSER-Portals her. Ich selbst war mir lange Zeit unsicher, ob ich die Dienste eines Begleitläufers in Anspruch nehmen möchte. Aber letztendlich hat das Familiengremium mit den Stimmen meiner Frau und meines Sohnes, also quasi mit absoluter Mehrheit entschieden, dass ich die Nachtstunden nicht gänzlich alleine am Western States Trail verbringen soll.

Der Checkpoint *Last Chance* wird durch viele Schilder voll mehr oder weniger lustiger Sprüche angekündigt. Ich stelle mich Robert vor und wir plaudern ein wenig über die bisherigen Stunden meines Laufes. Robert lebt südlich von San Francisco in San Jose und ist einer der vielen freiwilligen Helfer, die den WSER so einmalig machen. Seit Stunden ist er mit dem Aufbau und Betrieb hier beim Checkpoint beschäftigt. Nun wird er nach Foresthill fahren und sich als offiziellen Pacer registrieren. Ich kündige mich gegen 21:00 Uhr an. Es bleibt abzuwarten, ob meine Prognose halbwegs treffsicher ist.

Mir stehen nun nämlich äußerst schroffe 13 Meilen bevor. Dieser Streckenabschnitt zwischen Last Chance und Michigan Bluff wurde bereits im Jahr 1850 erbaut. Über diese schmalen Pfade transportierten Packzüge von Maultieren die Lebensmittel, Kleidung, Bergbauwerkzeuge, Medikamente und andere Vorräte in die Minencamps. Auch das abgebaute tonnenschwere Gold wurde über diese steilen und gefährlichen Wege aus den Canyons geschafft.

In den florierenden Goldgräberzeiten war sogar Wegzoll zu entrichten. Mit den Einnahmen wurden die steilen Ab- und Aufstiege ein wenig sicherer gemacht. Viel war jedoch nicht zu verbessern, da das Gelände einfach nicht die Möglichkeiten geboten hat. Immer wieder passierten Menschen oder Tieren Fehltritte und sie stürzten über die steilen Abhänge in den Tod. Auch heute noch gelten diese bevorstehenden Meilen als die Gefährlichsten des WSER.

Rund 700 Höhenmeter geht es in die Schlucht Deadwood hinab. Die Luft wird zunehmend heißer und stickiger. Leider werden die Schmerzen in meinem linken Sprunggelenk stärker. Erinnerungen an das erlittene Knochenmarködem - damals im rechten Sprungbein - kommen hoch. Das war meine einzige ernsthafte Verletzung und zwang mich im Jahr 2018 zu einer langen Laufpause. Für ein Finish beim Western States 100 würde ich vermutlich wieder eine Überlastungs-Verletzung riskieren. Klingt zwar dumm, ist aber so. Ich denke nicht, dass ich noch einmal einen Startplatz zugelost bekäme. Entweder ich verdiene mir die Gürtelschnalle hier und jetzt oder mit an Sicherheit grenzender Wahrscheinlichkeit gar nie! Wenn die Schmerzen jedoch weiterhin so stark zunehmen, wird es mir im späteren Verlauf des Rennens unter Umständen nicht mehr möglich sein, die Cut-off-Zeiten einzuhalten.

Ich wäge gedanklich die Möglichkeit ab, in Foresthill den Western States verletzungsbedingt abzubrechen. Die bis dahin gelaufenen 100 Kilometer wären ohne Zweifel eine großartige Leistung. Und ein kontrolliertes Ende im mit Fahrzeugen leicht zugänglichen Foresthill wäre allemal besser als ein jähes Ende irgendwo im Nirgendwo. Mein Entschluss ist jedoch recht schnell gefasst. Ich bin hier in die Sierra Nevada gekommen, um zu finishen. Und ich gehe hier erst raus, wenn ich im Ziel bin oder eine Cut-off-Zeit verpasse und der Veranstalter mir die Startnummer abnimmt.

Im Talboden angekommen, lockere ich die Schnürung am linken Schuh und erhoffe mir mit dieser Maßnahme ein wenig Linderung. Es folgen teils extrem steile 500 Höhenmeter hinauf zum Devil´s Thumb. Ich spüle meinen Mund mit dem schon fahl schmeckenden Wasser aus der Handflasche und spucke ein paar Tropfen wieder aus. »Zisch!« Das Wasser verdampft im Nu auf dem staubigen Pfad. Es hat bestimmt 40 Grad Celsius, während ich Kehre um Kehre nach oben steige. Ich habe irgendwo gelesen, dass es 36 Serpentinen sein sollen. Mitgezählt habe ich allerdings nicht. Aber der wörtlich übersetzte »Daumen des Teufels« verlangt dem Teilnehmer hier alles ab.

Den Checkpoint *Devil´s Thumb* erreiche ich nach rund 11 ½ Stunden. Ich habe für die letzten anspruchsvollen 4,5 Meilen ermüdende 100 Minuten benötigt. Auch hier werde ich von den ehrenamtlichen Helfern wieder erstklassig versorgt. Während meine Trinkflaschen gefüllt werden, labe ich mich mit einem Gel, kühle meinen Kopf unter kaltem Wasser und gebe wiederholt reichlich Eiswürfel in den Schlauchschal. Der Verbrauch an Eiswürfel muss enorm sein. Die gelockerte Schnürung hat meinem Sprunggelenk gutgetan und die Schmerzen haben ein wenig nachgelassen. Und meinen Oberschenkeln gefällt es hinauf auch viel besser, als sich in den Downhills zu plagen.

Ein Läufer sitzt etwas Abseits im Schatten auf einem Camping-Sessel und lässt sich Nacken und Beine massieren. Der arme Kerl sieht schon arg erschöpft aus und wird offensichtlich unentwegt von schmerzhaften Muskelkrämpfen geplagt. Zum Glück ist er hier in guten Händen. Und es führt mir vor Augen, dass es nicht alle Starter bis zur Ziellinie schaffen werden. Zu vieles kann auf solch ultralangen Strecken den Körper zum Streiken bringen.

Verletzungen, Dehydration, Verdauungsprobleme sind nur einige von unzähligen Möglichkeiten, die ein erfolgreiches Finish verhindern können.

Auf dem Weg hinunter zur Talsohle der Schlucht El Dorado führt der Trail am Deadwood Cemetery (Friedhof) vorbei. Einige, die auf der Suche nach schnellem Reichtum in diesen Schluchten ihr Leben ließen, haben hier ihre letzte Ruhestätte gefunden.

Der Abstieg nach El Dorado ist mit rund 900 Höhenmetern der längste durchgehende Downhill. Mal mehr und weniger steil führen die schmalen, staubigen und zerklüfteten Pfade in die Tiefe. Dieser stete Abstieg stellt für die vordere Oberschenkelmuskulatur eine extreme Beanspruchung dar. Irgendwo auf dem Weg zum Talboden dieses natürlichen Backofens überschreite ich die 50-Meilen-Marke. Die Hälfte einer Strecke gemeistert zu haben, ist für mich mental ein wichtiges Zwischenziel. Generell kommt der mentalen Stärke auf ultralangen Strecken eine große Bedeutung zu. Und mein Kopf lässt heute, so körperlich fordernd die vielen Kilometer auch sein mögen, bislang keinerlei negative Gedanken aufkommen. Die Wasserreserven sind bald aufgebraucht. Gut, dass es mit dem Checkpoint *El Dorado* bald eine Möglichkeit gibt, die Flüssigkeitsvorräte aufzufüllen.

Die letzte Meile zum Talgrund ist extrem steil. Teilweise steige ich seitwärts tiefer. Knie und Muskeln klagen ihr Wehleid. Hier unten in der Schlucht steht die heiße, stickige Luft. Kein Windhauch ist zu spüren. Durch die Talsohle fließt der El Dorado Creek. Ich denke an die Worte meiner Frau: »Nutze bitte jede Möglichkeit, deinen Körper zu kühlen!«. Ich stecke meinen Kopf ins glasklare, kalte Wasser und tränke das Shirt und die Kappe. Klatschnass trabe ich weiter. Überhitzung ist der häufigste Grund, warum Teilnehmer an der Aufgabe WSER scheitern. Es ist ungemein wichtig, die Körperkerntemperatur im Zaum zu halten. Viele Profi-Athleten schwören mittlerweile auf Kühlwesten und verwenden diese in den Checkpoints. Ich behelfe mir mit dem kalten Nass, um Kopf und Schultern zu erfrischen. Und die Eiswürfel im Schlauchschal halten den Nacken und die Halsschlagader gekühlt.

Eine Holzbrücke führt über den Creek. Das am Holzpfeiler montierte Hinweisschild gibt Auskunft, dass max. 5 Läufer oder 3 Pferde zeitgleich die Brücke betreten dürfen. Ich darf ohne Wartezeit queren, denn ich bin allein. Neben den Schönheiten der Natur ist es die Einsamkeit, die ich auf meinen Trail-Läufen so sehr liebe. Zeit für mich ganz alleine zu haben, ist für mich ein notwendiges Instrument, um Körper und Geist in Balance zu halten. So wunderschön die gemeinsame Zeit mit der Familie ist, so wichtig ist für mich auch die »me time«.

Ich stärke mich mit einem weiteren Gel. Die Verpackung kommt natürlich in den Müllsack, den ich in meiner Laufweste mitführe. Für uns alle sollte es selbstverständlich sein, keinerlei Unrat in der Natur zurück zu lassen. Über die an den Checkpoints angebotenen GU Roctane Gels kann ich nur positives berichten. Durch den überdurchschnittlich hohen Anteil von Aminosäuren sind sie für ultralange Belastungen prädestiniert. Auch geschmacklich ist die WSER-Sonderedition »lime« - insbesondere an heißen Tagen - ein Volltreffer. Auf kürzeren Strecken vertraue ich auf das GU Energy Gel. Hier hat es mir die Geschmacksrichtung »salted caramel« besonders angetan.

Der Aufstieg über 600 Höhenmeter nach Michigan Bluff ist - wie könnte es anders sein - steil, sandig und heiß! Sehr heiß sogar! Glücklicherweise spenden hohe Kiefern punktuell ein wenig Schatten. Quälend langsam steige ich Meter um Meter nach oben. Die Aussicht, bald meine Familie zu sehen, ist mental ein weiterer ungemein wichtiger Meilenstein.

Geschafft! Unter größten Anstrengungen habe ich diesen fordernden Aufstieg hinter mich gebracht. Auf den letzten ein- zweihundert Metern weitet sich der Pfad und es geht moderat abwärts, Es ist kurz vor 19 Uhr, als ich beim Checkpoint *Michigan Bluff* eintreffe. Aktuell liege ich auf Platz 166 und auf die Cut-off-Zeit habe ich ein gutes Polster.

Auf Wikipedia ist unter anderem sinngemäß folgendes zu lesen: Michigan Bluff ist ein ruhiges Bergdorf mit nur wenigen Dutzend Einwohnern. Aber im Jahr 1849 wurde dieser Ort von hunderten Bergleuten überrannt, die sich so wie ich durch diese tiefen Schluchten und steilen Bergpfade kämpften. Nicht wenige ließen für den Traum auf schnellen Reichtum auf dem schroffen und zerklüfteten Streckenabschnitt ihr Leben. Im Jahr darauf folgten bereits Tausende! Es begann 1853 ein hydraulischer Abbau des Gesteins, wobei Hochdruckwasserstrahlen verwendet wurden, um den Kies von den Berghängen wegzuspülen. Die in den Talsohlen liegenden Gewässer wurden von enormen Sedimentmengen überschwemmt und der Lebensraum am Ufer zerstört. 1857 fegte ein Feuer durch Michigan City, wie es ursprünglich hieß. Die Minen waren jedoch so reich an Gold, dass die Stadt wiederaufgebaut wurde. Jedoch schon wenige Jahre nach Beginn des hydraulischen Bergbaus waren die Schäden am Boden irreversibel. Teilweise wurde die Stadt so stark untergraben, dass Häuser vom Kamm rutschten und die Klippe hinunter zum Fluss stürzten. So zogen die Stadtbewohner weiter den Hügel hinauf und benannten die neu errichtete Stadt Michigan Bluff. In den 1860er und 1870er Jahren war Michigan Bluff eines der wohlhabendsten Bergbauzentren der Gegend. Das Schicksal änderte sich in den 1880er Jahren. Im Jahr 1883 wurde der hydraulische Bergbau per Gesetz verboten. Die Menschen zogen weiter und ließen Michigan Bluff praktisch verlassen zurück.

Heute ist hier ganz schön was los. Familien und Crews erwarten ihre Läufer. Ich halte Ausschau nach meiner Frau und meinem Sohn, entdecke sie aber nicht. Ich trabe die Straße auf und ab. Nein, sie sind noch nicht hier! Auch das Smartphone hat keinen Empfang, sodass ich nur abwarten kann. Es stresst mich und ich mache mir große Sorgen. Die Anfahrtswege sind schmal und kurvig. Zudem hat man von den Parkplätzen einen Fußmarsch vor sich oder man nutzt den Shuttle-Bus. Auch einem Helfer bleibt es nicht verborgen, dass ich besorgt bin und er bietet mir Hilfe an. Während ich ihm die Situation erkläre, fährt ein Shuttle-Bus vor. Leider sitzt meine Familie nicht drinnen.

Was bin ich erleichtert, als ich die Beiden endlich die abschüssige Straße auf mich zulaufen sehe. Die plausible Erklärung? Zum einen war es schwer, einen Parkplatz zu finden. Dann fuhr ihnen der Shuttle-Bus vor der Nase davon und zu Fuß brauchte es dann eben seine Zeit. Hauptsache sie sind nun hier und es geht ihnen gut. Wir plaudern ein wenig, während ich mich mit Wasser, Iso und Quesadillas stärke.

Meine Frau hat meine zweite Stirnlampe mit dabei, die ich nun in meiner Laufweste verstaue. Vom Start weg habe ich die Petzl Nao+ bei mir getragen. Nun gesellt sich die Petzl Swift dazu. So kann ich in den Nachtstunden »klotzen statt kleckern« und den Trail gut ausleuchten.

Es hat gutgetan, die Beiden zu sehen. Sie werden mit dem Shuttle-Bus zurück zum parkenden Wagen gebracht und fahren dann ins Hotel nach Auburn weiter. Sebastian wird sich im Pool abkühlen, während ich mich auf den Weg nach Foresthill mache. Ich habe durch die ausgedehnte Pause rund 15 Plätze verloren, aber die Platzierung ist heute nicht vorrangig. Es geht hier einzig und alleine darum, den Lauf meiner Träume bestmöglich zu genießen und nach längstens 30 Stunden die Ziellinie zu überlaufen.

Ich folge dem Western States Trail hinunter in den nicht ganz so tiefen Volcano Canyon. Obwohl ich körperlich schon ein wenig angezählt bin, versuche ich weiterhin auf flachen und moderat fallenden Passagen im Laufschritt zu bleiben.

Die letzte Stunde vor Einbruch der Dunkelheit nutze ich, um meine GPS-Uhr zu laden. Denn länger als 15 bis 16 Stunden hält mein Forerunner nicht durch. Nach lediglich 30 Minuten ist die Uhr mit der Powerbank auch schon wieder so weit aufgeladen, dass sie für die verbleibenden Stunden Energie haben wird. Wird auch meine körpereigene Power reichen, um gut durch die Nacht zu kommen?

»IN DIE DUNKELHEIT«

Es ist kurz vor 21 Uhr, als ich den Stadtrand von Foresthill erreiche. Beinahe 100 Kilometer habe ich auf Trails zurückgelegt. Nun folge ich für wenige Kilometer einer asphaltierten Straße. Entlang der Foresthill Road haben sich viele Menschen versammelt. Großteils haben sie es sich mit Sessel und Tischen gemütlich gemacht. Auch Camper stehen da und dort. Alle haben gemeinsam, dass sie uns Läufer lautstark anfeuern. Hier beim Western States wird wertgeschätzt, was wir seit vielen, vielen Stunden leisten. Wir werden nicht bloß als ein Haufen Irrer angesehen, die mit ihrem Körper Raubbau betreiben und sinnlos durch die Natur laufen. Nein, hier lebt und liebt man dieses jährlich wiederkehrende sportliche Ereignis. Selbstredend, dass ich mich bei all den Zaungästen mit einem freundlichen »thank you so much« für die großartige Unterstützung bedanke.

»Number onehundredsixtyfour?«, wird mir plötzlich von zwei netten Leuten nachgerufen. Ich halte an, bejahe die Frage und gehe ein paar Schritte zurück. Es wird deutsch mit mir gesprochen. Ein vor vielen Jahren in die USA ausgewanderter Salzburger hat der Nennliste entnommen, dass ein Österreicher mit am Start ist und wollte mich unbedingt an der Strecke sehen. Wie großartig! Ich bin gerührt. Wir wechseln ein paar Sätze, ich bedanke mich nochmals sehr herzlich für den persönlichen Support und ziehe weiter.

Ich laufe auf dem Western States Trail wie ein Uhrwerk! Auch Robert ist beeindruckt, dass ich pünktlich bin. Es ist exakt 20:57 Uhr, als meine Startnummer beim Checkpoint *Foresthill* registriert wird. Ich bin aktuell auf Platz 181 klassiert. Während ich mich am Verpflegungsstand bediene, legen wir die Strategie für die kommenden Stunden fest. Einen Pacer zu haben, ist für mich nämlich völliges Neuland. Entsprechend unsicher bin ich, wie die kommenden gemeinsamen Stunden wohl verlaufen werden. Denn wenn ich müde und ausgelaugt bin, zudem jede Faser meines Körpers schmerzt, dann bin ich am liebsten alleine. Jedenfalls soll Robert hinter mir laufen. Ich möchte völlig unbeeinflusst weiterhin mein eigenes Tempo laufen. Ich bezeichne Robert daher nicht als Pacer, sondern als Begleiter.

Die Dunkelheit bricht herein. Ich nutze den aktuell guten Empfang meines Smartphones und telefoniere mit meinem Schatz. Es ist Zeit, eine gute Nacht zu wünschen. Sollte nichts Unvorhergesehenes passieren, werde ich meine Zeit-Tabelle einigermaßen einhalten können. Das würde bedeuten, dass ich zwischen 8 Uhr und 10 Uhr morgens auf die Zielgerade biegen werde. Wir vereinbaren, dass ich mich 3 Stunden vor der geplanten Ankunft nochmals melde.

Während ich Robert über den beschwerlichen Weg durch die tiefen Canyons erzähle, sind wir unkonzentriert und übersehen eine Streckenmarkierung. Es sind vielleicht 400 Meter Umweg. Nicht schlimm, aber dennoch ärgerlich. Solche Extrameter möchte ich mir nicht mehr leisten.

Wir haben die asphaltierten Straßen von Foresthill verlassen und sind zurück am Trail. Es folgt ein etwa 16 Meilen langer, kupierter Abstieg zur Talsohle des American River Canyons. Die Augen müssen sich erst an die künstliche Ausleuchtung gewöhnen. Entsprechend vorsichtig setze ich ein Bein vor das andere. Die Schmerzen im Sprunggelenk sind kaum mehr wahrzunehmen. Jedoch sind es jetzt die Quadrizeps, die »not amused« sind. Denn es geht schon wieder talwärts.

Der Checkpoint *Peachstone* ist schon aus der Ferne zu hören und sehen. Laute Musik, bunte Lichterketten, Menschen in Partylaune inmitten der Wildnis sind schon eine bizarre, aber sehr willkommene und abwechslungsreiche Erscheinung. Als ich die Hilfsstation betrete, wird gerade ein Läufer von seinem Pacer aus dem Sessel gehoben. Seine steifen Beine und sein schmerzverzerrtes Gesicht lassen befürchten, dass der Körper bald die Belastungsgrenze erreicht.

Humpelnd und wimmernd verlässt er *Peachstone* und verschwindet langsam in der Dunkelheit. Robert ist ein wenig verunsichert, in wie weit er mich in den Checkpoints unterstützen soll. Ich gebe ihm zu verstehen, dass ich mich weiterhin um alles selbst kümmern werde und er sich um mich keine Gedanken zu machen braucht.

Auch wir kehren kurze Zeit später zurück in die einsame Nacht. Der arme Kerl von vorhin steht nicht weit vom Checkpoint entfernt am Wegesrand und versucht weiterhin, seine Muskulatur zu lockern. Ich wünsche ihm, dass er den Krämpfen den Garaus macht und er es gesund ins Ziel schafft. Keinen Kilometer später überholen wir einen weiteren Läufer. Er übergibt sich beinahe im Sekundentakt. Sein Pacer steht hilflos daneben.

Diese Situationen führen mir zum wiederholten Mal vor Augen, welches Durchhaltevermögen und welche Leistungsbereitschaft unseren Körpern abverlangt wird. Auch meine Knochen, Sehnen, Gelenke und Muskeln schmerzen ein Vielfaches von dem, was man sich vielleicht vorzustellen vermag. Aber das gehört auf solch anspruchsvollen, ultralangen Strecken dazu. Das ist quasi »part of the game«. Muskelkrämpfe sind kein Spaß, aber man bekommt sie in der Regel mit Flüssigkeits- und Nitratzufuhr sowie Dehnübungen in den Griff. Viel essentieller ist, dass ich weder Verdauungs- noch Kreislaufprobleme zu beklagen habe. Denn das sind die Art körperlicher Probleme, die gesundheitsgefährdend sind und solche Projekte letztendlich scheitern lassen.

»Achtung Schlange!« Über mögliche Kontakte mit Wildtieren habe ich im Vorfeld des WSER ja immer wieder gescherzt. Auf einem meiner Trainingsläufe rund um den Hühnerberg trat ich auf einem unübersichtlichen Pfad beinahe auf eine Ringelnatter. Die wunderschöne, ungiftige Schlange war bestimmt 100 Zentimeter lang und ich erschrak furchtbar. »Nicht auszudenken, auf dem Weg nach Auburn auf eine Klapperschlange zu treffen!«, war im Vorfeld eine meiner größten Sorgen. Und eigentlich standen die Chancen schlecht, eine Giftschlange, einen Bären oder gar einen Berglöwen zu Gesicht zu kriegen. Da ist die Gefahr, von Hornissen gestochen zu werden oder üble Hautreizungen durch das Giftefeu, einer entlang des Western States Trail häufig vorkommenden und stark hautreizenden Pflanze, davonzutragen, schon realistischer.

Nun schlängelt sich tatsächlich eine (Mojave-)Klapperschlange im Lichtkegel meiner Stirnlampe quer über den Trail. Ich bleibe wie angewurzelt stehen. Panik habe ich keine. Dafür bin ich vermutlich schon zu müde. Aber ich habe gehörigen Respekt und vor allem Ehrfurcht, dieses wunderschöne Tier in freier Wildbahn sehen zu dürfen. Das rund 70 bis 80 Zentimeter lange Kriechtier verweilt nun regungslos am Wegesrand. Ohne die Schlange auch nur einen Augenblick aus den Augen zu lassen, gehen wir vorsichtig und mit größtmöglichem Abstand an ihr vorbei. Allzu viel Raum lässt der schmale Pfad jedoch nicht zu. Den Mumm, mit dem Smartphone ein Foto vom wunderbaren Tier zu machen, habe ich allerdings nicht. Ich weiß nicht, wie Robert mit der eben gemachten Bekanntschaft emotional umgeht. Ich selbst laufe doch ein wenig schaumgebremst weiter und versuche auf den nächsten Kilometern den Pfad aufmerksam zu scannen. Bald wird mir jedoch klar, dass ich im Laufschritt eine regungslose Schlange nicht erkennen werde. Zu kontrastarm ist die Hautfärbung der Klapperschlange auf dem sandigen Untergrund.

In der Dunkelheit sehe ich den American River zwar noch nicht, aber ich höre sein Rauschen. Im Talboden angekommen, belaufen wir nun einen parallel zum Fluss führenden Schotterweg. Dass ich auch wirklich laufe, dafür sorgt Robert. Mit viel Fingerspitzengefühl motiviert er mich wiederholt, aus dem immer häufiger einsetzenden Gehschritt doch wieder für ein paar Minuten in den Laufschritt zu wechseln.

Dass ich nach wie vor ein großes Zeitpolster auf die Cut-off-Zeiten habe, ist Fluch und Segen zugleich. Einerseits habe ich keinen zeitlichen Stress. Ich muss nicht befürchten, dass ich den nächsten Checkpoint zu spät verlasse und mir die Startnummer abgenommen wird. Andererseits gibt dieser Umstand dem Geist die Option, man könne es doch deutlich komfortabler haben. Komfort bedeutet in dieser Phase des Ultralaufs, zu gehen statt zu laufen. Denn obwohl der Geist sehr müde ist, beherrscht er zeitliche Hochrechnungen und beschwört den Körper unentwegt, dass wir es auch im Gehschritt rechtzeitig zur Ziellinie schaffen werden. Es ist eine große Herausforderung, dem Teufelchen im Kopf die Stirn zu bieten und nicht auf ihn zu hören.

»RUCKY CHUCKY CROSSING«

Das nächste mentale Etappenziel ist mit der Flussquerung bei Rucky Chucky erreicht. Viele, viele bunte Lampen leuchten den Checkpoint aus und die Stimmung ist auch hier ausgelassen. Etwas Tumult tut gut, denn mittlerweile bin ich sehr müde. Immerhin bin ich bereits über 20 Stunden lang auf den Beinen und habe in dieser Zeit unglaubliche 78 Meilen hinter mich gebracht. Robert sucht ein Honey Bucket auf. Ich bediene mich am Buffet und bestaune die Western States Legende Gordon Ainsleigh beim Massieren der Beine eines Teilnehmers. In diesem Jahr nimmt Gordy nicht selbst am WSER teil, sondern stellt sich in den Dienst anderer Teilnehmer. Es ist mir eine Ehre, neben diesem Mann, dem Geburtshelfer des WSER, zu stehen.

Um am Renntag den Durchfluss des Rucky Chucky ein wenig zu drosseln, wird mit Hilfe eines vorgelagerten Dammes Wasser rückgehalten. Beim Race-Briefing wurde angekündigt, dass der Wasserstand knie- bis hüfthoch sei. In Jahren von Hochwasser, erfolgt die Überfahrt mit Schlauchbooten.

Mitten in der Nacht durch ein eiskaltes Gewässer zu waten, ist für mich – wie so vieles heute – Neuland. Während ich die Böschung hinabsteige, sichere ich meine Utensilien an der Laufweste und vergewissere mich, dass alle Zipper geschlossen sind. Die Stirnlampe schalte ich aus, um nicht zu blenden.

Es wird mir ein reflektierender Ring um den Hals gelegt. Für den Fall, dass ich den Halt verliere und abgetrieben werde, soll das bunte Halsband wohl dazu dienen, mich in der Dunkelheit rasch wieder zu finden. Ob ich eine

Schwimmweste tragen möchte, werde ich gefragt. Ich verneine, denn das wäre in Kombination mit meiner Laufweste doch ein wenig unpraktisch. Um für größtmögliche Sicherheit zu sorgen, stehen auch hier seit Stunden viele Supporter in Neoprenhosen im Wasser und sichern die Überquerung.

Ein Seil ist von einem Ufer zum anderen gespannt, an dem wir uns festhalten können. Mit dem ersten Schritt stehe ich auch schon bis zum Knie im eiskalten Nass. Ich fühle mich schockgefroren. Das Wasser ist kalt, eisig kalt! Eigentlich kein Wunder, denn es handelt sich ja in erster Linie um Schmelzwasser. Obwohl mein Körper den ganzen langen Tag mit Hitze zu kämpfen hatte, ist es nun ganz und gar keine willkommene Abwechslung. Im Gegenteil. In kürzester Zeit zittere ich am gesamten Körper und kann mich mit den eiskalten Händen kaum am Seil festhalten. Zudem liegen am Gewässergrund mehr oder weniger große Steine, die sehr rutschig sind. Mal steige ich auf einen großen Gesteinsbrocken und bin beinahe vollständig aus dem Wasser, schon lande ich mit dem nächsten Schritt in einem tiefen Kolk und stehe bauchtief im American River. Ich bin unterkühlt und erschöpft, als ich endlich das gegenüberliegende Ufer erreiche. Jetzt muss ich noch die sandige, steile Böschung rauf. Um nicht auf allen Vieren hochkriechen zu müssen, hängt entlang der Böschung ein Tau mit Knoten herunter. Daran ziehe ich mich hoch.

Klatschnass, mit blauen Lippen, mit unkontrolliert zuckenden Muskeln und klappernden Zähnen torkle ich zur »Wechselzone«. Mein Drop-Bag mit trockenen Socken, Schuhen und einem Shirt liegt hier für mich bereit. Handtücher stellt der Veranstalter zur Verfügung. Es dauert einige Zeit, bis ich Schuhe, Socken und Shirt ausgezogen, mich abgetrocknet und die frischen Klamotten übergezogen habe. Die nassen Shorts muss ich anbehalten. Ich bin nun zwar halbwegs trockengelegt, kalt ist mir aber noch immer. Robert ist tapfer. Er hatte keine Möglichkeit, sich ein Drop-Bag hier her transportieren zu lassen. Er meint zwar, es sei ihm ein wenig kühl, aber es ginge schon. Muss es auch, denn Alternativen gibt es am Western States Trail keine.

Die nächsten beiden Meilen führen steil zum Checkpoint *Green Gate* hoch. Im Grunde ist die Steigung willkommen, denn durch die Anstrengung erwärme ich mich und die Lebensgeister kehren in die Gliedmaßen zurück. Andererseits ist mein Körper schon sehr geschunden und die Schritte fallen zunehmend schwerer. Ich kann längere Zeit keine Streckenmarkierung entdecken und befürchte, abermals eine Abzweigung übersehen zu haben. Es braucht heute echt keine Umwege mehr! Die Sorge ist zum Glück unbegründet. Bald taucht die nächste Wegemarkierung auf und nach 21:27 Stunden erreichen wir *Green Gat*e. Bereits 80 anstrengende aber auch großartige Meilen liegen hinter mir. Ich habe drei Ränge gutgemacht und bin momentan auf Platz 178 klassiert.

Meine Stirnlampe, die Petzl Swift RL, hat gute Dienste geleistet und mir fast vier Stunden – meist auf höchster Stufe - den Trail ausgeleuchtet. Nun zeigt sie an, dass die Akkuleistung zur Neige geht. Die restliche Zeit bis zum Morgengrauen wird mir meine zweite Stirnlampe, ebenfalls eine Petzl, Modell Nao+, den Weg erhellen. Meinen körpereigenen Akku halte ich weiterhin mit Gels bei Kräften.

Ich lasse mich im Windschatten des Pacers eines Mitläufers über die nächsten sanft hügeligen Kilometer entlang des Auburn Lake Trails und durch den Brown´s Bar Canyon ziehen. In seinem Sog kann ich bis zum Checkpoint *Quarry Road* stolze 23 Plätze gutmachen. Endlich kann ich hier den Müllsack voller klebriger Verpackungsreste entsorgen. Mein Magen hat für das Erste von Gels genug und verlangt nach Kartoffelchips und Melonen. Auch ein Becher voll Cola tut gut.

Die Morgendämmerung bricht herein und ich wünsche meiner Familie einen guten Morgen. Meine Frau ist erleichtert, als sie meine Stimme hört, die - wie sie meint - sehr klar und zuversichtlich klingt. Ich rechne vor, dass ich voraussichtlich zwischen 08:30 Uhr und 09:30 Uhr im Ziel sein werde. Langsam beginne ich zu begreifen, dass ich in wenigen Stunden tatsächlich meinen sportlichen Lebenstraum zu Ende bringen könnte. Rasch dämpfe ich meine innerliche Euphorie. Denn ich weiß auch, dass jederzeit ein Missgeschick passieren kann und um es mit einer groben Verletzung ins Ziel zu schaffen, dafür ist die verbleibende Strecke noch viel zu weit.

Selbst auf den letzten Metern scheitern immer wieder Läufer. Ich versuche fokussiert zu bleiben. Wir laufen am sogenannten Cool-Kalksteinbruch vorbei und nähern uns dem Highway 49.

»DIE BRÜCKE UND DER AUFSTIEG ZUM ZIEL«

Nachdem wir den Highway 49 gequert haben, bleibt der Streckenverlauf kupiert. Inmitten prächtiger Eichen und Kiefern laufen wir auf lehmigen, rotbraunen Pfaden durch die sogenannte Pointed Rocks Ranch, einem rund 370 Hektar großen und mittlerweile im Staatseigentum stehenden, naturbelassenen Park.

Die Vegetation lichtet sich. Der zu belaufende Singletrail inmitten der weitläufigen Wiesen ist ein weiteres der unzähligen Highlights dieses spektakulären Laufes. Hier im Checkpoint *Pointed Rocks* werden uns leckere Pancakes kredenzt. Ich esse ein Stück davon, trinke einen Becher Iso und fülle meine Handflasche mit Wasser halb voll. Meine zweite Flasche lasse ich leer. Warum? Keine Ahnung! Ich meine wohl, ich brauche auf den letzten Kilometern nicht mehr viel. Und zum anderen glaube ich, dass der nächste Checkpoint nur wenige Kilometer entfernt ist. Das wird sich als Irrtum herausstellen. Aber im Wesentlichen habe ich in den letzten Stunden hinsichtlich Tempogestaltung und Nahrungsaufnahme vieles richtiggemacht. Anderenfalls hätte ich es nicht bis hierhergeschafft.

»So, I am ready!« Ich will weiter. Bringen wir es zu Ende! Ich halte nach Robert Ausschau, der vorhin abermals auf die Toilette entschwunden ist. Aber meinem Begleiter geht es leider nicht besonders gut. Sein Kreislauf streikt und er muss sich hinsetzen. Mit Wasser, was Süßem und Salzgebäck versucht Robert - im wahrsten Sinn des Wortes - wieder auf die Beine zu kommen.

Roberts Schwächephase kommt nicht ganz unerwartet. Immerhin sind es von Foresthill bis hierher über 32 Meilen. Das ist eine weit längere Strecke, als die Meisten zu Laufen im Stande sind. Zudem ist auch Robert seit den frühen Morgenstunden auf den Beinen und hat beim Checkpoint *Last Chance* über viele Stunden hinweg wertvolle Unterstützungsarbeit geleistet. Wir haben uns im Vorfeld darauf verständigt, dass, sollte Robert langsamer als ich selbst laufen oder gar eine längere Pause benötigen, ich ihn zurücklasse und mein Ding alleine durchziehe. Aber jetzt fände ich es schäbig, ohne Robert weiterzulaufen. Das komfortable Polster auf die Cut-off-Zeit macht mir die Entscheidung leicht. Ich werde einige Minuten zuwarten und dann die Situation neu bewerten. Zeitlich unter Druck, wäre meine Entscheidung wahrscheinlich anders ausgefallen. Aber siehe da, Robert erholt sich zum Glück relativ schnell.

Als wir den Checkpoint *Pointed Rocks* verlassen, ist es 6:30 Uhr morgens. Die Dämmerung ist längst der Morgensonne gewichen. Der Himmel ist wolkenlos und die Quecksilbersäule klettert bereits zügig nach oben.

Der Trail führt noch einmal in den Canyon hinab. Downhill macht schon lange keinen Spaß mehr. Ich muss gestehen, dass mir die unvorhergesehene Pause nicht sonderlich gutgetan hat. Nun schwächelt mein eigener Kreislauf. Ich erfrische mein Gesicht mit etwas Wasser aus der Handflasche. Wir sind ein letztes Mal in der Senke angekommen und überlaufen die historische Mountain Quarries Bridge. Die Betonbogenbrücke wurde um 1910 errichtet und war zum Zeitpunkt ihres Baus die längste Brücke ihrer Art weltweit. Sie diente als Eisenbahnbrücke und hat den Kalksteinbruch mit Auburn verbunden.

Umgangssprachlich wurde sie lange Zeit als »No Hands Bridge«" bezeichnet. Diese Namensgebung geht wohl auf eine sehr geübte Reiterin zurück, die mutig ihre Hände von den Zügeln ihres Pferdes ließ, als sie die Brücke, die damals noch kein Geländer hatte, überritten ist. Also ohne Zuhilfenahme der Hände. Daher wohl der Name. Mittlerweile sind Absturzgitter errichtet, an denen heute viele blaue Banner mit dem Aufdruck des Hauptsponsors HOKA angebracht sind. Checkpoint gibt es hier allerdings keinen. Ich habe Durst, aber kein Wasser mehr. Jammern und hadern hilft nicht weiter. Ich blicke hoch. Dort oben am Ende des letzten Anstieges ist der Checkpoint *Robie Point.* Dort kann ich mich laben. Robie Point markiert nicht nur Meile 99 sondern auch den Punkt, an dem der Western States Trail im Außenbezirk von Auburn endet.

Der Aufstieg ist anstrengend und die immer weiter steigenden Temperaturen machen die Sache nicht leichter. Schatten? Fehlanzeige! Ich bin platt, müde, durstig, auch hungrig. Quälend langsam steige ich Meter um Meter hoch. Teils verläuft der Trail über Holzstufen, teils über große Fels- und Betonbrocken.

Robert ist weiterhin an meiner Seite. Die Kommunikation zwischen uns ist eingestellt. Wir schweigen schon seit geraumer Zeit. Jeder von uns ist ganz bei sich und hofft, mit den noch verbliebenen Reserven im Tank es bis zur Ziellinie zu schaffen. Es ist ein letzter, fordernder, schweißtreibender Anstieg. Dieser Lauf hier in der Sierra Nevada verlangt einem wirklich alles ab.

Im bin auf Rang 159 klassiert, als wir beim Checkpoint *Robie Point* ankommen. Es gilt, mich für die letzten verbleibenden 1,3 Meilen fit zu machen. Die umgerechnet rund 2 Kilometer klingen jetzt nicht viel. Aber wenn der Körper den Not-Aus-Taster drückt, ist selbst diese Distanz eine unüberwindbare Hürde. Und tatsächlich scheitern immer wieder Läufer auf den allerletzten Metern. Ich kippe ein paar Becher mit Wasser und Iso in mich hinein. Auch die angebotenen Kekse kommen mir gerade recht. Der Zucker tut gut und nach ein paar Minuten geht es mir deutlich besser. Der Kreislauf gibt grünes Licht für den letzten Abschnitt. Es ist für mich völlig nebensächlich, dass ich ein paar Plätze eingebüßt habe.

Viele Bewohner von Auburn, aber auch Crews und Familienmitglieder säumen hier die Straßen. Beifall und Glückwünsche hagelt es von allen Seiten. Ich kann es nicht erwarten, meine Familie zu sehen.

Und dann! Endlich! Da vorne stehen mein Sohn und meine Frau! Beim Schreiben dieser Zeilen stehen mir die Tränen in den Augen. Es ist so unbeschreiblich schön. Meine Frau filmt, jauchzt, jubelt, schluchzt, wimmert voller Emotionen. Mein Sohn strahlt, ist stolz auf seinen Papa und trägt die Pacer-Nummer 164. Die Gefühle sind nicht in Worte zu fassen. Es ist ein großes Glück, etwas in dieser Form erleben zu dürfen. Aus diesem Grund schreibe ich Laufberichte oder dieses Buch. Ich lese meine eigenen Berichte Monate, Jahre später und fühle mich in die Läufe zurückversetzt. So kann ich mir diese Glücksmomente immer wieder in Erinnerung rufen.

Wir quatschen, scherzen, feiern, während wir auf der leicht abschüssigen Straße langsam dahin traben. Auch Sebastian genießt die applaudierenden Zuschauer. Das Tor zum Stadion der Placer High School ist erreicht. Auch das ist eine Szene, die ich mir in Filmen oft angesehen habe. Nun betrete ich selbst die Tartan-Bahn, die uns zur Ziellinie führt. Meine Frau braust quer über die Rasenfläche, um unsere letzten Meter auf Film und Foto festzuhalten.

Lediglich eine halbe Stadionrunde trennt uns noch vom Ziel. Erst jetzt bin ich mir sicher: Ich werde in Kürze ein Western States 100 - Finisher sein. Es überkommt mich unendliche Dankbarkeit, dass ich hier und heute diesen Traum erfolgreich zu Ende bringen darf. Diesen Traum dann auch mit meiner Frau und meinem Sohn teilen zu dürfen, ist ein unermesslich großes Geschenk.

Ein mitlaufender Kameramann filmt uns. So sind wir via Livestream auch für alle, die mir zu Hause die Daumen drücken, gut zu verfolgen. Dass wir ein paar Meter vor dem Ziel überholt werden und somit das Zieleinlauf-Foto gecrasht wird, ärgert mich nur kurz.

»Schade sein Verhalten!«, beschreibt mit den Worten meines Sohnes diese mehr als entbehrliche und völlig sinnbefreite Aktion der Startnummer »verrate-ich-nicht«.

Wir bleiben kurz stehen und überlassen der anderen Familie die alleinige Bühne. Dann quere ich mit meinem Sohn Sebastian und meinem Begleitläufer Robert nach offiziellen 27 Stunden, 10 Minuten und 39 Sekunden die Ziellinie des Western States 100.

Ich bin Finisher des ältesten und eines der geschichtsträchtigsten 100-Meilen-Langstreckenläufe der Welt. Ich bin stolz auf mich! Mir wird die Finisher-Medaille um den Hals gehängt und wir machen noch ein paar Fotos. Meine Familie hat ein entzückendes Plakat vorbereitet. Auf die Gürtelschnalle muss ich noch etwas warten. Die offizielle Preisverleihung findet erst kurz nach Mittag statt.

Ich lege mich für ein paar Minuten auf den Stadionrasen der Placer High und lasse die vergangenen Stunden Revue passieren. Dass es letztendlich ein für mich so perfekter Lauf wurde, ist zweifelsohne der über viele Jahre hinweg erlangten Grundlagenausdauer, meiner langjährigen Ultratrail-Erfahrung und vor allem der mentalen Stärke geschuldet. Muskeln, Knochen, Sehnen und Bänder sind über beinahe ein Jahrzehnt lang an solche starken Belastungen herangeführt worden. Viele sowohl körperliche, vor allem aber auch mental heikle Situationen habe ich in den letzten Jahren positiv gelöst und trage nach wie vor eine weiße »did not finish - Weste«. Das stärkt natürlich auch das Vertrauen in die eigenen Fähigkeiten.

In diesem kurzen Moment der Reflexion ist mir noch nicht bewusst, wie sehr mir der Western States Trail nach bereits wenigen Wochen fehlen wird.

Sonnengeschützt durch Partyzelte, sind Tische und Bänke aufgebaut. Rundum sind erschöpfte, aber glückliche Menschen zu sehen. Wir setzen uns, beobachten die einlaufenden Finisher und »frühstücken« gemeinsam. Würstel, Obst, French Toast, Pancakes und allerlei Getränke stehen auf der Speisekarte.

Es gibt viel zu erzählen. Denn nicht nur ich habe während der letzten 27 Stunden so einiges erlebt. Auch für meine Frau und meinen Sohn waren die letzten beiden Tage eine sehr spannende Zeit. Robert hat im Stadiongelände Freunde getroffen, die ihn mit nach Hause nehmen. »Vielen Dank Robert, du hast mir speziell in der Nacht mit deiner Anwesenheit und der besonnenen Art sehr geholfen.«

Unser Hotel liegt nur wenige Minuten entfernt. So ist Zeit, dass ich mich vor der Siegerehrung frisch mache. Es braucht Unmengen an Wasser, um den rotbraunen Lehm und den Sand des Western States Trail vom Körper zu waschen. Zurück im Stadion, hole ich zuerst die beiden Drop-Bags ab. Der Beutel mit den total durchnässten und verdreckten Sachen vom Checkpoint *Rucky Chucky* hätte eigentlich sofort verbrannt gehört. Aber getrocknet und vom Staub befreit, dürfen letztendlich auch die Schuhe und Socken der ersten 72 Meilen die Rückreise nach Österreich antreten. Mittlerweile hat es wieder weit über 30 Grad Celsius. Das belastet den übermüdeten Kreislauf doch sehr.

»DIE SIEGEREHRUNG«

Dann ist es endlich soweit. Die Siegerehrung startet. Zuerst haben der Veranstalter und ein Vertreter des Hauptsponsors das Wort. Es werden die schnellsten Damen und Herren geehrt.

Bei den Herren gewinnt Adam Peterman in 15 Stunden und 13 Minuten. Es war sein allererster Wettkampf über 100 Meilen. Die Damenwertung entscheidet Ruth Croft in 17 Stunden und 21 Minuten für sich. Die älteste Dame, die es ins Ziel schafft, ist 61 Jahre alt. Der älteste Finisher zählt 63 Lenze. Beide werden geehrt und erhalten eine repräsentative Tischuhr.

»Das wäre ein Ziel, das ich verfolgen könnte!«, schmiede ich bereits an neuen Plänen. In 15 Jahren noch einmal als ältester männlicher Teilnehmer den Western States 100 zu finishen, ist ein weit entferntes Ziel. Aber es scheint kein gänzlich unmögliches Vorhaben zu sein. Vor allem: Was ist nach so einem Tag schon unmöglich?

Von 384 gestarteten Teilnehmern erreichen 305 das Ziel. In Anbetracht der sehr hohen Temperaturen, die heuer in den Canyons geherrscht haben, ist diese Finisher-Quote von fast 80 Prozent überdurchschnittlich hoch.

Nun geht es schnell. Sortiert nach der Laufzeit werden Läufer um Läufer aufgerufen. Jetzt bin an der Reihe. Ich bekomme endlich die lang ersehnte Gürtelschnalle überreicht. Auf der Rückseite der bronzenen Schnalle ist mein Name eingraviert. Mir fehlen die Worte. Ich betrachte das Schmuckstück und bin emotional überfordert.

Zurück im Hotel reklamiert der Körper nun Schlaf. Als meine Frau und mein Sohn vom Abendessen zurückkommen, bin ich für das Erste halbwegs ausgeruht. Es langt sogar, um mit meinem Sohn an den Hotelpool zu gehen und ein wenig Tischtennis zu spielen. Dass ich die anschließende Nacht sehr gut und relativ schmerzfrei schlafe, überrascht mich. Da hatte ich nach kürzeren Wettkämpfen schon schlimmere Nächte.

Erst tags darauf wird mir bewusst, wie viele liebe Menschen meine Fortschritte am Western States Trail über Stunden live im Internet verfolgt und mir die Daumen gedrückt haben. Die Chatverläufe, in denen bei meiner Frau sich nach meinem Wohlbefinden erkundigt wurde, die zahlreichen wertschätzenden Nachrichten per WhatsApp, die Glückwünsche per SMS oder über meinen Facebook-Account, ehren mich sehr.

Ein paar Tage mit Sightseeing runden unseren wunderbaren Ausflug in Kalifornien ab. Die Rückgabe des Mietwagens erfolgt ebenso problemlos wie der Rückflug nach Everett, wo wir von den Schwiegereltern abgeholt werden und wir noch zwei großartige Wochen bei ihnen in der Nähe von Seattle verbringen dürfen. Nach rund einer Woche schnüre ich wieder die Laufschuhe und laufe als frisch gebackener Finisher des Western States 100 Endurance Run ein paar Meilen entlang des Lake Sammamish.

Zu Hause angekommen, nehmen die Gratulationen kein Ende. Selbst am Gartenzaun überrascht mich ein riesengroßes »Glückwunsch-Banner« meines Laufclubs, dem MT-Hausmannstäten.

Letztendlich gibt es auch ein großes mediales Echo. So sind Artikel über meine Teilnahme am Western States 100 in der *Woche GU Süd* und im Sportteil der *Kleinen Zeitung* abgedruckt. Tom Rottenberg berichtet in seiner Online-Kolumne im *Standard* über die konsequente Verfolgung meines sportlichen Traumes. Die *Kleine Zeitung* kürt mich zum »Steirer des Tages« und auch meine Wohnsitzgemeinde Fernitz-Mellach druckt in den Gemeindenachrichten ein ausführliches Interview mit mir ab.

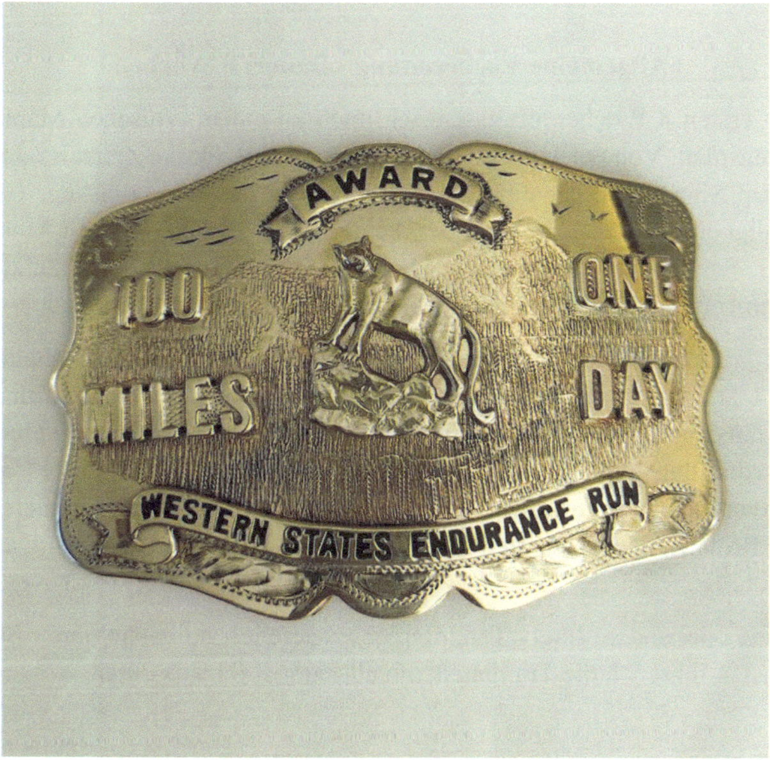

Anhang: Einblick in mein Training

Meine Vorbereitung auf ultralange Strecken gliedere ich grundsätzlich in eine allgemeine und in die wettkampfspezifische Vorbereitung. Dieser Trainingsaufbau hat sich bislang für mich gut bewährt. Deshalb halte ich es für meine Teilnahme am Western States 100 ebenso. Insgesamt umfasst mein selbst zusammengestellter Trainingsplan 22 Wochen.

Mein Körper weist schon einige Gebrauchsspuren auf. Speziell mein Knie und auch das Sprunggelenk machen ab und zu Probleme. Daher gilt es für mich umso mehr, eine Balance zwischen Belastung und Regeneration zu finden.

»Allgemeine Vorbereitung - Dauer: 8 Wochen«

In den ersten 8 Wochen orientiere ich mich an einem typischen Marathon-Trainingsplan. Von der Intensität her wähle ich eine fiktive Zielzeit von 3:30 Stunden. Sinn der allgemeinen Vorbereitung ist die Steigerung der Grundschnelligkeit und die Erhöhung der Tempohärte. Zudem soll den Muskeln, Bänder, Sehnen und Knochen die Möglichkeit gegeben werden, sich auf die höheren Umfänge in den darauffolgenden Wochen einzustellen.

Meine Trainingswochen während der allgemeinen Vorbereitung enthalten jeweils 4 Trainingstage. Mehr lässt zum einen mein Körper nicht zu und vor allem muss auch noch Zeit für die Familie bleiben. Tagsüber zu laufen und am Nachmittag und Abend für die Familie da zu sein, wäre wohl meine Traumvorstellung vom Leben. Schade, dass ich im realen Leben auch noch meine Brötchen verdienen muss und sich mein Tagesablauf ein wenig anders darstellt.

Das eine oder andere Intervalltraining absolviere ich auf asphaltierter Straße. Ansonsten führe ich die Trainingsläufe allesamt auf Trails durch.

So beinhaltet eine typische Trainingswoche folgende Trainingseinheiten:

Einheit 1:
rd. 15 km intensiver Dauerlauf (Puls 75 - 80 %)

Einheit 2:
Intervalltraining (6x 1.000 Meter in 4:15 - 4:30 mit jeweils 1.000 Meter Trabpause) oder *90 bis 120 Minuten Fahrtspiel*

Einheit 3:
rd. 15 km extensiver Dauerlauf (Puls 65 - 72 %)

Einheit 4:
25-30 km extensiver Dauerlauf (Puls 65 - 72 %)

Manche Marathon-Trainingspläne sehen beim extensiven, langen Dauerlauf eine Endbeschleunigung vor. Das bedeutet, dass man eine gewisse Distanz im extensiven Pulsbereich läuft und die letzten Kilometer das Tempo auf das Marathon-Wettkampftempo erhöht. Darauf verzichte ich, denn zum einen werde ich am Ende der allgemeinen Vorbereitung keinen Marathon im Wettkampftempo laufen und zum anderen müssten dann diese Läufe sinnvollerweise doch auf geteerter Straße stattfinden.

In den Wochen 4 und 7 verzichte ich auf den langen Dauerlauf. Statt des langen Dauerlaufs schreibe ich mir 10 schnell gelaufene Kilometer in den Trainingsplan.

»Die wettkampfspezifische Vorbereitung - Dauer: 14 Wochen«

Ziel dieser 14 Wochen ist es, mich bestmöglich auf die beim Wettkampf vorherrschenden Bedingungen vorzubereiten. Die Herausforderungen des Western States 100 sind:

- das lange, ausdauernde Laufen auf Trails
- das Laufen bei großer Hitze
- das Laufen in den Nachtstunden
- das Auf- und Absteigen im steilen, zerklüfteten Gelände

Neben langen Trainingsläufen liegt das Absteigen im steileren Gelände im Mittelpunkt der Vorbereitung. Die 5.500 positiven Höhenmeter auf der 161 Kilometer langen Strecke bereiten mir keine großen Sorgen. Jedoch warten rund 7.000 negative Höhenmeter auf schmalen, rauen Pfaden in den Berghängen der Sierra Nevada darauf, die vordere Oberschenkelmuskulatur zu verschleißen.

Den häufigsten Grund eines Scheiterns am Western States Trail stellt die große Hitze dar. Speziell in den Canyons ist mit Temperaturen von über 35 Grad Celsius zu rechnen. Ich hoffe auf einen sehr warmen Frühsommer. Ist man für die Hitze gewappnet und für die vielen Abstiege gerüstet, so kommt man dem erfolgreichen Finish des Western States 100 einen großen Schritt näher.

Es gibt natürlich Unterschiede zwischen der optimalen und der für mich bestmöglichen Vorbereitung. Auch hängt der Umfang des Trainings stark von der geplanten Zielzeit ab. Für ein Finish unter 24 Stunden sind in der Vorbereitung 120 bis 140 Wochenkilometer und mehr angeraten. Aber solche Distanzen würde mir mein Körper übelnehmen. Statt nach Squaw Valley zu reisen, würde ich dann wahrscheinlich in der Ordination meines Orthopäden landen.

Auch wird nicht mehr in Kilometer, sondern in Stunden gerechnet. So wird eine typische Trainingswoche in der wettkampfspezifischen Vorbereitung folgende Einheiten beinhalten:

Einheit 1:
90 bis 120 Minuten Trailrunning in Form von Fahrtspiel

Einheit 2:
60 bis 90 Minuten lockerer Dauerlauf über Trails

Einheit 3:
2 – 3 Stunden lockerer Dauerlauf über Trails

Einheit 4:
5 – 6 Stunden langsamer Dauerlauf über Trails

Letztendlich laufe ich in der Vorbereitung rund 80 Wochenkilometer. Je nach Anzahl der Höhenmeter bedeutet das zwischen 9 und 12 Stunden zeitlichen Aufwand. Dass ich mit diesen doch eher geringen Umfängen den Western States 100 souverän finishen werde, ist vermutlich meiner langjährigen Ultralauf-Erfahrung geschuldet.

Die längste nonstop gelaufene Strecke beträgt 68 Kilometer. Die laufe ich auf dem »green course« im Rahmen der 100 Meilen in Istrien. Etwas über 9 Stunden bin ich unterwegs. Teilnahmen am 54 Kilometer langen Trail über den Lindkogel oder an den Semmering Adventure Runs runden mein Vorbereitungsprogramm ab. Wenngleich Wettkämpfe in Trainingsphasen die Gefahr bergen, zu schnell zu laufen.

In den Wochen der Regeneration verzichte ich auf den langen Lauf am Wochenende. Stattdessen darf es kurz und knackig sein. So schreibe ich mir zum Beispiel einen Halbmarathon im Wettkampftempo in den Trainingsplan. Der Umfang liegt in diesen Wochen bei rund 50 Kilometer.

Tapering! Ich hasse diese Zeit der Trainingsreduktion und Selbstzweifel. Die langen Läufe weichen gezielt gesetzten Trainingsreizen, um bestmöglich vorbereitet und erholt an der Startlinie zu stehen. Zu Beginn der Renn-Woche reisen wir in die USA. Kurze Einheiten dienen nun nur mehr dem »Beine vertreten« und der Bekämpfung von Nervosität.

»Die Wettkampf-Verpflegung«

Bei der Verpflegung auf ultralangen Strecken darf nichts dem Zufall überlassen werden. Laut Veranstalter liegen an den Checkpoints des Western States 100 neben Kuchen, Salzgebäck, Obst, Pancakes und Quesadillas auch die Energy-Gels der Marke **GU Energy** für die Teilnehmer bereit. Diese Gels sind mir nicht bekannt. Weniger ist mehr, vor allem wenn es um den Inhalt der Laufweste geht. Daher bestelle ich mir ein Testpaket dieser Gel-Marke, um die Verträglichkeit zu testen und um letztendlich zu entscheiden, ob diese Gels für mich eine gute Verpflege-Alternative darstellen.

Anhang: Tipps rund um die Organisation

Rund um die Teilnahme am Western States 100 sind neben der sportlichen Vorbereitung einige organisatorische Überlegungen zu berücksichtigen. Wir haben viele für uns sehr gute Entscheidungen getroffen, die ich hier gerne teilen möchte.

»Anreise«

Unser Zielflughafen ist San Francisco. Es stünden mit Sacramento oder Reno-Tahoe Flughäfen zur Auswahl, die näher an Squaw Valley gelegen sind. Jedoch planen wir, im Anschluss noch einige Tage rund um San Francisco zu verbringen. Daher bietet sich diese Destination an. Zudem finde ich ab San Francisco das mit Abstand günstigste Mietwagenangebot vor. Wir haben mit einer knapp 4stündigen Autofahrt gerechnet. Es war dann doch unerwartet viel »traffic«, sodass wir inklusive einer kleinen Rast rund 6 ½ Stunden unterwegs waren.

Apropos Mietwagen: Der Dschungel an Versicherungsmöglichkeiten bei der Anmietung eines Fahrzeuges ist in den USA sehr verwirrend. Letztendlich reservieren wir über die ÖAMTC-Mietwagen-Buchungsplattform und haben damit hervorragende Erfahrungen gemacht. Ein internationaler Führerschein bzw. eine Übersetzung sind obligatorisch.

Direkt nach der Ankunft in den USA kaufen wir uns zwei Prepaid-SIM-Karten. Für jeweils rund 50 Dollar können wir - auf 30 Tage befristet - unlimitiertes Datenvolumen und Gespräche innerhalb der USA nutzen.

Durch das unbegrenzte Datenvolumen eignet sich das Smartphone dann auch wunderbar für die zielsichere Navigation.

»Unterkünfte«

Wir reisen am Donnerstag an und entscheiden uns, direkt in Squaw Valley eine Unterkunft zu buchen. Es gibt zwar in den benachbarten Orten am Lake Tahoe oder auch in Truckee teils kostengünstigere Quartiere, jedoch ist es mir ein Anliegen, direkt im Bereich des Starts zu wohnen.

Nach zwei Nächtigungen laufe ich los und meine Familie zieht nach Auburn um. Auch hier buchen wir in der Nähe der Ziellinie für weitere zwei Nächte unser Appartement.

»Pacer«

Ab Meile 62 bzw. Foresthill ist es erlaubt, von einem Pacer begleitet zu werden. Wenn man langsamer unterwegs ist, auch schon ab Michigan Bluff. Für internationale Läufer ist eine »Pacer-Börse« eingerichtet bzw. hilft das Organisationsteam bei der Vermittlung eines adäquaten Pacers.

Ich bin mir lange Zeit unsicher, ob ich die Unterstützung eines Pacers bzw. Schrittmachers in Anspruch nehmen will. **Für** einen Pacer spricht ganz klar die Tatsache, dass man in der Abgeschiedenheit der Sierra Nevada – insbesondere in den Nachtstunden - nicht alleine unterwegs ist.

Jedoch laufe ich sehr gerne alleine. Je erschöpfter ich bin, desto lieber habe ich niemanden um mich herum. Zudem wäre der Pacer in meinem Fall eine völlig fremde Person. All diese Argumente sprechen **gegen** einen Pacer.

Letztendlich finde ich mit Robert einen sehr netten Begleitläufer. Ich nutze absichtlich das Wort Begleitläufer und nicht Pacer. Denn ich vereinbare mit Robert, dass er hinter mir läuft. Ich möchte weiterhin unbeeinflusst mein eigenes Tempo laufen. Robert soll mich begleiten, damit ich in der Nacht nicht alleine bin. Das hat der Familienrat mit Mehrheit beschlossen.

»Pflichtausrüstung«

Eine Pflichtausrüstung gibt es beim Western States 100 nicht. Lediglich das Mitführen von Stirnlampen wird ab Michigan Bluff bzw. Foresthill dringend angeraten. Ich finde es großartig, dass der Veranstalter hier auf die Eigenverantwortung jedes einzelnen Teilnehmers zählt. Denn dass ein Vorankommen in der Wildnis der Sierra Nevada bei völliger Dunkelheit ohne geeignete Leuchtmittel völlig aussichtslos und vor allem auch sehr gefährlich ist, sollte jedem bewusst sein.

Diesen Zugang wünsche ich mir auch für die Wettkämpfe in Europa. Aber da passiert leider das komplette Gegenteil. Die Liste der Pflichtausrüstung wird immer umfangreicher.

Ich persönlich habe von Start weg eine Stirnlampe in meiner Laufweste. Die zweite Lampe nehme ich beim Checkpoint Michigan Bluff von meiner Frau entgegen. So bin ich für die Nachtstunden bestens ausgerüstet.

Ausreichend Flüssigkeit bei sich zu haben, ist beim Western States 100 essenziell. Neben der beiden Flasks in meiner Laufweste trage ich eine Handflasche mit.

Weitere Inhalte der Laufweste sind zwei Ersatzrationen des Gels, mein Smartphone, eine Powerbank samt Ladekabeln, ein Erste-Hilfe-Set, ein Müllsack, Sonnencreme und ein Ersatz-Shirt. Meine Utensilien verpacke ich wasserdicht in Druckverschlussbeutel. So sind sie nicht nur von äußeren Witterungseinflüssen gut geschützt, sondern auch sehr platzsparend und geordnet unterzubringen.

»Crew«

Seitens des Veranstalters wird angeraten, auf die Dienste einer eigenen Crew zurückzugreifen. Viele Checkpoints sind jedoch schwer zugänglich bzw. mit dem Auto nur über sehr steile, schmale und kurvenreiche Straßen erreichbar. Daher habe ich mich mit meiner Familie darauf geeinigt, uns lediglich beim Checkpoint Michigan Bluff zu treffen. Alternativ ist der Checkpoint Foresthill ein ebenfalls sehr gut erreichbarer Treffpunkt.

»Drop-Bags«

Es besteht die Möglichkeit, sich an mehrere Checkpoints sogenannte Drop-Bags transportieren zu lassen. Das Organisationsteam bietet dieses Service in erster Linie für Läufer an, die sich von keiner eigenen Crew supporten lassen. Generell benötige ich beim Western States 100 keine Drop-Bags. Alles was ich auf den 100 Meilen von Squaw Valley nach Auburn benötige, habe ich im

Rucksack mit dabei bzw. erhalte ich an den Checkpoints. Zu berücksichtigen ist jedoch, dass kurz vor Meile 30 der Duncan Creek und bei Meile 78 der American River zu queren sind. Im Fall von Hochwasser erfolgt die Querung des American River mittels Schlauchbooten. Aber in der Regel steht man im hüfthohen, kalten Wasser. Socken und Schuhe sind nach der Flussquerung patschnass.

Daher bereite ich für die beiden Checkpoints Robinson Flat (Meile 30) und Rucky Chucky (Meile 78) jeweils ein Drop-Bag mit frischen Schuhen und Socken vor. Verpackt habe ich sie in Schuhbeutel, beschriftet mit meiner Startnummer.

38: Reset – Alles zurück auf Anfang

Es sind nun einige Monate vergangen, seit ich die Ziellinie in Auburn überquert habe und sich mein über viele Jahre hinweg verfolgter Lebenstraum erfüllt hat. An manchen Tagen wünsche ich mir jedoch, ich säße so wie Bill Murray im Blockbuster »Und täglich grüßt das Murmeltier« in einer Zeitschleife fest und könnte das Wochenende rund um meine Teilnahme am Western States 100 noch einmal erleben.

Denn wenn ich zurückblicke, hat mir der Western States Trail einige der schönsten Glücksstunden meines Lebens beschert. Auf den 161 schroffen Kilometern inmitten durch die Wildnis der kalifornischen Sierra Nevada durfte ich so viele großartige emotionale Momente erleben und dabei ein wahrliches Naturjuwel belaufen.

Und dann dieser letzte Kilometer! Das Gefühl, als meine Frau und mein Sohn am Ende der Straße auftauchten, ist unbeschreiblich. Mein Sohn, als offizieller Pacer registriert, begleitete mich ins Ziel. Wir liefen Seite an Seite ins Zielstadion ein und waren für einige Minuten im Livestream zu sehen. Mein Finish machte uns alle so unfassbar glücklich. Der gesamte Trip in die USA verlief im Grunde perfekt!

Die Erfüllung meines sportlichen Lebenstraumes hätte tatsächlich nicht schöner und emotionaler ausfallen können.

Das habe ich in dieser Form nicht erwartet. Da war im Vorfeld ein großer Respekt vor der Distanz, der Streckenbeschaffenheit und den zu erwartend hohen Temperaturen. Auch die Möglichkeit, es nicht ins Ziel zu schaffen, musste ich in Betracht ziehen. Ich machte keinen Hehl daraus, dass für mich eine Welt zusammenbräche, wenn ich ohne Gürtelschnalle nach Hause fliegen müsste. Und setzte mich damit selbst stark unter Druck.

Die Kehrseite der Medaille ist, dass ein Traum, wenn man ihn sich erfüllt hat, kein Traum mehr ist. Und keinen Traum mehr zu haben, hinterließ in meiner Seele eine Zeit lang eine Leere. Ich lechzte - wie ein Süchtiger auf Entzug - nach der Droge »Western States Trail Glücksmomente«.

Aber ich blieb »clean«. Musste ich auch, denn der Dealer konnte mir nicht geben, was ich notwendig hatte. Für einen Rückfall gab es keine Gelegenheit. Mir wurde bewusst, dass sich diese einmaligen Stunden und Tage einfach nicht wiederholen, nicht noch einmal neu erleben ließen.

Selbst wenn ich in den kommenden Jahren das Losglück habe und ein zweites Mal an den Start des Western States 100 gehen darf, wird der Lauf ein komplett anderer sein, als an diesem Juni-Wochenende im Jahr 2022. Ich ginge vermutlich mit so großen Erwartungen in den Lauf, dass ich am Ende enttäuscht wäre. Im tiefsten Inneren weiß ich, dass dieses Highlight meines Läuferlebens durch nichts zu toppen ist. Und deshalb sollte ich es eigentlich gar nicht mehr anstreben, noch einmal nach Squaw Valley zu reisen.

Ich wollte meinem Motivations-Tal mit der Definition von neuen Träumen entkommen. Wie ich feststellen musste, klappte das jedoch nicht. Denn Träume lassen sich nicht erzwingen. Sie sind einfach da. Oder auch nicht. Über welchen Ultra-Trail ich auch gelesen und mich informiert habe, es wurde in mir kein Feuer entfacht. Mittlerweile finde ich es nicht mehr schlimm, keinem neuen Traum nachzujagen. Meine Läuferseele hat sich in den letzten Wochen wieder mit Freude gefüllt und ich liebe das Laufen auf den Trails mehr denn je.

»Sag niemals nie!« Ich will mir die Option zumindest offenlassen, vielleicht doch noch einmal in Kalifornien am Start zu stehen. Daher habe ich bereits wieder mit dem Sammeln von Tickets begonnen und bin bei der Startplatz-Lotterie für den Lauf im Jahr 2023 mit von der Partie. Denn das Finish des WSER dient auch gleichzeitig als Qualifikationslauf. Wie zu erwarten war, ist mit dem einen Ticket nichts zu holen. Aber vielleicht passiert es ja in ein paar Jahren, dass ein gewisser Wolfgang Kölli aus Österreich, konkret aus Fernitz-Mellach, abermals auf der Startliste des geschichtsträchtigsten 100-Meilen-Laufes der Welt steht. Vorausgesetzt, ich bleibe gesund und behalte die Motivation, den jährlich für die Lotterie notwendigen Qualifikationslauf zu absolvieren.

Noch ein Wort zur Lotterie: Über 41.000 Tickets liegen bei der letzten Ziehung im Los-Topf. Und dieser Topf ist erstmalig in der Geschichte des WSER virtuell. Der Veranstalter entscheidet sich, per Zufallsgenerator die Starter zu ziehen. Eine manuelle Ziehung mit zigtausend »echten« Papierzetteln scheint nicht mehr praktikabel. So kann ich behaupten, dass ich einer der letzten Teilnehmer gewesen bin, dessen Ticket aus Papier aus der legendären, großen Los-Trommel gezogen wurde.

Aktuell bereite ich mich auf die »Tuscany Crossing« vor. Dieser Ultra-Trail in der Region rund um Castiglione d'Orcia hat eine Distanz von 103 Kilometer und erstreckt sich lauf Streckeninformation über einige geschichtlich bedeutungsvolle Abschnitte. Ich erwarte mir von diesem Lauf viele landschaftliche Highlights und freue mich schon sehr auf mein Antreten in der Toskana.

Ganz oben auf meiner »Bucket-List« stünde auch der Tarawera-Ultratrail, wenn es nach Neuseeland nicht eine so weite Reise wäre.

Ich bin jedenfalls gespannt, welche Abenteuer ich in meinen Laufschuhen noch erleben darf. Und vielleicht findet ja in einigen Jahren auch dieses Buchprojekt eine Fortsetzung.

39: Danke

Ich widme dieses Buch meiner Familie. Über viele Jahre hinweg unterstützt meine Frau die teils sehr zeitintensiven Laufabenteuer. Meine beiden Kinder fiebern während meiner vielen Stunden auf den Ultra-Trails dieser Welt gehörig mit und sorgen sich um mein Wohlergehen. Zum Glück habe ich einen sehr ehrgeizigen Schutzengel, der mich immer wieder gesund nach Hause zurückkehren lässt. Ein großer Dank gilt auch meiner Mama und meinen Schwiegereltern, die immer für uns da sind.

Auf dem Weg nach Kalifornien darf ich mich über ein Sponsoring freuen. Ich bedanke mich bei den regionalen Partnern aus Fernitz-Mellach:

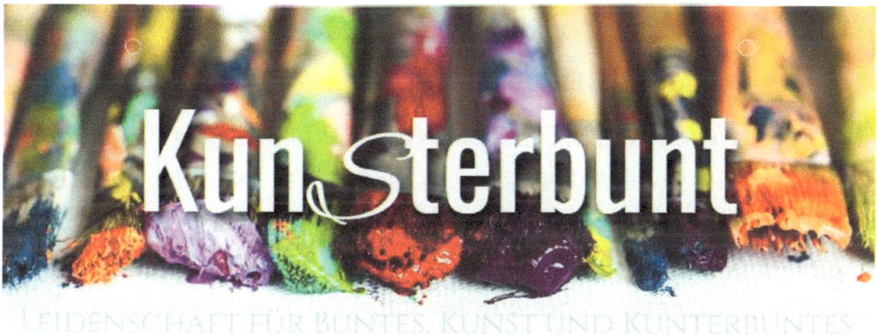

»https//www.facebook.com/kunsterbunt«

Für eine leidenschaftliche Hobbykünstlerin der abstrakten Acrylmalerei, hauptberuflich technische Angestellte, liebende Mutter und zukünftige Frau eines niemals ruhenden Ultraläufers, ist das Leben ziemlich vielseitig! **KUNSTERBUNT** halt!

Kurzfristige Ziele, wie das Schaffen eines neuen Werkes oder die Organisation der eigenen Ausstellung, gestalten sich manchmal als schwierig, sind aber machbar.

Davon auch »leben« zu können, an einem heimeligen Ort, an dem die Sonne beim Schlafengehen das Meer küsst, das ist (m)ein Lebenstraum!

Natascha Sirk - Hobbykünstlerin aus und mit Leidenschaft!

PURKARTHOFER

EISMANUFAKTUR | seit 1982

»www.purkarthofer-eis.at«

Das kleine Glück im Alltag, auf das alle abfahren

Purkarthofer Eis versorgt in Fernitz bei Graz seit Jahrzehnten Eisfans mit großer Auswahl an köstlichem Speiseeis. Alles tummelt sich rund um den Eispavillon am Kirchplatz und im angrenzenden Blumenpark.

Du hast die Wahl: Die Sorten reichen von üblichen Klassikern bis zu ausgefallenen Eigenkreationen wie Ricotta-Mohn, Apfelkuchen oder Orange-Karotte-Ingwer.

Das Unternehmen befindet sich seit ein paar Jahren in Transformation. Dafür entwickeln Klaus und sein Team die ökologische Eislinie *Gelato for Future* mit Zutaten ausschließlich aus regenerativen Landwirtschaften. Gleichzeitig wird der Firmenzweck weg vom Profit und hin zur Sinnstiftung ausgerichtet.

Als Purpose Unternehmen will man zu einer verträglichen Form des Wirtschaftens beitragen, wo Mensch und Natur im Mittelpunkt des Handelns stehen. Purkarthofer Eis verwendet dabei Elemente der Holokratie, Selbstorganisation und New Work.